DER EUROPA CODE

GLOBALE POLITIK UND DIE POSITIONIERUNG EUROPAS

wer fühlt sich angesprochen

Schlussfolgerung
aus dem Buch
POLITIK @ GLOBAL-WORLD.INTL

Inhalt

A. PARADIGMENWECHSEL

Wir arbeiten viel mit Emotionen und das ist eine gute Sache. Doch wenn wir es übertreiben, könnte die ganze Struktur zusammenbrechen. Internationale Politik ist oft komplex und dynamisch. Ist die Zivilgesellschaft damit überfordert? Angesichts der Vielzahl an Ereignissen und Themen kann es schwierig sein, den Überblick zu behalten. Dies führt dazu, dass Menschen das Interesse für Politik verlieren. Wir alle stehen vor endlos scheinenden Aufgaben. Sich von dem, was geschieht, abzuwenden, abzuschalten und sich zu isolieren, ist weder eine politische noch eine persönliche Lösung. Wir sind einfach ein Teil der gesamten Entwicklung und können uns nicht davon trennen. Bewusst informiert sein, macht Politik faszinierend in Bezug auf aktuelle Ereignisse und Relevanz. Sowohl die Vergangenheit als auch die Gegenwart sind aufregend und voller Auswirkungen.

Wer ist verantwortlich? Die Verantwortung der Gesellschaft ist so groß, wie wir alle Teil der Gesellschaft sind. Warum verhindern wir nicht gemeinsam offensichtlich negative Entwicklungen? Machtstrukturen, Interessenkonflikte, Gleichgültigkeit, Angst vor Konsequenzen, mangelndes Bewusstsein für die Themen sowie unzureichende Ressourcen und Kapazitäten stecken dahinter. Diese Herausforderungen erfordern einen Paradigmenwechsel. Es bedarf eines kollektiven Engagements, informiert, engagiert und proaktiv mit internationalen und nationalen politischen Entwicklungen umzugehen. Nur so können wir die Komplexität unserer Zeit besser bewältigen und negative Ergebnisse verhindern, um eine informierte und widerstandsfähigere Gesellschaft zu stellen.

Wir werden es einfach beflügeln. Warum sich auch mit der mühsamen Aufgabe beschäftigen, komplexe internationale Fragen zu verstehen, wenn man sich einfach auf schieren Optimismus und eine Prise Übermut verlassen kann? Was könnte schon schiefgehen, wenn Führungskräfte die Feinheiten der internationalen Beziehungen ignorieren? Vielleicht glauben sie, dass sich globale Konflikte von selbst lösen, wenn man sie nur lange genug ignoriert, oder dass Wirtschaftssanktionen nur freundliche Stupser und keine ernsthaften diplomatischen Werkzeuge sind.

Es ist fast rührend, wie manche denken könnten, dass internationale Politik so einfach ist wie eine Tasse Kaffee zu bestellen - einfach die Lieblingssorte wählen und das Beste hoffen! Man könnte fast die Kühnheit eines solchen Ansatzes bewundern, wenn da nicht das kleine Detail wäre, dass die Realität eine lästige Angewohnheit hat, sich einzumischen. Das komplexe Netz von Allianzen, historischen Feindseligkeiten und wirtschaftlichen Abhängigkeiten weigert sich einfach, sich auf Kommando zu entwirren. Es scheint, dass trotz der besten

Bemühungen, die Realität zu umgehen, Erfolg in der internationalen Politik hartnäckig das Verständnis und eine Auseinandersetzung mit ihren inhärenten Herausforderungen herausfordert.

Während die Idee, Schwierigkeiten in der internationalen Politik zu ignorieren, eine unterhaltsame Fantasie ist, bleibt sie wohl am besten der Satire überlassen. Für diejenigen, die damit beauftragt sind, in turbulenten Gewässern zu navigieren, bleibt die klare Identifizierung von Herausforderungen ein unverzichtbarer Teil der Arbeit – sehr zum Leidwesen derjenigen, die das nicht erkennen. Die internationale Politik ist von Natur aus komplex und voller vielschichtiger Probleme. Das Ausbalancieren der konkurrierenden Interessen erfordert Verhandlungsgeschick und internationale Zusammenarbeit. Das Ignorieren oder Nichterkennen dieser Herausforderungen kann zu ineffektiven Entscheidungen und Strategien führen. Politische

Entscheidungsträger sollten daher ihre eigenen Fähigkeiten und Grenzen verstehen. Eine Überschätzung der Fähigkeiten aufgrund fehlender Handhabe der Schwierigkeiten führt zu schlechten Ergebnissen. Dies impliziert, dass erfolgreiches politisches Handeln von einem realistischen und umfassenden Verständnis der internationalen Landschaft abhängt.

Um in der internationalen Politik erfolgreich zu sein, müssen die Player die Feinheiten und Schwierigkeiten ihres Metiers verstehen. Und die Zivilgesellschaft muss dies kontrollieren. Dieses Verständnis ermöglicht die Entwicklung effektiver Strategien, die die tatsächlichen Probleme angehen. Im Wesentlichen hängt der Erfolg in der internationalen Politik von einer realistischen Bewertung der Herausforderungen und der Fähigkeit ab, diese effektiv zu bewältigen. Der Sprengstoff für globale Probleme liegt heutzutage in der Vernetzung und gegenseitigen Abhängigkeit der Weltgemeinschaft. Lokale

Ereignisse können schnell globale Auswirkungen haben, während gleichzeitig die Fähigkeit zur effektiven internationalen Zusammenarbeit oft eingegrenzt wird.

Der Begriff der Souveränität und die Rolle der Gesellschaft bei der Gestaltung politischer Entwicklungen steht im Zentrum des Geschehens. Gesellschaft als kollektives Gebilde besitzt die Macht, politische Entscheidungen und Ergebnisse zu beeinflussen. Durch die Beteiligung an Interessengruppen und den konstruktiven Dialog arbeiten Politiker an gemeinsamen Zielen und überwinden damit spaltende nationalistische Tendenzen. Dies ist besonders in einer globalisierten Welt wichtig, in der Zusammenarbeit und Inklusivität entscheidend sind, um gemeinsame Herausforderungen zu bewältigen.

Nationalistisches Denken fördert seiner Natur nach eine "Wir gegen die anderen" Mentalität. Diese Perspektive weckt Misstrauen gegenüber anderen Nationen oder Gruppen, die als anders oder extern wahrgenommen werden. Die Folgen dieser Denkweise können weitreichend und schädlich sein, sowohl nach außen als auch nach innen. Nationalistisches Denken führt zu angespannten internationalen Beziehungen. Politiken und Rhetorik, die von Nationalismus getrieben sind, können zu Konflikten, Handelskriegen und einem allgemeinen Zusammenbruch diplomatischer Beziehungen führen. Dies isoliert ein Land auf der globalen Bühne und schränkt die Chancen für Zusammenarbeit und gegenseitigen Nutzen massiv ein. Nationalistische Ideologien befeuern Fremdenfeindlichkeit und Rassismus, da sie dazu neigen, die Überlegenheit einer Nation oder Gruppe über andere zu betonen. Dies führt zu diskriminierenden Politiken und sozialer Unruhe.

Wir kennen das vom sogenannten Trumpismus, Qannon oder den egalitären Gruppen. Die Tendenzen in der

Politik von Trump oder Putin weisen einige Gemeinsamkeiten auf, etwa die Betonung der nationalen Souveränität, die Kritik an der globalen Elite und die Förderung nationalistischer und patriotischer Gefühle. Diese Tendenzen gehen oft mit eher autoritären und populistischen Ansätzen einher, die die Fakten und Wahrheiten zugunsten von Emotionen und Narrativen ignorieren. Trumps Außenpolitik basiert auf dem Prinzip „America First", was bedeutet, dass die nationalen Interessen der Vereinigten Staaten über globale Interessen und die liberale Weltordnung gestellt werden. Dieser Ansatz ist nationalistisch und isolationistisch. QAnon-Anhänger wiederum glauben, dass Trump gegen die satanistische Elite kämpft, die die USA kontrolliert. Diese Elite wird als "Deep State" bezeichnet und wird von QAnon als eine Bedrohung für die nationale Souveränität und die Freiheit der Menschen dargestellt. Nicht viel anders ist Putins Politik geprägt von einer starken nationalistischen und brutal autoritäreren Ausrichtung.

Sie betont die Bedeutung der eigenen Kultur und die Notwendigkeit, die nationale Souveränität zu schützen.

Innerhalb einer Nation führt die Betonung des eng nationalen Denkens zu Spaltungen zwischen verschiedenen Gruppen. Ethnische, religiöse oder kulturelle Minderheiten können mit Misstrauen oder Feindseligkeit betrachtet werden, was zu sozialer Fragmentierung und Konflikten führt. Nationalistische Rhetorik vertieft die politischen Gräben. Führer oder Parteien, die eine nationalistische Haltung vertreten, schaffen ein Umfeld, in dem Andersdenkende als unpatriotisch angesehen werden. Dies erstickt eine gesunde politische Debatte und führt zu autoritären Tendenzen. Da nationalistisches Denken ein Klima des Misstrauens fördert, untergräbt es das Vertrauen der Bürger untereinander. Menschen zu ermutigen, andere mit Argwohn zu betrachten, untergräbt den sozialen Zusammenhalt und das Gemeinschaftsgefühl.

Nationalistisches Denken führt generell zu strengem Provinzialismus in der Politik. Es ist auf dem Weg, die internationale Zusammenarbeit einzuschränken. Dies begrenzt den Austausch von Ideen, Talenten und Ressourcen und behindert Innovation und Fortschritt. Der bloße Fokus auf die Bewahrung der nationalen Identität führt zu kultureller Stagnation. Das Nationalistische gehört zur vorgetäuschten Schönheit politischer Spaltungen. Führungskräfte, die abweichende Meinungen als unpatriotisch abtun, haben sicherlich ein Gespür dafür, jede irritierende politische Debatte zu unterdrücken. Ihr Argument lautet: „Wer braucht schon Demokratie und gesunde Debatten, wenn es ein gutes altes autoritäres Regime geben kann. Sie gehen davon aus, dass nichts das soziale Gefüge mehr stärkt als Misstrauen und Paranoia. Man stelle sich den starken Gemeinschaftssinn vor, der daraus entsteht, wenn die Menschen ständig auf der Hut vor dem anderen sind. Wer braucht schon Innovation und Fortschritt, wenn stattdessen kulturelle Stagnation herrschen kann?" Eine Gesellschaft, die unterschiedliche Perspektiven und Ideen meidet, will unbedingt in ihrer eigenen kleinen Blase veralteter Praktiken aufgehen.

Die negativen Auswirkungen des engstirnigen Nationalismus auf die Politik sind nicht zu unterschätzen. Es ist politisch unverantwortlich und unverzeihlich, wenn funktionierende Systeme zusammenbrechen. Die Auswirkungen eines solchen Zusammenbruchs sind weitreichend und beeinträchtigen nicht nur das unmittelbare gesellschaftspolitische Umfeld, sondern auch die langfristige Lebensfähigkeit und den Wohlstand länderübergreifender Gemeinschaften. Wenn zukunftsweisende Ideen scheitern, geht die Dynamik des Fortschritts verloren. Dies führt zu einer Stagnation in kritischen Bereichen wie Technologie, Gesundheitswesen und Bildung. Ihr Zusammenbruch erstickt Kreativität und Fortschritt und verhindert die Entwicklung neuer

Lösungen für aufkommende Probleme.

Zukunftsorientierte Systeme sind die Grundlage für Innovationen.

Kritische Technologien zu identifizieren bedeutet, die Schlüsseltechnologien zu bestimmen, die für den Wohlstand, die Sicherheit und die globale Wettbewerbsfähigkeit Europas entscheidend sind. Dies sollte nicht nur kommerzielle und Dual-Use-Technologien umfassen, sondern auch solche, die kritische Rohstoffe, fortschrittliche Materialien, KI, Biotechnologie, Quantencomputer und andere strategische Bereiche betreffen. Der politische Ansatz der Europäischen Union sollte über den traditionellen Rahmen hinausgehen und in einer "großen Strategie" aufgehen, die Sicherheits-, Handels- und Forschungspolitik aufeinander abstimmt, um technologische und industrielle Vorteile zu schaffen.

Eine technologisch fortschrittliche Europäische Union muss ihre Verbündeten integrieren, indem sie komplementäre Stärken und gemeinsamen geoökonomischen Einfluss aufbaut. Koordiniertes Handeln in Bündnissen schafft ein Konzept, das in der Lage ist, äußerem Druck zu begegnen. Dabei werden Sicherheits-, Handels- und Forschungspolitik aufeinander abgestimmt, um technologische und industrielle Vorteile zu schaffen. Fortschrittliche Verbündete der Europäischen Union müssen integriert werden, um komplementäre Stärken und einen gemeinsamen geoökonomischen Einfluss aufzubauen. Durch koordiniertes Handeln in Bündnissen wird ein Ansatz geschaffen, der äußerem Druck entgegenwirken kann.

Dies ist besonders wichtig, wenn man an ein vereintes Europa denkt. Funktionierende einheitliche Systeme sind gleichfalls entscheidend für die Unterstützung von Industrien und Arbeitsplätzen. Ihr Zusammenbruch würde zum Verlust von Arbeitsplätzen und zu größerer wirtschaftlicher Not für viele Menschen führen. Es schmälert das Vertrauen in den Markt, schreckt Investitionen ab und verstärkt den wirtschaftlichen Abschwung. Die wirtschaftliche Integration und die Zusammenarbeit in einem vereinten Europa sind wichtige Pfeiler, die jedoch nicht für sich allein stehen können. Ihre Aspekte müssen mit anderen Schlüsselbereichen wie Forschung, kollektive Sicherheit, Finanzen und Außenpolitik verknüpft werden. Gemeinsame Forschungsanstrengungen treiben die Innovation voran, steigern die Wettbewerbsfähigkeit und den technologischen Fortschritt.

Investitionen in die Forschung schaffen eine wissensbasierte Wirtschaft, die langfristiges Wachstum und Wohlstand fördert. Die Gewährleistung der kollektiven Sicherheit fördert die Stabilität in ganz Europa und schafft ein sicheres Umfeld für wirtschaftliche

Aktivitäten und Investitionen. Die kollektive Bewältigung von Sicherheitsbedenken verringert Risiken, die die Wirtschaftstätigkeit stören könnten. Ein gut regulierter Finanzsektor stärkt das Vertrauen der Investoren und erleichtert den grenzüberschreitenden Kapitalverkehr. Solide Finanzsysteme müssen wirtschaftliche Stabilität und Widerstandsfähigkeit gegenüber externen Schocks gewährleisten. Sie fördern diplomatische Konflikte und verringern geopolitische Risiken, die die wirtschaftliche Stabilität beeinträchtigen könnten.

Eine einheitliche Außenpolitik ermöglicht es, Europas Einfluss auf der Weltbühne zu stärken und strategische Partnerschaften und Handelsabkommen zu ermöglichen. Es fördert die diplomatische Konfliktlösung und verringert geopolitische Risiken, die sich auf die wirtschaftliche Stabilität auswirken könnten. Eine effiziente Infrastruktur und Konnektivität erleichtern Handel, Gewerbe und den Waren- und Dienstleistungsverkehr. Der Einsatz digitaler

Konnektivität steigert die Produktivität und Wettbewerbsfähigkeit in der digitalen Wirtschaft. Die Nutzung digitaler Konnektivität steigert die Produktivität und Wettbewerbsfähigkeit in der europäischen digitalen Wirtschaft.

Ein Zusammenbruch trifft in der Regel die schwächsten Bevölkerungsgruppen unverhältnismäßig stark, verschärft die soziale Ungleichheit und führt zu mehr Armut. Grundlegende öffentliche Dienstleistungen wie Gesundheitsfürsorge und Bildung werden unterbrochen, was die Lebensqualität und die Zukunftschancen der Bürgerinnen und Bürger stark beeinträchtigt. Dieses Misstrauen kann zu sozialen Unruhen und mangelndem Vertrauen in die politische Führung führen. Zukunftsorientierte Systeme werden zunehmend mit Blick auf Nachhaltigkeit konzipiert. Ihr Zusammenbruch kann den ökologischen Fortschritt aufhalten und die Auswirkungen des Klimawandels verschlimmern.

Effiziente Ressourcenmanagementsysteme, die für eine nachhaltige Entwicklung entscheidend sind, werden in Mitleidenschaft gezogen, was zu Verschwendung und Erschöpfung der natürlichen Ressourcen führt.

Nationale Parteien betreiben zumeist eine toxische Politik, die durch Feindseligkeit, Spaltung und Irrationalität gekennzeichnet ist und den Fortschritt und die Zusammenarbeit behindert. Die "Parteiapparat-Demokratie" ist eine Form der Demokratie, bei der ein geschlossener Parteiapparat Vorrang vor individuellen Meinungen hat. Diese Abart der Demokratie ist durch Machtmissbrauch und autoritäre Strukturen gekennzeichnet, was eine Lösung in den Parlamenten erschwert.

Es ist nicht mehr wichtig, welche Partei, was sagt oder auch nicht, es kommt darauf an, was für die Adressaten wichtig ist. Ideologische Debatten treten in den Hintergrund, während die unmittelbaren Anliegen und

Herausforderungen angegangen werden. Die individuelle Glaubwürdigkeit und das Vertrauen in die Persönlichkeit von Politikern werden wichtiger als das Parteiprogramm, dem sie angehören. Politische Diskussionen konzentrieren sich zunehmend auf spezifische Themen und deren Lösungen, anstatt sich auf umfassende ideologische Konzepte zu stützen. Statt der Parteien werden neue Formate die Rolle übernehmen und um die Wählergunst kämpfen.

Die Gesellschaft spielt eine markante Rolle bei der Gestaltung politischer Entwicklungen und der Förderung von Zusammenarbeit und Inklusion. Indem nationalistische Tendenzen überwunden werden, Offenheit gezeigt und Verständnis für die Zusammenarbeit gezeigt wird, ist sicherer, auf eine wohlhabendere und nachhaltigere Welt für alle hinzuarbeiten. Paradigmenwechsel können unerwartete, schwer vorhersehbare Folgen haben. Diese Folgen können positiv oder negativ sein und erfordern eine gründliche Analyse und Überwachung. Ein Paradigmenwechsel bedeutet in der Regel, dass politische Entscheidungen und Strategien überdacht und geändert werden. Dies kann zu Unsicherheit darüber führen, wie Regierungen in Zukunft handeln werden. Wenn politische Entscheidungen und Maßnahmen geändert werden, verändern sich auch die wirtschaftlichen Bedingungen und das Unternehmensumfeld. Dies wiederum hat Auswirkungen auf Unternehmen, Investoren, Arbeitsplätze und die Gesellschaft als Ganzes.

Es ist äußerst bedenklich, wenn wohlhabende Magnaten, wie in den USA, in Verbindung mit diktatorisch infizierten Politikern die Politik beeinflussen und ihre eigenen Interessen über das Wohl der Gesellschaft stellen. In solchen Fällen ist es von entscheidender Bedeutung, dass das Bewusstsein geschärft wird und die Betroffenen und die Zivilgesellschaft Maßnahmen ergreifen, um dieser

Form der wirtschaftlichen und politischen Willkür entgegenzuwirken. Durch gezielte Öffentlichkeitsarbeit und internationale Zusammenarbeit könnten die Wettbewerber die Öffentlichkeit über die negativen Auswirkungen solcher Aktivitäten informieren. Die Rolle der Zivilgesellschaft sollte nicht unterschätzt werden, wenn es darum geht, durch ihr Verbraucherverhalten gegen Unternehmen vorzugehen, die sich an schädlichen Praktiken beteiligen. Durch bewussten Konsum und die Unterstützung ethischer Unternehmen sind die Verbraucher aufgerufen, ein Zeichen gegen die Macht und den Einfluss von Despoten in Wirtschaft und Politik zu setzen.

Wenn sich politische Entscheidungsträger ausschließlich auf kurzfristige Ergebnisse oder enge nationale Interessen konzentrieren, übersehen sie möglicherweise die umfassenderen Auswirkungen ihrer Entscheidungen im globalen Maßstab. Dies kann dazu führen, dass

Chancen für kollektives Handeln und gemeinsame Lösungen verpasst werden, die allen Ländern und Gemeinschaften zugute kommen könnten. Darüber hinaus kann der Mangel an Zusammenarbeit und Solidarität in der globalen Politik bestehende Ungleichheiten und Ungerechtigkeiten noch verschärfen, da Ressourcen und Chancen möglicherweise nicht gerecht verteilt werden. Ohne ein gemeinsames Vorgehen bei der Bewältigung von Herausforderungen werden schwache Bevölkerungsgruppen zurückgelassen, was die Armut vertieft, die Umweltzerstörung verschlimmert und Konflikte aufrechterhält. Wenn Entscheidungen auf der sachlichen Ebene nicht richtig getroffen werden, geht es zusätzlich auch auf Kosten aller Länder in allen geographischen Gebieten.

Das Ringen um Ko-Kreation in der internationalen Politik bezieht sich auf verschiedene Aspekte der Zusammenarbeit und Interaktion zwischen Bürgern,

Wissenschaftlern und politischen Entscheidungsträgern. Dies kann dazu beitragen, Widerstände gegen Veränderungen zu vermeiden, die Wahrscheinlichkeit einer erfolgreichen Umsetzung zu erhöhen und letztlich die Qualität der Politik insgesamt zu verbessern. Zu den wichtigsten Strategien für ein effektives Stakeholder-Management in der Politik gehört die regelmäßige Einbindung von Stakeholdern über verschiedene Kommunikationskanäle, wie öffentliche Konsultationen und offene Diskussionsrunden. Dazu gehört auch der Aufbau von Beziehungen, die auf Vertrauen und gegenseitigem Respekt sowie die Offenheit und Transparenz von Entscheidungsprozessen beruhen.

Strukturelle Lösungen entstehen durch einen systematischen Prozess der Bewertung, Analyse und Entscheidungsfindung. Zunächst wird der jeweilige Ist-Zustand sorgfältig bewertet und analysiert. Dabei werden relevante Faktoren, Probleme und Herausforderungen identifiziert, die das bestehende System beeinflussen. Diese gründliche Analyse bildet die Grundlage für das Verständnis der aktuellen Strukturen, ihrer Schwächen und ihrer Stärken. Auf der Grundlage dieser Analyse werden anschließend verschiedene Lösungsoptionen entwickelt. Jede Option wird im Hinblick auf ihre Machbarkeit, Effizienz und potenziellen Auswirkungen bewertet. Dieser Abwägungsprozess ist entscheidend, um die Vor- und Nachteile der verschiedenen Alternativen zu verstehen und eine fundierte Entscheidung zu treffen. Es ist wichtig, sowohl kurzfristige als auch langfristige Perspektiven zu berücksichtigen, um nachhaltige Lösungen zu entwickeln.

Um den aktuellen Zustand eines Systems mithilfe empirischer Formeln effektiv zu bewerten, ist eine strukturierte Vorgehensweise erforderlich. Ziel ist es, Schlüsselvariablen und Parameter zu bestimmen, die das System beeinflussen, einschließlich unabhängiger und abhängiger Variablen. Dazu können statistische Modelle,

Differentialgleichungen, lineare Programmierung oder andere Techniken gehören. Schlüsselmetriken wie Mittelwert, Median, Modus, Varianz und Standardabweichung bieten Einblick in Datentrends und -variabilität. Tools wie die Regressionsanalyse, und Kontrolldiagramme helfen dabei, zugrunde liegende Probleme und ihre Ursachen aufzudecken. Dabei geht es häufig darum, die aktuelle Leistung mit Benchmarks oder Standards zu vergleichen. Sie sind die Grundlage für Empfehlungen zur Verbesserung von Systemen, Optimierung von Prozessen, Neugestaltung von Arbeitsabläufen oder anderen Umsetzungen. Alle Überlegungen auf dem Weg zur Entscheidung dienen dazu, die Überzeugung zu schaffen, dass die Gesellschaft selbstbestimmt und frei leben kann.

Erst nach einer gründlichen Analyse der verschiedenen Optionen ergeben sich Prioritäten, die zur Entscheidung für die am besten geeignete Lösung führen. Dieser Schritt beinhaltet eine detaillierte Bewertung der vorgeschlagenen Lösungen und die Identifizierung derjenigen, die den ermittelten Anforderungen und Zielen am besten entsprechen. Der Schlüssel zu erfolgreichen strukturellen Lösungen liegt in einem systematischen, evidenzbasierten Ansatz. Das bedeutet, dass Entscheidungen nicht auf Annahmen oder unzureichenden Daten beruhen, sondern auf soliden Analysen und klaren Beweisen. Durch diesen methodischen Ansatz kann sichergestellt werden, dass die gewählte Lösung nicht nur effektiv, sondern auch effizient und nachhaltig ist. Dies führt letztlich zu besseren Ergebnissen und einem stabileren, leistungsfähigen System.

Eines der Hauptprobleme bei der gegenwärtigen Mitgestaltung der europäischen un Politik ist die Machtdynamik zwischen den verschiedenen Akteuren. Traditionelle Hierarchien behindern oft eine effektive

Zusammenarbeit, da die Entscheidungsfindung oft in den Händen einiger weniger Personen oder Institutionen liegt. Dies kann dazu führen, dass unterschiedliche Perspektiven und innovative Lösungen in politischen Entscheidungsprozessen nicht berücksichtigt werden. Die Komplexität globaler Themen wie Klimawandel, Migration und Konflikte erfordert einen multidisziplinären Ansatz, der die Beiträge verschiedener Interessengruppen einbezieht. Unterschiedliche Werte, Interessen und Prioritäten der verschiedenen Akteure können jedoch zu Spannungen führen und eine wirksame Zusammenarbeit und Ko-Kreation behindern.em.

Um diese Schwierigkeiten zu überwinden, ist es von entscheidender Bedeutung, bei den Entscheidungsprozessen auf Inklusivität, Vielfalt und Transparenz zu setzen. Dies kann durch Mechanismen wie partizipative Demokratie, Bürgerversammlungen und die Einbeziehung verschiedener Stimmen in politischen

Entscheidungsforen erreicht werden. Der Aufbau von Vertrauen und die Förderung des Dialogs zwischen den verschiedenen Akteuren ist entscheidend für die Überwindung von Machtdynamiken und den Aufbau von Zusammenarbeit. Transparenz, Rechenschaftspflicht und offene Kommunikation sind unerlässlich, um einen Konsens zu erzielen und sicherzustellen, dass die gemeinsam erarbeiteten politischen Maßnahmen auf den Bedürfnissen und Prioritäten aller Beteiligten beruhen.

Beratungsagenturen sind diejenigen, die sich mit Präsentation und politischer Kommunikation befassen. Wenn sie jedoch in ihren Techniken zu einsseitig werden, sinkt ihre Fähigkeit zur inhaltlichen Problemlösung. Ein Paradigmenwechsel in der Politik sollte zu positiven Veränderungen und Chancen für den Fortschritt führen. Beispielsweise kann ein Wechsel zu einer nachhaltigeren und umweltfreundlicheren Politik zum Wachstum grüner Industrien und zu neuen Beschäftigungsmöglichkeiten in den Bereichen erneuerbare Energien, Naturschutz und nachhaltige Landwirtschaft führen.

Dies kommt nicht nur der Umwelt zugute, sondern schafft auch Wirtschaftswachstum und verbessert den Lebensstandard. Um einen allgemeinen Fortschritt zu erreichen, sind mehrere Faktoren wichtig: Zukunftsorientierung bedeutet eine klare Vision und die Bereitschaft, risikoreiche Strategien zu verfolgen. Die semantische Strategie ist ein Leitprinzip, das die Zukunft für das belohnt, was in der Gegenwart geschieht, unabhängig von konkreten Ereignissen. Fortschritt als kollektive Singularität bedeutet die Universalisierung des Fortschritts in verschiedenen Bereichen wie Wissenschaft, Kunst, Recht, Moral, Politik und Wirtschaft, die alle ein ähnliches Ziel anstreben. Sozialplanung bedeutet, den Fortschritt in die Sozialplanung zu integrieren, um eine offene und vom Menschen kontrollierte Zukunft zu schaffen. Wissen und Anwendung sind notwendig, um Probleme zu lösen und

Fortschritte zu erzielen. Es tut dem politischen Fortschrittsglauben nicht gut, wenn Menschen einerseits die Fakten nicht verstehen oder andererseits gar nicht verstehen wollen.

Für Regierungen als auch für Unternehmen und Einzelpersonen ist es von entscheidender Bedeutung, sich auf Paradigmenwechsel einzustellen und aktiv an der Gestaltung der Zukunft mitzuwirken, aber auch an der perfekten Kommunikation mitzuwirken. Dies kann die Umsetzung neuer Maßnahmen, Investitionen in neue Technologien und die Änderung von Verhaltensweisen und Praktiken zur Anpassung an das neue Paradigma beinhalten. Zusammenarbeit und Kooperation zwischen den verschiedenen Interessengruppen sind der Schlüssel zur erfolgreichen Bewältigung dieser Veränderungen und zur Maximierung der positiven Ergebnisse. Ein Schwerpunkt für das künftige politische Stakeholder-Management ist die Stärkung der empirischen Forschung.

Insbesondere sollten komplexe Netzwerkstrukturen und andere Faktoren, die die Gestaltung der Entscheidungsfindung beeinflussen, stärker berücksichtigt werden, wie etwa die institutionelle und organisatorische Kultur. Ziel ist es zu untersuchen, wie politisches Management auf die Organisationen wirkt und welche Faktoren seine Wirksamkeit beeinflussen.

Sowohl Top-down- als auch Bottom-up-Ansätze bei der Politikumsetzung sind notwendig, um die Komplexität des Engagements auf globaler, nationaler und lokaler Ebene zu erfassen. Top-down werden übergeordnete Ziele und Strategien vorgegeben, um die Umsetzung auf höherer Ebene zu koordinieren. Dabei werden Entscheidungen überblicksmäßig getroffen und dann in den breiteren Ebenen implementiert. Gleichzeitig sind Bottom-up die Bedürfnisse und Realitäten auf der Basis eingebunden und so an die lokalen Gegebenheiten angepasst.

Paradigmenwechsel bringen neue Perspektiven und Unsicherheiten mit sich, bieten aber gleichzeitig Chancen für positive Veränderungen und Fortschritte. Durch die Antizipation möglicher Folgen und die Beobachtung von Entwicklungen ist die Zukunft nicht völlig hilflos für zukünftige Generationen zu gestalten. Durch die Fokussierung auf multilaterale Zusammenarbeit können Fortschritte in der internationalen Politik erzielt werden. Weltweit ist daran zu arbeiten, internationale Normen und Menschenrechte zu respektieren und allen Formen von Aggression, Diskriminierung und Unterdrückung zu widerstehen.

Pragmatische Ansätze in der internationalen Politik betonen die Notwendigkeit, realistische und praktische Lösungen zu finden. Sie berücksichtigen die tatsächlichen Gegebenheiten und Interessen kleinerer oder größerer Einheiten, um wirksame Handlungsstrategien zu entwickeln. Konstruktivismus hingegen meint, dass soziale Strukturen und Institutionen in den internationalen Beziehungen künstlich konstruiert sind. Wesentliche Prinzipien des Völkerrechts basieren auf Regeln, die in der Praxis der internationalen Politik immer wieder relativiert, verändert oder missachtet werden. Pragmatische Ansätze betonen die Notwendigkeit, realistische Lösungen zu finden, die die tatsächlichen Interessen und Umstände berücksichtigen.

Im Dialog können Allianzen globale Aufgaben und Konflikte wirksam angehen, anstatt auf konfrontative und machtgetriebene Methoden zurückzugreifen. Die Reform internationaler Institutionen und Partnerschaften können ebenfalls die Zusammenarbeit verbessern und kollektive Antworten auf gemeinsame Bedrohungen stärken. Eine zu einseitige Konzentration auf Diplomatie bringt nicht immer positive Ergebnisse, was zu Frustration und Ungeduld bei den Befürwortern eines durchsetzungsfähigeren Ansatzes führt. Im Umgang mit

Ländern oder Akteuren, die eine Bedrohung für die globale Sicherheit und Stabilität darstellen, ist es wichtig, ein Gleichgewicht zwischen friedlichen Verhandlungen und Entschlossenheit zu finden.

Wenn nur einzelne Länder Sanktionen verhängen, kann das sanktionierte Land Wege finden, diese zu umgehen, indem es Geschäfte mit Ländern abschließt, die keine Sanktionen verhängen. Eine koordinierte internationale Reaktion erfordert eine starke, geeinte Front gegen das Fehlverhalten verschiedener Diktaturen. Dies würde die Glaubwürdigkeit und Legitimität von Sanktionen erhöhen und ein starkes Signal an die internationale Gemeinschaft senden. Bei Umgehung von Sanktionen dürften Sekundärsanktionen zusätzlichen Erfolg versprechen. Dadurch werden Dritte bestraft, die weiterhin Geschäfte mit sanktionierten Ländern tätigen.

Im Ukraine-Konflikt beispielsweise hat die fortgesetzte

Ausnutzung von Schlupflöchern gravierende
Auswirkungen, die zum Verlust unzähliger
Menschenleben und zur Fortsetzung der Gewalt führen.
Fast kein Tag seit dem von Putin angeordneten Angriff auf
die Ukraine verlief ohne Bombenangriffe auf die
Zivilbevölkerung und ohne gewaltsame Todesfälle. Wer
unterstützt diese Bedingungen? Die Schuld liegt bei am
eigenen Profit interssierten Unternehmern und bei den
provokativen Anhängern an den extremistischen Flanken
des innereuropäischen Spektrums. Sanktionsverstöße
oder extremistische Politiker, die Diktatoren bei ihren
Kriegsangriffen unterstützen, sollten ebenso wie die
kriminellen Diktatoren selbst zur Verantwortung gezogen
und später vor ein internationales Tribunal gestellt
werden. Stärkere internationale Maßnahmen,
verbesserte Durchsetzung und verstärkte
Zusammenarbeit dürften die Unterstützung für den
Aggressor drosseln und die Aussichten auf ein hoffentlich
Friedensabkommen erhöhen.

Die Geschichte bietet zahlreiche Beispiele für die überzeugende Wirkung von Sanktionen. Der Abbau des Eisernen Vorhangs im Jahr 1989, der aufgrund des militärischen und wirtschaftlichen Drucks auf die Sowjetunion als indirekte Form der Sanktionspolitik erfolgte, der Übergang Spaniens zur Demokratie nach dem Tod von Diktator Franco und das Ende der Apartheidpolitik in Südafrika zeigen, wie Sanktionen zu bedeutenden politischen Veränderungen führen können.

Die Vorstellung, dass absolute Sicherheit erreicht werden kann, ist eine Illusion. In der Realität gibt es immer ein gewisses Maß an Unsicherheit und Risiko. Es gibt immer unvorhersehbare Ereignisse, die nicht vollständig kontrolliert oder verhindert werden können. Dies bedeutet jedoch nicht, dass Vorsicht und Prävention vernachlässigt werden sollten. Obwohl es unmöglich ist, alle Risiken auszuschalten, ist es wichtig, vorbeugende

Maßnahmen zu ergreifen und sich auf mögliche Krisensituationen vorzubereiten. Dies kann durch verschiedene Sicherheitsvorkehrungen erreicht werden. Sicherheit ist nicht nur eine individuelle, sondern auch eine kollektive Verantwortung. Eine wachsame und gut vorbereitete Gemeinschaft kann besser auf Bedrohungen reagieren und deren Auswirkungen minimieren. Da sich die Bedrohungen und Risiken ständig weiterentwickeln, müssen auch die Sicherheitsmaßnahmen ständig überprüft und angepasst werden. Dies erfordert Flexibilität und die Bereitschaft, aus Erfahrungen zu lernen und sich an neue Herausforderungen anzupassen. Zur Bewältigung politischer Unwägbarkeiten und Risiken werden sorgfältig durchgeführte Risikoanalysen empfohlen, bei denen verschiedene Optionen in Betracht gezogen werden. Dies erfordert eine starke Zusammenarbeit zwischen verschiedenen Akteuren, darunter Regierungen, Organisationen und die Zivilgesellschaft. Es ist wichtig, transparente und partizipative Prozesse zu fördern, um die Akzeptanz und Unterstützung für den Paradigmenwechsel zu erhöhen.

Neu aufstrebende Volkswirtschaften sollten sich idealerweise auf die Förderung von Bildung, Kompetenzentwicklung und Unternehmertum in ihrer Bevölkerung konzentrieren, um ihr wirtschaftliches Potenzial voll auszuschöpfen.Durch Investitionen in das Humankapital und die Schaffung von Möglichkeiten für alle Menschen, an der Wirtschaft teilzuhaben, können die Länder Armut und Ungleichheit verringern und letztlich ein nachhaltiges Wirtschaftswachstum erzielen. Es ist wichtig, dass alle Beteiligten - Regierungen, internationale Organisationen und Unternehmen - zusammenarbeiten, um die Ursachen der Armut zu bekämpfen und die wirtschaftliche Entwicklung zu fördern. Durch die Umsetzung umfassender und integrativer Strategien kann eine wohlhabendere und gerechtere Welt für alle projiziert werden.

Der Privatsektor beteiligt sich mit Geschäftsmodellen wie Privatisierung, netzweiten Konzessionen, unabhängiger Stromübertragung und kommerziellen Investitionen und stellt das notwendige Kapital und Know-how für die Modernisierung der Übertragungsnetze zur Verfügung. Diese Modelle bieten Vorteile wie die Vereinfachung der Regulierungsstrukturen und die Verbesserung der betrieblichen Effizienz. Wenn Krisen bereits das unmittelbare Umfeld erreicht haben, ist es notwendig, sich auf die bevorstehenden Veränderungen vorzubereiten, sei es in finanzieller oder wirtschaftlicher Hinsicht oder die Lebensgewohnheiten einzuschränken. Dies gilt insbesondere für wohlhabende und verwöhnte Strukturen. Alles kann trainiert werden. Indem man sich proaktiv auf Herausforderungen einstellt, Resilienz aufbaut und sich gegenseitig unterstützt, können Einzelpersonen und Gemeinschaften Krisen effektiv bewältigen und gestärkt, widerstandsfähiger und besser auf künftige Herausforderungen vorbereitet daraus hervorgehen. Anpassung und Resilienz sind unerlässlich, um Unsicherheiten zu überwinden und eine nachhaltigere und wohlhabendere Zukunft aufzubauen.

Eine nationalistische Wirtschaftspolitik, die oft mit protektionistischen Maßnahmen einhergeht, kann zwar kurzfristig Vorteile für einzelne Sektoren oder Interessengruppen anbieten, ignoriert aber die Realitäten einer globalisierten Wirtschaft. In einer vernetzten Welt sind Volkswirtschaften zunehmend voneinander abhängig. Die Vorstellung, dass eine Nation ihre Wirtschaft durch rein nationalistische Argumentation und lokale Praktiken erfolgreich steuern kann, ist eine gefährliche Illusion. Die globale Wirtschaft ist heute so verflochten, dass Nationalismus und Isolationismus unweigerlich zu erheblichen wirtschaftlichen Schäden führen. Zahlreiche historische und aktuelle Ereignisse in der Weltpolitik und Wirtschaft belegen, dass Länder, die sich auf nationalistische Strategien verlassen, meistens scheitern. Eine nationalistisch geprägte Wirtschaftspolitik behindert auch die Innovationsfähigkeit eines Landes.

Die Vorstellung, man könne die Wirtschaft durch rein nationale Maßnahmen effektiv steuern, verkennt die Komplexität moderner Wirtschaftsbeziehungen. Globale Lieferketten, internationale Finanzmärkte und der technologische Fortschritt machen es nahezu unmöglich, wirtschaftliche Entwicklungen isoliert zu betrachten oder zu kontrollieren. Subventionen für nicht wettbewerbsfähige Industrien verzögern oft nur den notwendigen Strukturwandel. Zudem haben Währungsmanipulationen unbeabsichtigte negative Folgen für die Binnenwirtschaften.

Das Verhältnis zwischen einer europäischen Industriepolitik und einer strikten Wettbewerbsaufsicht zeigt jedoch auch Spannungen auf. Beide verfolgen unterschiedliche, aber nicht zwangsläufig widersprüchliche Ziele. Während die Industriepolitik darauf abzielt, strategische Sektoren zu fördern und wirtschaftliche Wettbewerbsfähigkeit auf globaler Ebene zu stärken, konzentriert sich die Wettbewerbsaufsicht auf die Sicherstellung fairer Marktbedingungen und die Verhinderung von Monopolen. Die europäische Industriepolitik hat das Ziel, die Wettbewerbsfähigkeit der europäischen Industrie zu fördern und sie global zu positionieren.

Die Wettbewerbsaufsicht zielt darauf ab, jegliche staatliche Unterstützung zu minimieren, die den freien Wettbewerb einschränken könnte. Dies steht im direkten Widerspruch zu Industriepolitiken, die selektive Eingriffe zur Förderung bestimmter Sektoren oder Unternehmen vorsehen. Die EU-Kommission setzt sich dafür ein, dass alle Mitgliedstaaten die gleichen Wettbewerbsregeln einhalten, um einheitliche Marktbedingungen zu gewährleisten. Trotzdem könnten immer noch nationale protektionistische Industriepolitiken den Binnenmarkt destabilisieren. Die europäische Industriepolitik spielt eine entscheidende Rolle bei der Sicherung der Wettbewerbsfähigkeit der europäischen Wirtschaft auf globaler Ebene. Angesichts des intensiven internationalen Wettbewerbs und der rasanten technologischen Entwicklungen zielt die europäische Industriepolitik darauf ab, Schlüsselindustrien zu stärken, technologische Innovationen voranzutreiben und nachhaltiges wirtschaftliches Wachstum zu fördern. Diese Strategie ist entscheidend, um Europa als globalen Innovationsführer zu positionieren und die wirtschaftliche Zukunft der EU zu sichern.

Eine der zentralen Aufgaben der europäischen Industriepolitik ist die gezielte Unterstützung von Schlüsselindustrien, die für die Zukunft Europas von entscheidender Bedeutung sind. Dazu gehören unter anderem die Energiebranche, die Infrastrukturentwicklung, der Technologiebereich und das

Gesundheitswesen. Im Energiebereich strebt die EU beispielsweise an, ihre Abhängigkeit von fossilen Brennstoffen zu reduzieren und die Entwicklung erneuerbarer Energien zu fördern. Durch Investitionen in saubere Energietechnologien und den Ausbau der Energieinfrastruktur soll Europa eine führende Rolle im globalen Kampf gegen den Klimawandel übernehmen. Gleichzeitig wird die Wettbewerbsfähigkeit der europäischen Industrie durch eine stabile und nachhaltige Energieversorgung gestärkt.

Die Infrastruktur ist ein weiterer Bereich, in dem die EU ihre Industriepolitik fokussiert. Der Ausbau moderner Verkehrs- und Kommunikationsnetze ist entscheidend, um den Binnenmarkt zu stärken, den grenzüberschreitenden Handel zu erleichtern und die digitale Transformation voranzutreiben. Ein nicht minder wichtiger Eckpfeiler der europäischen Industriepolitik ist die Förderung von Forschung und Entwicklung. Durch

Programme wie „Horizon Europe" werden Forschungseinrichtungen, Universitäten und Unternehmen unterstützt, um bahnbrechende Technologien zu entwickeln und neue wissenschaftliche Erkenntnisse zu gewinnen. Die Förderung von F&E ist auch ein wichtiger Faktor für die Schaffung hochwertiger Arbeitsplätze. Indem die EU in die Entwicklung neuer Technologien investiert, entstehen zahlreiche Arbeitsplätze in Forschung, Entwicklung und Produktion. Diese Arbeitsplätze tragen nicht nur zur wirtschaftlichen Stabilität bei, sondern fördern auch die soziale und wirtschaftliche Integration, indem sie gut bezahlte Beschäftigungsmöglichkeiten in ganz Europa schaffen. Diese gezielten Förderungen schließen auch Maßnahmen ein, die darauf abzielen, kleine und mittlere Unternehmen zu unterstützen, die das Rückgrat der europäischen Wirtschaft bilden. Durch die Schaffung günstiger Rahmenbedingungen und den Zugang zu Finanzierungsmöglichkeiten sollen KMU's in die Lage versetzt werden, zu wachsen und innovativ zu bleiben. Durch die Förderung von „grünen" Technologien und die Unterstützung von Initiativen zur Dekarbonisierung der Industrie trägt die EU dazu bei, die Umweltbelastung zu reduzieren und gleichzeitig die langfristige Wettbewerbsfähigkeit zu sichern. Dies ist nicht nur aus ökologischer Sicht wichtig, sondern auch, um den Übergang zu einer klimaneutralen Wirtschaft erfolgreich zu gestalten.

Ein weiteres zentrales Anliegen der EU ist der Kampf gegen Steuervermeidung und Steuerhinterziehung. In den letzten Jahren wurden mehrere Richtlinien verabschiedet, um aggressive Steuerplanung und unfaire Steuerpraktiken zu verhindern. Steuerpolitische Entscheidungen auf EU-Ebene erfordern in vielen Fällen die Einstimmigkeit der Mitgliedstaaten. Dies macht es schwierig, tiefgreifende Reformen oder eine stärkere Harmonisierung durchzusetzen, da jedes Land ein Veto einlegen kann, wenn es seine nationalen Interessen gefährdet sieht. Dies ist ein Grund mehr den Europäischen Rat umzustrukturieren.

Obwohl Europa als Ganzes vor Herausforderungen wie Bürokratie, Fachkräftemangel und Energieunsicherheit steht, bietet es als gemeinsamer Wirtschaftsraum deutlich mehr Vorteile und Attraktivität für Unternehmen und Investoren als einzelne Staaten. Die Größe des Marktes, die Infrastruktur und die wirtschaftliche Integration machen Europa als Gesamtheit zu einem attraktiveren Wirtschaftsstandort. Dennoch gilt es zu bedenken, dass die EU vor erheblichen demografischen Herausforderungen steht, darunter eine alternde Bevölkerung und sinkende Geburtenraten in vielen Mitgliedstaaten steht. Dies führt zu einer schrumpfenden Erwerbsbevölkerung, was das Wirtschaftswachstum hemmt. Eine alternde Bevölkerung bedeutet auch höhere Ausgaben für Gesundheits- und Rentensysteme, was die fiskalische Belastung der Staaten erhöht und Investitionen in andere Wachstumsbereiche einschränken könnte.

Wenig erfreulich ist, dass in den letzten Jahren die EU im Vergleich zu den USA und China in einigen technologischen Schlüsselbereichen ins Hintertreffen geraten ist, insbesondere in Bereichen wie Künstlicher Intelligenz digitalen Plattformen und 5G-Technologien. Diese Länder haben erhebliche Fortschritte gemacht, während die EU Schwierigkeiten hatte, mit dem Tempo der Innovation Schritt zu halten. Ein technologischer Rückstand kann langfristig zu einem Wettbewerbsnachteil führen und die globale wirtschaftliche Bedeutung der EU mindern. Die Energiekrise im Zuge des Ukraine-Krieges hat die Schwächen der EU in diesem Bereich offengelegt und könnte das Wirtschaftswachstum bremsen, wenn keine effektiven Alternativen gefunden werden. Die wirtschaftliche Bedeutung der EU kann aus verschiedenen

Gründen relativ sinken, sowohl aufgrund interner Herausforderungen wie demografischen Veränderungen und politischer Uneinigkeit als auch durch externe Faktoren wie den Aufstieg neuer Wirtschaftsmächte und globale technologische Entwicklungen. Um diesem Trend entgegenzuwirken, werden Maßnahmen wie Bürokratieabbau, Förderung von Innovationen, Verbesserung der Energieversorgung und eine stärkere gemeinsame Außen- und Wirtschaftspolitik als notwendig erachtet. Obwohl die EU nach wie vor eine der größten Volkswirtschaften der Welt ist, muss sie diese Herausforderungen aktiv angehen, um ihre wirtschaftliche Relevanz im globalen Kontext zu bewahren und zu stärken.

Der wirtschaftliche Vorteil der Etablierung europäischer Makro-Regionen ist offensichtlich, denn sie haben den detaillierten Einblick in ihre eigenen wirtschaftlichen Strukturen, einschließlich der Besonderheiten ihrer

Industrie- und Dienstleistungssektoren. Dies ermöglicht es ihnen, sich auf die spezifischen Bedürfnisse ihrer Geographien abzustimmen. Sie erhalten das direkte Feedback von Unternehmen, Gewerkschaften und anderen Interessenvertretungen vor Ort. Während Brüssel den Überblick über makroökonomische Entwicklungen, Binnenmarktregeln, internationale Handelspolitik und übergreifende wirtschaftliche Strategien hat, die auf eine langfristige Integration und Stabilität abzielen, haben die einzelnen Regionen detaillierteres Wissen über die lokalen Wirtschaften und verfügen über die politische Nähe, um die Bedürfnisse ihrer Bürger direkt zu berücksichtigen. Ein optimaler wirtschaftlicher Überblick entsteht also durch die Zusammenarbeit und Koordination beider Ebenen. Diese Balance ist entscheidend, um die wirtschaftliche Leistungsfähigkeit Europas insgesamt zu erhalten und zu stärken.

Die Wirtschaft Europas wird nicht von extremistischen politischen Rändern oder starren, überholten politischen Traditionen vorangetrieben. Solche Ansätze können die wirtschaftliche Stabilität und das Wachstum gefährden, indem sie wichtige Marktmechanismen untergraben, Investitionen abschrecken und den internationalen Handel behindern. Die wirtschaftliche Inkompetenz dieser extremistischen Positionen liegt in ihrer Unfähigkeit, nachhaltige und realisierbare Lösungen für die Herausforderungen der Globalisierung, technologischen Veränderungen und demografischen Wandel zu bieten. Gleichzeitig bergen auch alteingesessene politische Gewohnheiten Risiken für die wirtschaftliche Dynamik Europas. Traditionelle, etablierte politische Parteien und Strukturen neigen dazu, sich an bewährte, aber veraltete Praktiken zu klammern. Diese Trägheit verhindert, dass notwendige Reformen in Bereichen wie Digitalisierung, Energiepolitik oder Arbeitsmarkt umgesetzt werden. Die Konjunktur Europas wird am besten durch einen pragmatischen Ansatz bestimmt, der sowohl wirtschaftliche Expertise als auch innovative Lösungen in den Vordergrund stellt. Entscheidend ist, dass die politischen Entscheidungen auf fundierten ökonomischen Analysen basieren und langfristige Ziele verfolgen, die über kurzfristige politische Gewinne hinausgehen.

In der Politik sind „Eigentore" noch unangenehmer als im Fußball. Sie verursachen langfristige Katastrophen, die nicht nur die für den Fehler verantwortliche Person oder Partei betreffen, sondern auch das gesamte Land oder die Gemeinschaft. Sie können das Vertrauen in die Regierung beschädigen, das öffentliche Vertrauen untergraben und den Fortschritt bei wichtigen Zielen behindern. In extremen Fällen können Eigentore als Eigeninteressen getarnt in der Politik zu Krisen, Konflikten und sogar zur Destabilisierung eines Landes führen. Die Folgen sind wirtschaftlicher Abschwung, soziale Unruhen und eine Verschlechterung der internationalen Beziehungen. Es kann Jahre oder sogar Jahrzehnte dauern, bis man sich von den Folgen eines politischen Eigentors erholt hat. Daher ist es für politische Entscheidungsträger von entscheidender Bedeutung, verantwortungsvoll zu handeln, gut informierte Entscheidungen zu treffen und den Interessen der Öffentlichkeit Vorrang vor persönlichem Gewinn oder kurzfristigen politischen Vorteilen einzuräumen. Indem sie ihre eigenen Fehltritte vermeiden, tragen sie dazu bei, den Wohlstand, die Stabilität und das Wohlergehen ihrer Länder und Gemeinschaften zu sichern. Wenn nicht, sorgen sie zumindest für endlose Unterhaltung für den Rest von uns, wenn wir ihnen dabei zusehen, wie sie wie ein Kleinkind im Porzellanladen durch internationale Krisen stolpern und dabei eine Spur von zerbrochenen Allianzen und wirtschaftlichen Katastrophen hinter sich lassen. Wer braucht dann noch Netflix, wenn die reale Politik so viel Drama und unbeabsichtigte Komik bietet?

In den ersten zwei Jahrzehnten des 21. Jahrhunderts wurde die internationale Politik von unqualifizierten politischen Führern oftmals in die Irre geführt. Einerseits hat eine fehlende politische Innovationsfähigkeit der deutschen Regierungen den etablierten Partner Frankreich in eine schwierige Lage gebracht, andererseits hat die Fokussierung auf Russland zu einer Vernachlässigung der wichtigen geographisch und historisch näher liegenden osteuropäischen Region geführt. Dies hat wichtige Partnerschaften geschwächt und den Eindruck erweckt, den Anschluss an die aktuellen Entwicklungen verloren zu haben.

Im komplexen Geflecht der europäischen Politik bilden die Beziehungen zwischen den Mitgliedsstaaten die Grundlage für Zusammenarbeit, Einheit und Fortschritt. Die jüngsten Entwicklungen haben jedoch einen besorgniserregenden Trend in der Haltung Deutschlands gegenüber seinen europäischen Partnern, insbesondere

Frankreich, aufgezeigt. Die Frage über das Engagement innerhalb der Europäischen Union wird aufgeworfen. Deutschland sollte seinen Ansatz neu bewerten, sich wieder auf gemeinsame Visionen und Strategien besinnen und sich aktiv mit seinen europäischen Partnern für den Aufbau eines stärkeren, geeinten Europas einsetzen.

Die traditionelle Achse zwischen Deutschland und Frankreich, die oft als treibende Kraft hinter dem europäischen Projekt bezeichnet wurde, zeigt Anzeichen von Spannungen und einer Schwächung der Beziehungen. Deutschland, das einst als wichtiger Partner bei der Gestaltung einer gemeinsamen Politik für die EU angesehen wurde, scheint sich von dieser zentralen Rolle zu entfernen, was zu einer gefährlichen Kluft im Kern der europäischen Machtdynamik führt. Anstatt sich aktiv auf eine konstruktive Zusammenarbeit einzulassen, ist der Ansatz von Kanzler Scholz im Schlepptau der Herangehensweise seiner Vorgängerin Kanzlerin Merkel von der Bevorzugung einer Distanzierung zu jenen geprägt, die sich für Veränderung und Innovation einsetzen. Diese veränderte Haltung gegenüber der europäischen Politik wird durch eine schwache rhetorische Kommunikation verschärft, die die Fähigkeit beeinträchtigt, Entscheidungsprozesse zu beeinflussen und die Zukunft der EU zu gestalten. In einer Zeit, in der starke Führung und Einigkeit für die Bewältigung der Herausforderungen, vor denen Europa steht, von entscheidender Bedeutung sind, stellt eine Abkehr von den gemeinsamen Zielen und Grundsätzen des europäischen Projekts ein erhebliches Risiko für den Zusammenhalt und die Wirksamkeit der Union dar.

Wie wollen Sie mit Frankreich klarkommen, wenn Sie Ihren Nachbarn kulturell nicht gut genug verstehen? Das gleiche Phänomen trifft sogar noch verstärkt auf das Verhältnis zu östlichen Partner Polen zu. Es war das Manko einer deutschen Kanzlerschaft, das gemeinsame

Europa gar nicht zu verstehen, weil man es gar nicht wollte. Man war es gar nicht gwohnt, weil man es gar nicht gelernt hatte. Ein Fehler in der Sozialisation. Es beginnt mit dem Erlernen der Sprache des Nachbarn. Die junge Generation beginnt in ihren Austausch-Funktionalitäten umzudenken. Während Deutschland oft für seine Effizienz und Pünktlichkeit bekannt ist, legt die französische Kultur großen Wert auf Geselligkeit, Vergnügen und direkte Kommunikation. Diese Unterschiede können zu Missverständnissen führen, die sich sowohl im privaten als auch im beruflichen Umfeld bemerkbar machen. Deutsche, die nach Frankreich ziehen, müssen oft lernen, dass die französische Lebensart einen anderen Umgang mit der Zeit und sozialen Interaktionen erfordert. Ein ähnliches Phänomen lässt sich in den Beziehungen zu Polen beobachten. Hier spielen historische Vorurteile und stereotype Vorstellungen eine Rolle, die das gegenseitige Verständnis erschweren. Mangelnde Sprach- und

Kulturkenntnisse führen oft dazu, dass die Deutschen die polnische Kultur nicht ausreichend schätzen und verstehen, was die Zusammenarbeit erschwert.

Als einer der einflussreichsten Mitgliedstaaten der EU spielt Deutschland eine entscheidende Rolle bei der Gestaltung der Zukunft der europäischen Politik. Es ist für Deutschland von großer Bedeutung, seinen Ansatz zu überdenken, sich wieder zu gemeinsamen Visionen und Strategien zu bekennen und sich aktiv mit seinen europäischen Partnern für den Aufbau eines stärkeren, geeinteren Europas einzusetzen und nicht abwartend nachzuhinken. Darüber hinaus hat die Abkehr vom Weimarer Dreieck die wichtigen innereuropäischen Beziehungen geschwächt und die Fortschritte bei der europäischen Integration untergraben. Das Weimarer Dreieck, bestehend aus Frankreich, Deutschland und Polen hat seit seiner Gründung im Jahr 1991 eine wichtige Rolle bei der Förderung der europäischen Integration gespielt. Allerdings lag das Format im letzten Jahrzehnt aufgrund unterschiedlicher Visionen der Mitglieder über die Zukunft weitgehend inaktiv die EU. Dies führte dazu, dass die Dynamik bei der Bewältigung zentraler Themen wie Sicherheit, Migration und wirtschaftliche Entwicklung nachließ. Dieser Ansatz wurde durch das strategische Interesse Deutschlands an der Sicherung des Zugangs zu den riesigen Bodenschätzen und lukrativen Märkten Russlands vorangetrieben. Dadurch wurde Deutschland stark von russischen Energieimporten, insbesondere von Erdgas, abhängig, was das Land anfällig für mögliche Versorgungsunterbrechungen machte.

Diese Faktoren haben in einigen anderen Ländern zur Bedrohung demokratischer Werte, der Rechtsstaatlichkeit und der Menschenrechte beigetragen. Darüber hinaus führt die Unkenntnis der Bedürfnisse und Sorgen der Bürger zu einem wachsenden Vertrauensverlust in die Politik. Die mangelnde Bereitschaft zu einer aktiven und verantwortungsvollen Außenpolitik hat Europa partiell ins Hintertreffen geraten lassen. Anstatt sich aktiv an internationalen Konflikten zu beteiligen und eine Führungsrolle zu übernehmen, haben sich einige Regierungen in bequeme Passivität zurückgezogen. Dies bedeutet, dass Einfluss auf der internationalen Bühne verloren ging.

Wenn sich dann Außenstehende mit Argumenten einmischen, dass die außenpolitischen Führer/Innen diplomatisch handeln sollten, ist das ein Rezept, um Unwissenheit und Unsicherheit zu schüren. Es sollte bekannt sein, dass Außenminister zwar diplomatische Behörden leiten, aber in ihrem Berufsbild durchaus als aktive Steuermänner einzustufen sind. Während andere Länder innovative Lösungen entwickelten, blieb das wirtschaftlich stärkste europäische Land in alten Denkmustern stecken. Dadurch hat es den Anschluss an wichtige Zukunftsthemen verloren.

Warum ist impulsiv- kreative Führung in der deutschen Politik so selten? Dass die deutsche politische Führung im Vergleich zu ihren Nachbarn als schwerfällig oder humorlos wahrgenommen wird, ist in der Tat auf kulturelle Unterschiede und das sozialistische Erbe zurückzuführen, das die politische Landschaft prägt. Sie ist bekannt für ihre Betonung von Stabilität und Gründlichkeit in der Regierungsführung, was manchmal als Mangel an Spontaneität, Charme und einem entspannteren politischen Stil wahrgenommen werden kann, wie er in anderen Ländern üblich ist. Defizite an politischer Klasse können eine Bedrohung für den globalen politischen Wohlstand darstellen. Es wird nicht leicht sein, dieser Falle zu entkommen, da die Wettbewerbsfähigkeit zunehmend schwächer wird.

Die Rolle der Außenminister bei der Gestaltung der diplomatischen Politik und der Vertretung der Positionen ihrer Länder in internationalen Foren ist von zentraler Bedeutung. Die Einmischung durch das Kanzleramt kann die Wirksamkeit der diplomatischen Bemühungen untergraben und damit die Glaubwürdigkeit des internationalen Engagements des Landes gefährden. Der Nutzen der diplomatischen Bemühungen eines Landes ist eng mit der Glaubwürdigkeit seiner Führung und seiner Institutionen verbunden. Wenn Außenminister nicht unabhängig agieren dürfen, kann dies das Vertrauen bei anderen Nationen untergraben und zu Instabilität und Unordnung in den internationalen Beziehungen führen.

Die Notwendigkeit einer wirksamen Global Governance wird immer dringender, insbesondere bei der Bewältigung von Problemen wie Klimawandel, Terrorismus und der Steuerung neuer Technologien wie KI. Der Mangel an Autonomie und Unabhängigkeit in der diplomatischen Entscheidungsfindung kann jedoch die Fähigkeit behindern, diese Herausforderungen wirksam anzugehen. Das derzeitige politische Umfeld ist durch eine globale Glaubwürdigkeitslücke gekennzeichnet, in der das Fehlen ernshafter Verpflichtungen und die Erosion des Vertrauens zu einem Governance-Defizit geführt haben. Dieses Defizit wird noch verschärft, wenn diplomatische Bemühungen eher von staatlichen Eigeninteressen als von einem echten Engagement für globale Zusammenarbeit und das Gemeinwohl beeinflusst werden.

Es könnten Anstrengungen zur Reform der globalen Governance-Strukturen unternommen werden, um den Herausforderungen der modernen Welt besser begegnen zu können. Dazu gehört der Aufbau globaler Richtlinien, die einen Rahmen für die internationale Zusammenarbeit und die Harmonisierung von Zielen bietet. Entscheidungsfindungsprozesse sollten inklusiver sein und nicht nur staatliche Akteure, sondern auch zivilgesellschaftliche Gruppen einbeziehen. Damit würden die Interessen vieler Beteiligter berücksichtigt und die globale Governance repräsentativer und effektiver werden.

Die Europäische Union zeigt sich als ein einzigartiges Phänomen auf dem Weg in die Zukunft. Sie hat das Potential, auch außerhalb ihres Raumes Vorbild zu sein. Für alle anderen Aufgaben ist sie aber erst dann funktionsfähig, wenn sie die Basis für Sicherheit geschaffen hat. Das Wohlergehen künftiger Generationen auf diesem Kontinent hängt vom Willen zur Einheit und der Stärke seiner politischen Union ab. Ohne Wachstum gibt es keine Sozialmodelle und keinen anderen Zusatznutzen. Wachstum kommt am besten aus der Einheit. Sie zu begründen erfordert Sorgfalt, Ausdauer und Durchsetzungskraft.

Es ist bequem, die Politik zu lange zu verschlafen, aber die Führung wird unweigerlich gejagt werden, weil das Ignorieren oder Vernachlässigen politischer Fragen über einen zu langen Zeitraum zu negativen Konsequenzen führt. Das bedeutet, dass das Vermeiden oder Ausweichen vor politischen Herausforderungen oder Verantwortlichkeiten die Führungskräfte irgendwann einholen und zur Rechenschaft ziehen oder Konsequenzen nach sich ziehen wird. Dynamik und Effizienz des Handelns erfordern Flexibilität, sonst wird alles in tausend Stücke zerspringen. Für politische Führungskräfte ist es daher wichtig, informiert zu bleiben, auf die Bedürfnisse und Anliegen der Wähler einzugehen und sich in der komplexen politischen Landschaft zurechtzufinden.

In einer sich rasch wandelnden und vernetzten Welt müssen politische Führungskräfte in der Lage sein, mit Unsicherheit, Komplexität und konkurrierenden Interessen agil und vorausschauend umzugehen. Dies gilt insbesondere in einem krisenhaften Umfeld eines militärischen Konflikts. Dann müssen schnelle und effiziente Maßnahmen ergriffen werden, und zwar in Verbindung mit einem vertrauenswürdigen Beratungsteam. Dazu gibt es eine Vielzahl von Formen, darunter militärische Interventionen, Wirtschaftsembargos oder humanitäreEinflussnahmen. Ihre Legitimität und Moral sind oft Gegenstand heftiger Debatten, da sie komplexe ethische Fragen aufwerfen. Letztlich spiegelt die Debatte über den Interventionismus die Spannung zwischen verschiedenen moralischen Grundsätzen und politischen Interessen wider. Die internationale Politik ist kein Lotteriespiel.

Abschreckung ist für die Erhaltung des Friedens uneingeschränkt notwendig. Durch eine starke militärische Präsenz und die Fähigkeit, schnell und wirksam Vergeltung zu üben, wird ein potenzieller Angreifer abgeschreckt, da die Kosten und Risiken eines Angriffs zu hoch sind. Wenn alle Parteien wissen, dass ein Angriff zu verheerenden Vergeltungsmaßnahmen führen würde, sinkt die Wahrscheinlichkeit eines unbedachten oder irrationalen Angriffs. Dies fördert eine stabile internationale Ordnung. Darüber hinaus trägt die Abschreckung dazu bei, dass kleinere Konflikte nicht zu größeren Kriegen eskalieren, da sich alle Seiten der möglichen Folgen bewusst sind.

Es ist wichtig, dass die europäischen Staats- und Regierungschefs die Bedeutung einer qualifizierten Entscheidungsfindung für die Gestaltung der Zukunft des Kontinents erkennen. Sie müssen nur der politischen Kompetenz in Führungspositionen Vorrang einräumen und aktiv auf die Schaffung innovativer und integrativer politischer Konzepte hinarbeiten, die den Bedürfnissen und Anliegen aller europäischen Bürger gerecht werden. Darüber hinaus ist es unerlässlich, die jeweils aktuellen geopolitischen Prioritäten neu zu bewerten und einen ausgewogenen Ansatz zu gewährleisten, der die Interessen und die Sicherheit aller europäischen Länder berücksichtigt. Dazu gehört die Stärkung der Beziehungen über die osteuropäischen Regionen hinaus und die Aufnahme eines Dialogs und einer Zusammenarbeit mit Russland, wobei gleichzeitig die Grundsätze der Demokratie, der Menschenrechte und der Rechtsstaatlichkeit gewahrt bleiben müssen. Die Hauptaufgabe wird darin bestehen, den osteuropäischen Raum, der seit Jahrhunderten Teil der europäischen Kultur ist, politisch und wirtschaftlich zu stärken. Eine weitergehende Anbindung an die Gebiete bis zum Ural wird vielleicht erst Jahrzehnte nach der Befriedung der russischen Kriegsaggression in Betracht kommen. Alles in allem kann es in der Vorstellung eines modernen Europas mehrere regionale Demokratien geben, die in einer einzigen europäischen Demokratie zusammengefasst sind.

Durch die Priorisierung der politischen Kompetenz können europäische Staats- und Regierungschefs darauf hinarbeiten, das Vertrauen in die Politik wiederherzustellen, wichtige Partnerschaften stärken und demokratische Werte auf dem gesamten Kontinent schützen. Nur durch proaktive und fundierte Entscheidungsfindung wird Europa positiv durch das 21. Jahrhundert navigieren und als geeinte und widerstandsfähige Kraft auf der globalen Bühne auftreten.

Auf der anderen Seite des Atlantiks hat ein entfesselter „Wild-West-Held" die Welt in Aufruhr versetzt, als er langjährige internationale Abkommen und Institutionen zugunsten eines isolationistischeren und unilateraleren Ansatzes abschoss. Dies hat auf der globalen Bühne zu Unsicherheit und Instabilität geführt, da traditionelle Verbündete die Zuverlässigkeit der Vereinigten Staaten als Partner in Frage stellen. In Russland hat sein Amtskollege, ein skrupelloser Diktator, die Macht gefestigt und ist brutalst gegen Andersdenkende vorgegangen, was zu erhöhten Spannungen mit westlichen Ländern geführt hat. Die Einmischung

Russlands in ausländische Wahlen, die Annexion der Krim und der brutale Angriff auf die Ukraine sowie die grausame Beteiligung am Konflikt in Syrien haben die Beziehungen zur internationalen Gemeinschaft schwer belastet.

Zeitgenössische Diktatoren begeben sich zu Beginn ihrer Herrschaft auf dünnes Eis und müssen sehr vorsichtig sein, um ihre Macht zu festigen. Oft setzen sie Täuschung und Manipulation ein, um ihr Volk zu kontrollieren und Widerstand auszuschalten. Mit der Zeit werden sie immer selbstbewusster, beziehungsweise rücksichtsloser und setzen jedes Mittel ein, um ihre Macht zu erhalten. Je mehr Macht Diktatoren erlangen, desto dreister werden sie, was zu unberechenbarem und destruktivem Verhalten führt, das dem Volk schadet. Ihre Herrschaft ist daher von Gewalt, Unterdrückung und Angst geprägt und hinterlässt ein Vermächtnis von Leid und Zerstörung. Schnell greifen sie zu faschistoiden Gesetzen. Dies zeigt die Bereitschaft der Menschen, politischen Selbstmord zu begehen. Auf der anderen Seite der Gesellschaft ist die Fähigkeit zu Mitgefühl, Empathie und Widerstand gegen Ungerechtigkeit ein grundlegender Teil der menschlichen Erfahrung und unerlässlich, um diejenigen zu ermutigen, die gegen Tyrannei und Faschismus in all ihren Formen kämpfen.

Diktaturen nutzen verschiedene Expansionskräfte, um ihre Macht und Kontrolle über ihr Territorium und darüber hinaus auszuweiten. Diese Expansionskräfte können sich auf verschiedene Bereiche beziehen, darunter politische, wirtschaftliche, soziale und militärische Aspekte. Normalerweise festigen Diktaturen ihre Macht, indem sie politische Opposition unterdrücken, die Meinungsfreiheit einschränken und Wahlen manipulieren. Sie versuchen sogar, ihre politische Agenda auf andere Länder auszudehnen, indem sie internationale Organisationen beeinflussen oder autoritäre Regime in anderen Ländern unterstützen, um ihre regionale oder globale Macht auszuweiten. In wirtschaftlicher Hinsicht treiben Diktaturen ihre Expansion durch wirtschaftliche Ausbeutung, Korruption und die Schaffung von Abhängigkeiten in anderen Ländern voran. Sie versuchen, durch Investitionen und Handelsbeziehungen Einfluss auf die Wirtschaft anderer Länder zu nehmen. Auf sozialer Ebene nutzen moderne Diktaturen ihre Expansionskräfte durch Propaganda, Unterdrückung von Minderheiten und Kontrolle der Medien, um ihre Ideologie zu verbreiten und die Bevölkerung zu kontrollieren. Militärisch treiben Diktaturen ihre Expansion durch den Einsatz von Gewalt, Interventionen in anderen Ländern und die Modernisierung ihrer Streitkräfte voran, um ihre territoriale Integrität zu schützen und ihre regionalen oder globalen Interessen durchzusetzen.

Autoritäre Regime in Asien geben Anlass zur Sorge

hinaichtlich der Menschenrechtslage in ihrer Region. Ländern wie China und Nordkorea werden weit verbreitete Menschenrechtsverletzungen vorgeworfen, darunter politische Unterdrückung, Zensur und die Unterdrückung Andersdenkender. Das politische Feld ist durch Unsicherheit, Instabilität und das Fehlen einer vernünftigen Führung gekennzeichnet. Es besteht die Gefahr, dass die Grundlagen des internationalen Friedens und der Sicherheit weiter unterminiert werden.

Manche Regierende sind vielleicht einfach nur von dem Wunsch nach Macht motiviert, was sie dazu verleitet, demokratische Systeme zu ihrem persönlichen Vorteil zu manipulieren. Dies kann sich in verschiedenen Formen äußern, zum Beispiel in der Manipulation von Wahlen, der Einschränkung der Pressefreiheit oder in Korruption und Vetternwirtschaft. Die Aushöhlung der demokratischen Normen in einigen Ländern hat die Situation weiter verschärft und zu einer Schwächung der

Gewaltenteilung sowie zu einer Zunahme von Korruption und Machtmissbrauch geführt. Die mangelnde Achtung der Menschenrechte und der Rechtsstaatlichkeit hat dazu beigetragen, den Kreislauf von Instabilität und Ungerechtigkeit weiter zu vertiefen.

Mit der Rückkehr in demokratische Strukturen könnten die Ansätze zur Zerstörung gesellschaftlicher Werte aufgehoben werden. In jedem Fall ist es für demokratische Gesellschaften wichtig, wachsam zu bleiben und sich vor Versuchen zu schützen, ihre Grundsätze und Institutionen zu untergraben. Dies wird durch starke Kontrollmechanismen, Transparenz, Rechenschaftspflicht und eine wachsame und engagierte Zivilgesellschaft erreicht.

Die autoritären Tendenzen in Ungarn und Polen geben Anlass zur Sorge, da diese Regierungen Schritte unternommen haben, demokratische Institutionen zu untergraben und die eigensüchtige politische Kontrolle zu festigen. In Polen hat die PiS-Partei ihr Wahlmandat genutzt, um weitreichende Reformen des Justizwesens durchzuführen, die von der Venedig-Kommission als Untergrabung der Rechtsstaatlichkeit kritisiert worden sind. Die Partei hat auch Gesetze eingeführt, die dem Justizminister die Befugnis geben, Gerichtspräsidenten zu ernennen und zu entlassen. Wie kann eine Zivilgesellschaft auf die Manipulation manipulierender Regierungne hereinfallen? Ähnlich verzeichnete die Fidesz-Partei unter Ministerpräsident Viktor Orbán in Ungarn eine Verschlechterung der Leistungen des Landes bei den wichtigsten Indikatoren für die Staatsführung verbunden mit einem Rückgang der Standards für Rechtsstaatlichkeit und Rechenschaftspflicht. Die Partei hat auch versucht, die Kontrolle über die staatlich finanzierten Medien auszuüben. Diese Maßnahmen der Regierungen in Ungarn und Polen deuten auf einen besorgniserregenden Trend zum Autoritarismus hin, da sie versuchen, ihre Macht zu konsolidieren und die demokratischen Kontrollmechanismen zu schwächen. Poltiker können Angst, Wut oder andere starke Emotionen ausnutzen, um die öffentliche Meinung zu beeinflussen und Unterstützung für ihre Politik zu gewinnen. Dabei geht es darum, Drohungen zu übertreiben oder Sündenböcke zu schaffen.

Der Fanatismus nährt sich nicht nur aus der Luft. Dazu gehört eine Mischung aus Terror, Sadismus und Gewalt. Es ist die Aufgabe der Europäischen Union und der internationalen Gemeinschaft, solche Entwicklungen genau zu beobachten und Maßnahmen zu ergreifen, um demokratische Grundsätze und die Rechtsstaatlichkeit zu schützen. Inkompetente und egoistische Machthaber neigen dazu, ihre eigenen Fähigkeiten zu überschätzen und die Kompetenzen anderer zu unterschätzen. Dies liegt daran, dass sie nicht in der Lage sind, das Ausmaß ihrer Inkompetenz zu erkennen. Die übertriebene

Herrschermentalität führt zu einer übersteigerten Wahrnehmung der eigenen Fähigkeiten. Sie können glauben, dass ihre Urteile und Entscheidungen von Natur aus besser sind als die anderer, was zu übermäßigem Selbstvertrauen und einem Widerwillen führt, sich Anregungen zu holen oder Fehler zuzugeben.

Aggressive Staatenlenker, die nur die Sprache der Gewalt verstehen, glauben von der Überschätzung ihrer Macht profitieren zu können. Diesem Ansatz sollte man mit Enthusiasmus, Entschiedenheit und Weisheit begegnen. Wenn die Mitgestaltung der Völker Europas im Sinne des Musketier-Ethos „Einer für alle, alle für einen" nicht rechtzeitig beginnt, wird es keine attraktiven Strategien auf Zukunft geben. Davon hängen die schicksalhaften Fragen zwischen Freiheit und Gewalt ab.

Im Nahen Osten haben die Konflikte in Syrien, Jemen, Irak und Palästina zu weitreichenden humanitären Krisen und

Instabilität in der Region geführt. Der frühere Aufstieg von Terrorgruppen wie ISIS stellt eine Bedrohung für die globale Sicherheit dar und hat zu militärischen Interventionen verschiedener Länder geführt. In Afrika behindern politische Instabilität, Korruption und Armut weiterhin die Entwicklung und den Fortschritt in vielen Ländern. Konflikte in Ländern wie dem Südsudan, Somalia und der Demokratischen Republik Kongo haben zu weitreichenden Vertreibungen und humanitären Krisen geführt.

Die Bewältigung dieser globalen Probleme braucht einen koordinierten Ansatz der internationalen Gemeinschaft. Die Zusammenarbeit zwischen Ländern, multilateralen Institutionen und Nichtregierungsorganisationen ist für die Förderung von Frieden, Sicherheit und Entwicklung auf globaler Ebene von unaussprechlicher Bedeutung. Eine grundlegende Aufgabe der internationalen Politik besteht darin, Diplomatie, Dialog und Zusammenarbeit zu priorisieren. Was in einem Teil der Welt passiert, kann weitreichende Auswirkungen haben, die sich auf Menschen und Ökosysteme auf der ganzen Welt auswirken. Beispielsweise kann die Verbrennung fossiler Brennstoffe in einem Land zum globalen Klimawandel beitragen, der sich auf Wetterverhältnisse und Meeresspiegel in anderen Teilen der Welt auswirken kann. Die Verschmutzung einer Region kann sich durch Luft- und Wasserströmungen ausbreiten und Ökosysteme und die menschliche Gesundheit an entfernten Orten beeinträchtigen. Die Globalisierung hat die Volkswirtschaften vernetzt und sie anfällig für Wirtschaftskrisen in einem Land gemacht, die sich auf andere Länder ausweiten können.

Aufgrund der Verflechtung der Weltwirtschaft haben Ereignisse wie Naturkatastrophen oder politische Konflikte in einem Land sofort weltweite Auswirkungen auf Lieferketten, Handelsbeziehungen und Finanzmärkte. Sie betreffen Unternehmen, Arbeitnehmer als auch

Konsumenten in zahlreichen Ländern. Die internationale Gemeinschaft hat damit die Aufgabe, zusammenzuarbeiten, um autoritäre Regime zu isolieren und ihre Machenschaften zu stoppen. Dazu gehören Maßnahmen wie Wirtschaftssanktionen, diplomatischer Druck, gezielte Militäraktionen und die Unterstützung von Demokratiebewegungen in den betroffenen Ländern. In einigen Kontinenten liegen die Ursachen für den strukturellen Verfall in Armut, Ungerechtigkeit, politischer Unterdrückung und mangelnden Bildungsmöglichkeiten begründet. Langfristige Entwicklungsprogramme könnten dazu beitragen, den Einfluss und die Macht anarchischer Systeme zu verringern.

Wenn der beabsichtigte Strukturwandel nicht eingermaßen international angegangen wird, würden die Ergebnisse bestenfalls suboptimal ausfallen. Die meisten wirtschaftlichen, technologischen, ökologischen und sozialen Herausforderungen verlangen eine globale

Zusammenarbeit und Koordination. Die Auswirkungen des Klimawandels können nur unter Kontrolle gebracht werden, wenn Länder auf der ganzen Welt zusammenarbeiten. Emissionsreduzierungen und der Übergang zu sauberer Energie erfordern ein koordiniertes Handeln auf der ganzen Welt. Ein nachhaltiger Zukunftsaufbau auf diesem Planeten braucht die globalen Ansätze, denn technologische Entwicklungen machen nicht an nationalen Grenzen halt. Auch um wettbewerbsfähig zu bleiben, müssen Länder ihre Ideen austauschen können und ihre Innovationskapazitäten stärken.

Parallelen ziehen bedeutet, Perspektiven erweitern, Annahmen hinterfragen und kritisches Denken fördern. Indem Muster und Ähnlichkeiten zwischen verschiedenen Themen oder Situationen erkannt werden, eröffnen sich die tieferen Bedeutungen und verborgene Zusammenhänge. Nur so werden fundierte

Entscheidungen getroffen, um die komplexen Probleme effektiver zu bewältigen. Diese Vorgänge erfordern Offenheit und die Bereitschaft, unterschiedliche Standpunkte zu erkunden. Dabei geht es darum, über oberflächliche Unterschiede hinauszuschauen und sich mit den zugrunde liegenden Gemeinsamkeiten zu befassen, die nicht sofort erkennbar sind.

B. HOFFNUNG AUF EINE GLOBAL AUSGERICHTETE POLITIK

Hoffnung ist ein wesentlicher Aspekt politischer Überlegungen, insbesondere im Kontext sich überschneidender Krisen wie bei gleichzeitigem Klimawandel, wirtschaftlicher Ungleichheit und Bedrohungen der Demokratie. Hoffnung ist ein wesentlicher Bestandteil global ausgerichteter Politik, da sie zum Handeln und Experimentieren für eine bessere Zukunft anregt. Politische Hoffnung ist von Angst zu unterscheiden.

Frühzeitig muss die Verantwortung und das Streben nach einer demokratischeren Gesellschaft erkannt werden. Historisch gesehen hat eine auf Angst basierende Politik immer ein nationalistisches Denken begünstigt. Angst ist ein mächtiges Werkzeug für politische Reaktionäre, während Hoffnung zum vernunftsbezogenen politischen Handeln anregt. Narrative der Hoffnung prägen Struktur und Ausrichtung einer positiven Politik. Diese Anforderungen sind von keinem einzelnen Land allein wirksam bewältigbar. Da das Bewusstsein für diese Probleme wächst, steigt der Druck auf politische Entscheidungsträger, der internationalen Zusammenarbeit Vorrang einzuräumen und Lösungen zu finden, die immer mehr Ländern zugute kommen.

Der globale Süden und der globale Norden können tatsächlich gegeneinander ausgespielt werden, insbesondere in Bereichen wie Handel, Finanzen und Geopolitik. Im Handel argumentieren viele, dass der Norden den Süden ausbeutet, indem er billige Rohstoffe und Arbeitskräfte beschafft und teure Produkte exportiert. Der Globale Süden versucht, kollektiv gegenzusteuern, um gerechtere Handelsbeziehungen zu erreichen. Großmächte wie China, Russland und Indien bauen ihre Präsenz im globalen Süden aus, um wirtschaftlichen und politischen Einfluss zu gewinnen. Sie bieten diesen Entwicklungsländern finanzielle Unterstützung, um ihre eigenen Interessen zu verfolgen und den westlichen Einfluss einzuschränken. Wenn es um die Klimapolitik geht, argumentieren einige Länder im Süden, dass der Norden historisch gesehen mehr zum Klimawandel beigetragen habe und daher mehr Verantwortung tragen sollte. Sie fordern Finanzhilfen und Technologietransfer, was zu Spannungen führt.

Allerdings gibt es auch viele gemeinsame Interessen zwischen Nord und Süd, etwa die Bekämpfung von Armut, Terrorismus oder Pandemien. Viele Länder arbeiten in diesen Fragen zusammen. Dennoch ist es wichtig, sich der Dynamik des gegenseitigen Ausspielens bewusst zu sein und nach Wegen zu suchen, wie der globale Süden seine Interessen besser vertreten und eine gerechtere globale Ordnung mitgestalten kann.

Wenn es um globale Partnerschaften geht, ist die Zusammenarbeit zum gegenseitigen Nutzen in den Vordergrund zu stellen. Dies geschieht dann, wenn Partnerschaften gleichberechtigt und nachhaltig sind. Im Hinblick auf den Schutz der multipolaren Ordnung muss die Vielfalt der Perspektiven und Interessen in der Weltgemeinschaft respektiert werden.

In der Kommunikation sollte der Dialog mit globalen Partnern transparent und offen erfolgen. Der Austausch von Informationen fördert die Suche nach einer gemeinsamen Basis mit gemeinsamen Zielsetzungen. Es gibt dann auch Fälle, in denen es notwendig ist, auf bestimmte Privilegien oder Vorteile zu verzichten, um eine stärkere Zusammenarbeit und Solidarität in der Weltgemeinschaft zu festigen. Dies bedeutet unter Umständen, Opfer für das Wohl der Allgemeinheit zu erbringen.

Die internationale Politik muss sich kontinuierlich mit den existenziellen Fragen von Systemen auseinandersetzen, die die Sicherheitsaspekte ständig weiterentwickeln sollen. Daher ist es notwendig, dass die internationale Gemeinschaft über Mechanismen verfügt, um bestehende Sicherheitsgarantien regelmäßig zu überprüfen und den Verhältnissen anzupassen. Dazu gehören verschiedene Instrumentarien, die sich auf die Bewältigung globaler Probleme konzentrieren.

Klassiche Theorien betonen die Rolle des Staates als Schlüsselakteure in der internationalen Politik. Sie betrachten Staaten als homogene Einheiten mit spezifischen Interessen. Allerdings wird diese Perspektive als zu eng angesehen, die den Realitäten des 21. Jahrhunderts nicht mehr angemessen ist. Liberale Theorien gehen davon aus, dass Menschen als rationale Entscheidungsträger die langfristigen Voraussetzungen für die erfolgreiche Verfolgung von Interessen in veränderten Strukturen und mit anderen Methoden schaffen können. Sie setzen voraus, dass Menschen bereit sind, ihren eigenen Freiheitsanspruch mit dem aller anderen Menschen in Beziehung zu setzen. Allerdings wird diesen Ansätzen häufig vorgeworfen, dass sie die strukturellen Bedingungen, die die Handlungsfähigkeit von Einzelpersonen und Gruppen einschränken, nicht ausreichend berücksichtigen. Institutionelle Ansätze konzentrieren sich auf die Rolle von Institutionen und die Zusammenarbeit bei der Lösung globaler Probleme. Sie betonen die Bedeutung transnationaler Zusammenarbeit und die Fähigkeit internationaler und regionaler Institutionen, Aufgaben zu übernehmen, die Staaten nicht mehr bewältigen können. Strukturalistische Ansätze gehen davon aus, dass die Strukturen und Beziehungen innerhalb eines Systems die Handlungsfähigkeit der Akteure bestimmen. Sie betonen die Rolle von Macht und Interessenkonflikten bei der Gestaltung der internationalen Politik.

Schon immer galt, dass es in der Weltpolitik auch negative Elemente gibt. Aber immer muss auch die Kraft vorhanden sein, sich gegen sie zu wehren. Dies verlangt gerade heutzutage Ausdauer und Engagement zur globalen Zusammenarbeit. Was man nicht glauben will, ist sehr oft bittere Realität. Internationale Beziehungen sind oft von negativer Macht, Unsicherheit und Interessenskonflikten geprägt, auch wenn dies nicht immer den normativen Idealen entspricht. Realistische Theorien liefern wichtige Einsichten, auch wenn sie nicht alles erklären können. Sie gehen davon aus, dass Staaten in erster Linie nach Machterhalt und -ausbau streben, auch wenn dies moralisch fragwürdig sein mag. Oft werden Menschenrechte und Demokratie der Realpolitik geopfert. Ohne geordnete Autorität befinden sich Staaten in einem permanenten Streit um Sicherheit und Einfluss. Kooperation ist schwierig und Konflikte sind häufig. Trotz der Proliferation von internationalem Recht und Institutionen ist die Unordnung in den internationalen Beziehungen oft größer geworden. Staaten sind nach wie vor die mächtigsten Akteure.Angesichts der Komplexität der Weltpolitik kann keine Theorie alle Phänomene vorhersagen oder erklären.

In einer Welt, in der die Kommunikation zunehmend über soziale Medien und digitale Plattformen stattfindet, sollte der Wert der persönlichen Kommunikation nicht aus den Augen verloren gehen. Die direkte Kommunikation von Angesicht zu Angesicht sorgt für mehr Klarheit und Verständnis in Gesprächen und trägt dazu bei, stärkere Verbindungen aufzubauen. Informiert zu bleiben, stets nach neuen Erfahrungen zu suchen und die direkte Kommunikation dementsprechend zu evaluieren, lässt auf eine hoffnungsvollere Zukunft für alle schliessen. Darüber hinaus steht es jedem einzelnen Individuum zu, politische Richtlinien zu erkunden, anstatt sich ausschließlich auf voreingenommene Quellen oder soziale Medien zu verlassen. Kritische Analyse der verschiedenen

Perspektiven und die Suche nach glaubwürdigen Quellen sichern eine fundierte Meinungsbildung ab. Damit erfolgt der erste Schritt zu einer sinnvollen politischen Diskussion.

Außerdem hat jeder Einzelne das Recht, sich selbst über die Politik zu informieren, anstatt sich ausschließlich auf parteiische Quellen oder soziale Medien zu verlassen. Die Öffentlichkeit hat ein Recht auf Transparenz in der internationalen Politik. Auch wenn Evaluation im Umfeld großer Organisationen gerne verdrängt wird, stellt das Feedback der Zivilgesellschaft ihre Forderungen an die Oberfläche. Die Evaluierung kann nicht länger abgeschafft oder unterdrückt werden. Durch die kritische Analyse verschiedener Perspektiven und die Suche nach glaubwürdigen Quellen wird eine fundierte Meinung sichergestellt. Das ist der erste Schritt zu einer sinnvollen politischen Diskussion.

Die Faktenbasis bezieht sich immer auf objektive Informationen, die durch Studien und Forschung gestützt werden. Wenn Politiker ihre Entscheidungen hauptsächlich aufgrund von Emotionen und persönlichen Überzeugungen treffen und nicht aufgrund von objektiven Fakten, endet dies im Durcheinander ideologischer Denkweisen. Man soll sich nicht täuschen, das Emotionale ist selbst noch in der Wissenschaft vor. Auch der Bewertungsprozess selbst unterliegt strengen Kontrollaspekten. Zuverlässigkeit ist nicht nur ein empirisches Postulat, sondern auch eine moralische Verantwortung, die für alle gilt.

Die Quellen der professionellen Untersuchungen verdeutlichen die Komplexität innerhalb der globalen politischen Dynamik, wie etwa die Verlagerung von existenziellen Belangen hin zu geopolitischen Rivalitäten, den Zusammenstoß von Weltmächten und die Entstehung unkonventioneller Führungsstile. In der

Evaluierung wird immer mehr Aufmerksamkeit den Vorgängen zwischen den Zeilen gewidmet, in denen Wut, Ärger, Neid, Empörung, Feindseligkeit und Irrationalität zusätzlich verborgen sind. Das unsichere Wissen über die Einstellungen stört im Außenverhältnis die geplanten Interaktionen. Die Kompetitivität der Leistung rückt immer näher in den Vordergrund. Deswegen gilt es, die Machtpotenziale und –dynamiken genau zu erkennen. Ohne Rating wird der Interpretationsrahmen eng.

In der Politik gibt es, ähnlich wie in den Naturwissenschaften Kipppunkte, die unumkehrbar sind. Ist ein solcher Punkt einmal erreicht, kann es schwierig oder unmöglich sein, die in Gang gesetzten Veränderungen wieder rückgängig zu machen. Ziel muss es daher sein, solche Kipppunkte erst gar nicht zu erreichen. Natürlich wäre es am besten, Vorkehrungen zu treffen und die Dinge nicht so weit kommen zu lassen - die Gesellschaft muss frühzeitig gewarnt werden, um sich auf unerwünschte Situationen einzustellen.

Wirksame Kommunikation, Transparenz und Zusammenarbeit sind unerlässlich, um Frühwarnungen auszusprechen und sicherzustellen, dass die Öffentlichkeit über potenzielle Risiken informiert ist. Durch die Förderung einer Kultur der Widerstandsfähigkeit und der Bereitschaft können Führungskräfte dazu beitragen, dass Einzelpersonen und Gemeinschaften proaktive Schritte unternehmen, um Risiken zu mindern und sich an veränderte Umstände anzupassen. Zu den Risikofaktoren für die Gesellschaft gehören politische Nachlässigkeit und Fahrlässigkeit. Deshalb ist es wichtig, dass politische Führungskräfte ihre Entscheidungen und Handlungen sorgfältig abwägen, da sie weitreichende Folgen haben können, die sich nur schwer rückgängig machen lassen. Politische Instabilität, Konflikte und zügelloser Wettbewerb zwischen den politischen Parteien können zum Zusammenbruch von

Regierungen und zu wirtschaftlicher Unsicherheit führen, wodurch Investitionen und Wachstum zurückgehen. Politische Stabilität, die durch Unterdrückung oder fehlenden Wettbewerb erreicht wird, kann jedoch auch zu Vetternwirtschaft und Selbstgefälligkeit führen. Nachlässigkeit im Umgang mit Menschenrechtsfragen ist ein wachsendes Problem, wobei in wichtigen Beschaffungsländern wie China, Indien, Vietnam und Mexiko ein erhöhtes Risiko moderner Sklaverei zu verzeichnen ist. Unternehmen sehen sich aufgrund von Menschenrechtsverletzungen in ihrer Lieferkette zunehmenden rechtlichen und rufschädigenden Herausforderungen gegenüber.

Fälschungen werden bewusst als Waffen im Informationskrieg eingesetzt, um die öffentliche Meinung zu manipulieren und zu spalten. Plattformen wie TikTok, Facebook, Twitter und Instagram bieten ideale Bedingungen für die Verbreitung von Desinformationen, da sie eine schnelle und weite Verbreitung von schwammigen Inhalten ermöglichen. Diese Plattformen sind besonders anfällig für Fälschungen, da sie sich auf schnelle und visuell ansprechende Inhalte konzentrieren, die oft ohne Überprüfung geteilt werden. Die Mechanismen hinter dieser gezielten Desinformation sind vielschichtig. Manipulierte Inhalte werden häufig von staatlichen Akteuren, regierungsnahen Gruppen oder sogar Einzelpersonen erstellt. Ziel ist es, bestimmte Narrative zu fördern, Misstrauen zu säen und die Spaltung der Gesellschaft zu vertiefen. So können beispielsweise Fake News über manipulierte Videos, die triumphale militärische Siege zeigen, Emotionen wie Wut und Angst hervorrufen und so die Unterstützung für bestimmte politische oder militärische Aktionen stärken.

Extremistische Politiker, die wissentlich falsche politische Informationen im Internet verbreiten und extremistische Gruppen unterstützen, müssen für ihre Taten zur

Verantwortung gezogen werden. Mehrere Studien haben erhebliche Zusammenhänge zwischen der Verbreitung falscher Informationen, der Befürwortung von Extremismus und der Anstiftung zu aggressivem politischem Verhalten aufgezeigt. Die Auswirkungen von Desinformation sind erheblich. Dies führt zu einer verzerrten Wahrnehmung der Realität und kann sich auf die Entscheidungsfindung sowohl auf individueller als auch auf gesellschaftlicher Ebene auswirken. Sie können die öffentliche Meinung stark beeinflussen. Darüber hinaus können solche Fälschungen das Vertrauen in traditionelle Medien und offizielle Informationsquellen untergraben, wodurch es für die Menschen immer schwieriger wird, zwischen echten und gefälschten Nachrichten zu unterscheiden.

Die Bekämpfung dieser Form der Kriegspropaganda erfordert mehrere Ansätze. Vor allem Medienkompetenz ist entscheidend. Die Öffentlichkeit muss in der Lage sein, kritisch zu denken und die Authentizität von Informationen zu überprüfen. Zweitens sind technische Lösungen notwendig, um die Verbreitung von Desinformation zu erkennen und einzudämmen. Algorithmen und KI-basierte Tools können dabei helfen, gefälschte Inhalte zu erkennen und zu kennzeichnen. Drittens ist internationale Zusammenarbeit erforderlich, um gemeinsame Standards und Strategien zur Bekämpfung von Desinformation zu entwickeln und umzusetzen.

Desinformation im Informationskrieg stellen eine ernsthafte Bedrohung dar. Ein bewusster und informierter Umgang mit den Medien sowie verstärkte Aufklärungs- und Präventionsbemühungen sind unerlässlich, um der Verbreitung von Fälschungen entgegenzuwirken und die Integrität der Informationslandschaft zu wahren. Die Bedeutung der professionellen Politikbewertung in der modernen

Regierungsführung kann nicht genug betont werden. Sie ist ein wichtiges Instrument, um sicherzustellen, dass staatliche Maßnahmen wirksam und effizient sind und auf langfristige Ziele und Prioritäten abgestimmt sind. Im Ausgleich von Interessen, Macht und Einflussfaktoren wird die Legitimität einer Politik erhöht und die Bedürfnisse und Anliegen aller Beteiligten berücksichtigt. Evaluierungen gehören zur soliden öffentlichen Verwaltung und tragen zur Förderung der öffentlichen Rechenschaftspflicht, zum Lernen und zur Steigerung der Wirksamkeit des öffentlichen Sektors über verbesserte Entscheidungsfindung bei.

Die politischen Impulse, die auf positive Fortschritte folgen, werden entscheidend sein, um sicherzustellen, dass eine Gesellschaft auf dem Weg des Wandels und des Wachstums bleibt. Indem eine Gesellschaft kontinuierlich auf politische Veränderungen hinarbeitet, erzielt sie langfristige, nachhaltige Fortschritte. Sicherheitsgarantien sollten sich nicht nur auf einzelne Komponenten konzentrieren, sondern die Sicherheit des gesamten Systems gewährleisten. Das bedeutet, dass die verschiedenen Teile eines Systems, die über nationale Ziele hinausgehen, zusammenwirken und zusammenarbeiten müssen, um umfassende Sicherheit zu gewährleisten.

Die Macht von Ländergruppen oder politischen Akteuren spielt in der internationalen Politik eine wichtige Rolle. Einheiten mit mehr Macht und größeren Interessen neigen dazu, starken Einfluss auf die Welt zu haben. Die Macht von Ländergruppen oder politischen Akteuren spielt in der internationalen Politik eine wichtige Rolle. Einheiten mit mehr Macht und größeren Interessen haben typischerweise größeren Einfluss auf globale Ereignisse. Handelsbeziehungen, Investitionen und wirtschaftliche Entwicklung beleben die internationalen Beziehungen. Militärische Stärke und die Fähigkeit, sie einzusetzen, bestimmen ihren Status. Die Fähigkeit, diplomatische Beziehungen zu pflegen und Allianzen mit anderen Teilen der Welt zu bilden, beeinflusst ihr Gewicht. Aktuelle globale Trends wie Klimawandel, Terrorismus, Migration, Pandemien oder Verteidigung und Sicherheit beeinflussen politische Entscheidungen. Wichtige Veranstaltungen. Handelsbeziehungen, Investitionen und wirtschaftliche Entwicklung beleben die internationalen Beziehungen. Militärische Stärke und die Fähigkeit, sie einzusetzen, bestimmen ihren Status. Die Fähigkeit, diplomatische Beziehungen zu pflegen und Allianzen mit anderen Teilen der Welt zu bilden, bestimmt ihr Gewicht. Aktuelle globale Trends wie Klimawandel, Terrorismus, Migration, Pandemien oder Verteidigung und Sicherheit beeinflussen politische Entscheidungen.

Umso mehr erfordert das Engagement in der Weltpolitik einen ganzheitlichen Ansatz, der die Verflechtung der globalen Probleme berücksichtigt. Indem die Regierungen Themen wie Klimawandel, soziale Gerechtigkeit, Menschenrechte und humanitäre Hilfe umfassend und koordiniert angehen, können sie auf eine friedlichere, wohlhabendere und nachhaltigere Welt hinarbeiten. In politischen Debatten werden Modelle und Gegenmodelle verwendet, um verschiedene Ideologien, Ansätze und Wertesysteme darzustellen. Durch den Vergleich und die Gegenüberstellung dieser Modelle treffen die politischen Akteure fundierte Entscheidungen darüber, welcher Ansatz ihren Zielen und Werten am besten gerecht wird. In einem wirtschaftspolitischen Kontext könnte beispielsweise ein Modell, das auf marktwirtschaftlichen Grundsätzen basiert, einem Gegenmodell gegenübergestellt werden, das auf sozialdemokratischen Grundsätzen beruht.

Das Modell der freien Marktwirtschaft betont die Rolle der individuellen Freiheit und der Marktkräfte bei der

Förderung des Wirtschaftswachstums, während das sozialdemokratische Modell der sozialen Wohlfahrt und staatlichen Eingriffen zur Förderung von Gleichheit und sozialer Gerechtigkeit den Vorrang gibt. In der Politik werden diese Modelle auf der Grundlage ihrer wahrgenommenen Stärken und Schwächen sowie ihrer potenziellen Auswirkungen auf verschiedene Interessengruppen bewertet. Befürworter des Modells der freien Marktwirtschaft könnten beispielsweise argumentieren, dass es zu größerer Effizienz und Innovation führt, während Gegner auf das Potenzial hinweisen, die Einkommensungleichheit zu erhöhen und den sozialen Zusammenhalt zu untergraben.

Die Wahl zwischen verschiedenen Modellen und Gegenmodellen hängt von einer Vielzahl von Faktoren ab, darunter der politischen Ideologie, praktischen Überlegungen und dem spezifischen Kontext, in dem politische Entscheidungen getroffen werden. Durch die

Teilnahme an durchdachten und fundierten Debatten können politische Akteure Entscheidungen treffen, die ihre Werte und Prioritäten widerspiegeln und den Interessen ihrer Wähler dienen. Ein Verhaltenskodex kann nur ein Teil einer umfassenderen Strategie sein, die auch Maßnahmen zur Überwachung, Meldung und Sanktionierung von Verstößen sowie zur Förderung von Schulung und Sensibilisierung umfasst.

Es ist wichtig, nicht nur zuzuhören, sondern auch entsprechend zu handeln. Durch den Einsatz von methodischen Instrumenten können die Motivationen und Ziele der verschiedenen Akteure besser aufgenommen werden. Ein ganzheitlicher Ansatz ermöglicht die Bewertung politischer Richtungen und Entwicklungen sowie entsprechende Reaktionen. In Zeiten der Komplexität ist es wichtig, dass Experten, Fachleute und die Zivilgesellschaft gemeinsam innovative Ideen entwickeln und umsetzen. Die Geschwindigkeit und

Vielfalt gesellschaftlicher Äußerungen sind bestimmend, da sie ein breites Spektrum an Perspektiven und Meinungen bieten, die bei der Suche nach Lösungen berücksichtigt werden müssen. Neue Systemkonzepte entstehen und es wird deutlich, dass Politik kein Selbstzweck, sondern ein Prozess ist.

In Demokratien müssen erfolgreiche Politiker diesen komplexen Prozess geschickt steuern und mit anderen zusammenarbeiten, um ihre Ziele zu erreichen. Das Aufkommen neuer Systemkonzepte beeinflusst die politische Konfiguration erheblich und führt neue Perspektiven auf Governance und Entscheidungsfindung ein. Im Wesentlichen geht Politik über individuelle Ambitionen hinaus und erfordert geschickte Verhandlungen und Zusammenarbeit, um vielfältige Herausforderungen anzugehen und kollektive Interessen voranzutreiben. Wenn sich neue Ideen und Systeme entwickeln, tragen sie dazu bei, die Dynamik des politischen Diskurses und der Politikformulierung zu gestalten. Daher hängt eine erfolgreiche politische Führung davon ab, diesen prozessorientierten Ansatz zu übernehmen, einen inklusiven Dialog zu fordern und sich an die sich entwickelnden gesellschaftlichen Bedürfnisse und Bestrebungen anzupassen.

Die nationale Demokratie konzentriert sich auf die souveräne Selbstbestimmung in genau definierten Einheiten, die semipräsidentielle Demokratie vereint präsidiale und parlamentarische Elemente, um die Exekutivbefugnisse auszugleichen und die supranationale Demokratie teilt die Autorität über große Regionen hinweg, um kollektive Bedürfnisse und Herausforderungen über nationale Grenzen hinaus anzugehen. Erfolgreiche politische Führung in der modernen Welt erfordert einen prozessorientierten Ansatz. Dieser beinhaltet kontinuierliches Lernen und Anpassung, die Förderung eines inklusiven Dialogs und die Reaktion auf die sich entwickelnden Bedürfnisse und Wünsche der Gesellschaft.

Bei einem prozessorientierten Ansatz geht es darum, die Schritte und Methoden zur Zielerreichung zu priorisieren und sich nicht nur auf die Endergebnisse zu konzentrieren. Diese Denkweise ist in verschiedenen Kontexten von Vorteil, einschließlich der individuellen Entwicklung in der Politik, Effizienz und kreativen Bemühungen. Politische Urteile und Entscheidungen erfordern die Fähigkeit, komplexe Sachverhalte präzise und klar zu kommunizieren. Sprachkenntnisse sind nicht nur für eine effektive Kommunikation, sondern auch für das kognitive Verstehen von Situationen unerlässlich. In der internationalen Politik dient die Sprache als wichtigstes Instrument, um politische Ziele zu vermitteln, Interessengruppen zu überzeugen und den Ruf der eigenen Politik aufrechtzuerhalten. Daher ist ein hohes

Maß an Sprachkompetenz die Basis für politische Reife und Urteilsvermögen.

Internationale Entscheidungen entstehen nicht im luftleeren Raum, sondern im Engagement und die Bemühungen von Menschen, die sich aktiv für positive Veränderungen einsetzen. Der suchende Intellekt spielt in diesem Prozess die zentrale Rolle, da er dabei hilft, neue Wege zur Bewältigung komplexer Probleme zu finden und nachhaltige Lösungen zu schaffen. Bei der Entwicklung praktischer Lösungen für politische und gesellschaftliche Probleme gehen Think Tanks methodisch vor. Sie tragen dazu bei, dass Entscheidungsträger fundierte und strategisch ausgerichtete Maßnahmen planen können. Dabei handelt es sich um Beobachtungsmethoden, zu denen die politikwissenschaftliche Datenanalyse zählt. Um rechtzeitig auf Veränderungen reagieren zu können, ist die kontinuierliche Beobachtung von Entwicklungen und Trends entscheidend. Sowohl qualitative als auch quantitative Methoden erweitern das umfassende

Verständnis. Mit der Erstellung von Typologien und Modellen werden komplexe Sachverhalte systematisiert und strukturiert. Vergleichende Analysen und die Identifizierung von Analogien sind dazu da, Gemeinsamkeiten und Unterschiede aufzuzeigen und Erkenntnisse aus ähnlichen Fällen zu gewinnen. Die Analysten entwickeln daraus Szenarien und Modelle, um die Auswirkungen von Maßnahmen vorherzusagen. Die strategische Planung, die sowohl kurz- als auch langfristige Maßnahmen umfasst, basiert auf wissenschaftlich gewonnenen Erkenntnissen. Es besteht die Gefahr, dass eine übermäßige Betonung der emotionalen Intelligenz die Rationalität des Handelns außer Acht lässt. Dies könnte zu einer unzureichenden Kontrolle der Politik führen und die Fähigkeit schwächen, angemessen auf Fehlentwicklungen zu reagieren. Daher ist es für politische Entscheidungsträger von großer Bedeutung, ein ausgewogenes Verhältnis zwischen emotionaler Intelligenz und rationaler Analyse aufrechtzuerhalten, um wirksame und nachhaltige Lösungen für internationale Konflikte zu finden. Deshalb darf man sich nicht zurückziehen und schweigen.

Die internationale Konzeptualsierung beruft sich auf verschiedene Faktoren. Es sind dies wirtschaftliche Aspekte, soziale Dynamiken, historische Kontexte und rechtliche Rahmenbedingungen. Nicht zu übersehen sind die Postulate der Finanzpolitik. Regierungen müssen sichüberlegen, wie sie Steuern erheben und ausgeben. Wer bekommt was und warum? Hinzu kommen die Auswirkungen der Marktkräfte auf Beschäftigung, Preise und Wirtschaftswachstum. Der internationale Handel unterliegt eigenen Regeln. Demografische Entwicklungen, die öffentliche Meinung und soziale Bewegungen spielen da noch mit. Denken wir an die alternde Bevölkerung, Migrationstrends oder die Macht von Bewegungen wie „Black Lives Matter".

Ein Blick in die Geschichte erklärt oft, warum die Dinge so sind, wie sie sind. Vergangene Entscheidungen und ihre langfristigen Auswirkungen, historische Konflikte und ihre Lösungen sowie die Entwicklung bestehender Institutionen prägen das jeweils aktuelle politische Klima. Das Lernen aus vergangenen Erfolgen und Misserfolgen liefert wichtige Erkenntnisse für die Entscheidungsfindung. Verfassungen legen Grundprinzipien fest, Gesetze legen Regeln fest und Gerichtsentscheidungen schaffen Präzedenzfälle. Internationale Gesetze und Verträge definieren die Standards, die die Länder einhalten müssen.

Der Formalismus argumentiert, dass internationale Beziehungen durch zwischenstaatliche Zusammenarbeit und die Einhaltung internationaler Regeln und Institutionen gekennzeichnet sind. Er betont die Bedeutung von Verträgen, Vereinbarungen und Normen zur Lösung von Konflikten und zur Förderung einer friedlichen Zusammenarbeit zwischen Staaten. Im Gegensatz dazu argumentiert der realistische Ansatz, dass die internationalen Beziehungen von Machtdynamiken und Sicherheitsbedenken geprägt sind. Beide Ansätze können dabei helfen, die komplexe Interaktion zwischen Staaten im internationalen Raum zu verstehen und mögliche Wege zur Konfliktlösung und Zusammenarbeit aufzuzeigen. Beide Ansätze teilen jedoch die Annahme, dass es im internationalen System keine übergeordnete Autorität gibt, die für Ordnung sorgt. Staaten müssen daher zur Sicherung ihrer Existenz auf Selbsthilfestrategien setzen. Auch wenn der Neorealismus sich als systemische Theorie versteht, während der klassische Realismus die Außenpolitik von Staaten analysiert, haben beide einen Fokus auf Sicherheitsinteressen und Machtpolitik. Insgesamt überwiegen die Unterschiede: Der formalistische Ansatz ist stark theoretisch und abstrakt, während der realistische Ansatz eher auf die Praxis ausgerichtet ist und

Staaten als zentrale Akteure sieht. Beide Ansätze haben gemeinsam, dass sie Anarchie und Unsicherheit im internationalen System als zentrale Triebkräfte betrachten.

In der vernetzten Welt der internationalen Beziehungen kann die Bedeutung der Interdisziplinarität nicht genug betont werden. Die Dynamik globaler Interaktionen erfordert einen vielschichtigen Ansatz, der sich auf verschiedene Studienbereiche stützt. Internationale Beziehungen umfassen politische, wirtschaftliche, soziale, kulturelle, psychologische und ökologische Faktoren. Globale Herausforderungen wie Klimawandel, Terrorismus, wirtschaftliche Ungleichheit und Pandemien sind komplex und vielschichtig. Um diese Probleme effektiv anzugehen, ist das kombinierte Fachwissen verschiedener Disziplinen erforderlich, um innovative Lösungen zu unterstützen, die einer Einzeldisziplin-Perspektive möglicherweise entgehen. Der Kontakt mit mehreren Disziplinen fördert das kritische Denken und die analytischen Fähigkeiten. Wissenschaftler und Praktiker können auf verschiedene Methoden und theoretische Rahmen zurückgreifen, was zu fundierteren Analysen und fundierteren politischen Empfehlungen führt. Eine wirksame internationale Politik muss eine Reihe von Faktoren berücksichtigen, darunter wirtschaftliche Auswirkungen, soziale Dynamiken, rechtliche Rahmenbedingungen und Folgen für die Umwelt. Interdisziplinäre Teams können umfassendere und nachhaltigere Richtlinien entwickeln.

Die weltpolitische Bühne verändert sich im Kontext der internationalen Beziehungen ständig. Das Fehlen eines globalen positiven strategischen Wettbewerbs als strukturierendes Element in der internationalen Politik hat zu erheblichen Veränderungen geführt. In der Vergangenheit führte das Scheitern bei der Etablierung neuer politischer Ordnungen häufig zu Kriegen und

Instabilität. Die aktuelle Phase spiegelt ein ähnliches Muster wider, da die Auflösung etablierter Machtstrukturen für Unsicherheit sorgt. Der Aufstieg der Multipolarität, bei der mehrere Nationen Einfluss ausüben, steht in scharfem Kontrast zur früheren Unipolarität, die von westlichen Mächten, insbesondere den Vereinigten Staaten, dominiert wurde. Dieser Übergang bringt Herausforderungen mit sich, da Nationen ihre Interessen in einem weniger vorhersehbaren Umfeld steuern.

Auch in Zukunft wird es notwendig sein, Stärke im Sicherheitsdenken zu beweisen, sonst gerät die Glaubwürdigkeit auf vielen Ebenen ins Wanken. Davon hängen das Innovations- und Forschungspotenzial sowie die Wirtschaftskraft des gesamten Gesellschaftssystems ab. Es ist wichtig, in Sicherheitsinfrastruktur und - technologien zu investieren, um den Schutz von Menschen, Unternehmen und Staatseigentum zu gewährleisten. Gleichzeitig muss darauf geachtet werden, dass die Sicherheitsmaßnahmen im Einklang mit dem Schutz der Grundrechte stehen. Um neuen Bedrohungen immer einen Schritt voraus zu sein, ist es für Regierungen unerlässlich, ihre Sicherheit kontinuierlich zu aktualisieren. Letztendlich muss Sicherheit als strategische Priorität und nicht als nachträglicher Gedanke betrachtet werden. Indem wir der Sicherheit Priorität einräumen, können wir Vertrauen in unsere Systeme aufbauen und die Integrität unserer Gesellschaften angesichts sich entwickelnder Bedrohungen schützen. Nur wenn wir Stärke im Sicherheitsdenken zeigen, kann eine sichere und erfolgreiche Zukunft für alle gewährleistet werden.

Sicherheit ist nicht nur ein Wert an sich, sondern auch eine grundlegende Voraussetzung für die Erreichung von sozialer Gerechtigkeit, Gesundheit und wirtschaftlichem Fortschritt. Ohne Sicherheit kann keine stabile und gerechte Gesellschaft aufgebaut werden. Es ist daher entscheidend, dass der Sicherheitsaspekt nicht vernachlässigt wird, um die langfristige Stabilität und das Wohl einer Gesellschaft zu gewährleisten. Eine ausgewogene Politik, die Sicherheit als notwendiges Fundament betrachtet, ist essenziell, um die Entwicklung und das Wohlergehen aller gesellschaftlichen Bereiche zu fördern.

Um in der internationalen Politik klare Aussagen zu machen, müssen Transparenz, Einfachheit und Direktheit in den Vordergrund gestellt werden. Politische Aussagen sollten frei von Mehrdeutigkeiten oder versteckten Absichten sein und klar und eindeutig kommuniziert werden. Sie sollten auf Fakten und Beweisen basieren und nicht auf Emotionen oder persönlichen Meinungen. Klare Aussagen in den internationalen Beziehungen sind wichtig, um Missverständnisse zu vermeiden und die Kommunikation zwischen den Beteiligten zu erleichtern.

Die Suchergebnisse unterstreichen die Bedeutung klarer Aussagen in der internationalen Politik. Führungskräfte sollten ihre Worte sorgfältig wählen, um ihre Absichten und Positionen genau zu vermitteln und jeglichen Raum für Verwirrung oder Missverständnisse zu vermeiden. In einer vernetzten Welt, in der die Handlungen eines Landes weitreichende Konsequenzen haben können, kann die Bedeutung klarer Aussagen in der internationalen Politik nicht genug betont werden. Es sollte für Politiker selbstverständlich sein, ihre internationalen Kommunikationsstrategien kontinuierlich zu überprüfen und anzupassen. Nur so können Botschaften effektiv an ein internationales Publikum weitergegeben werden. Diese Grundsätze zielen darauf ab, eine besser informierte und engagiertere Wählerschaft zu fördern, die Rechenschaftspflicht von Amtsträgern zu stärken und die Gesamtqualität der demokratischen Regierungsführung zu verbessern.

B. POLITISCHE WELTCLUSTER

Welche geografischen Cluster beeinflussen heute die Weltordnung? Acht geografische Schwerpunkte werfen ihre Karten ins internationale Spiel: 1) Der arabische Raum bildet einen Ring mit dem Nahen und Mittleren Osten. 2) Der Pazifisch-Indische Kreis grenzt daran, gefolgt von 3) dem Konglomerat in Südostasien. 4) Im Norden, Nordosten bilden der nordasiatische Kontinent und China ein eigenes Reservoir. 5) Japan, Südkorea und Australien sind solide Antipoden ihres eigenen politischen Sozialisationsstils. 6) Lateinamerika dringt von Süden her in das Interessenspektrum ein und erstreckt sich weiter nach Norden. 7) Die USA und Kanada stellen eine solide Bastion dar und haben eine historisch enge Verbindung zum 8) zunehmend konsolidierten Europa. Interpolarität manifestiert sich in zahlreichen Allianzen, die sich vielerorts überschneiden. Diese Cluster beeinflussen die

Weltordnung, indem sie ihre eigenen politischen Prioritäten und Interessen darstellen. Sie bilden Allianzen, die sich manchmal überschneiden und die Weltordnung prägen.

Die Globalisierung bringt vielleicht auch die Menschen im Nahen Osten, zumindest die Vernunftbegabten, zu einer ausgeweiteten Vernetzung und einem stärkeren Bewusstsein zusammen, das zu einem stärkeren Gefühl der Weltbürgerschaft und einem Eintreten für Menschenrechte und Demokratie reichen sollte. Die Verbreitung von Informations- und Kommunikationstechnologien ermöglicht es den Menschen, sich untereinander und mit der Außenwelt zu vernetzen, was den Gedankenaustausch und die Mobilisierung kollektiver Maßnahmen gegen unheilvolle Politik ermöglicht. Die durch die Globalisierung hervorgerufenen wirtschaftlichen Veränderungen tragen dazu bei, die traditionellen Machtverhältnisse in der

Region in Frage zu stellen.

Eine multinationale Wirtschaft und ausländische Investitionen können zu einer wirtschaftlichen Liberalisierung und einem stärkeren Wettbewerb führen und Regierungen dazu drängen , sich an die veränderte globale Dynamik anzupassen. Dann müssen sie auch auf die Forderungen ihrer Bevölkerung nach mehr Rechten und Freiheiten eingehen. Während es in der erweiterten Region immer noch autoritäre Regime gibt, wird der Drang nach politischen Reformen und Demokratisierung durch die Globalisierung stärker. Die Menschen werden sich zunehmend ihrer Rechte bewusst und fordern von ihren Regierungen Rechenschaftspflicht und Transparenz.

Der Pazifisch-Indische Kreis entwickelt sich zu einem wichtigen Akteur in Handels- und Wirtschafts-Partnerschaften, während Südostasien sich schnell zu einem Wirtschaftszentrum entwickelt hat. Da die

Volkswirtschaften der Länder Südostasiens weiter wachsen, gewinnt die Region im globalen Handel und bei Investitionen immer mehr an Bedeutung. Diese Länder sind allesamt wichtige Akteure der Weltwirtschaft und verfügen über erhebliche Ressourcen und Fähigkeiten. Der Pazifisch-Indische Kreis weitet die Plattform aus Plattform, um in Wirtschaftsfragen zusammenzuarbeiten, Handel und Investitionen zu fördern und auf gemeinsame Ziele wie nachhaltige Entwicklung und Wirtschaftswachstum hinzuarbeiten.

Chinas Aufstieg zur Weltmacht wurde durch sein schnelles Wirtschaftswachstum und seinen technologischen Fortschritt vorangetrieben. Die Belt-and-Road-Initiative des Landes, die darauf abzielt, ein Netzwerk von Infrastruktur- und Wirtschaftsverbindungen in Asien, Afrika und Europa zu schaffen, hat Chinas Einfluss und Präsenz auf der globalen Bühne erweitert. Neben der wirtschaftlichen Macht verfügt China auch über erheblichen politischen und militärischen Einfluss. Die durchsetzungsfähige Haltung des Landes zu Themen wie Territorialstreitigkeiten im Südchinesischen Meer und seine wachsenden militärischen Fähigkeiten haben bei anderen Ländern in der Region und auf der ganzen Welt Besorgnis hervorgerufen.

Japan, Südkorea und Australien haben erheblichen Einfluss in der Region und spielen eine entscheidende Rolle bei der Förderung von Frieden und Stabilität. Sie arbeiten oft bei gemeinsamen Militärübungen zusammen und tauschen Informationen aus, um gemeinsame Sicherheitsbedrohungen wie das Atomprogramm Nordkoreas und die wachsende Militärpräsenz Chinas anzugehen. Diese Länder unterhalten starke Wirtschaftsbeziehungen und Sicherheitspartnerschaften untereinander sowie mit Ländern wie den Vereinigten Staaten. Sie arbeiten auch bei regionalen Themen wie

Handel, Sicherheit und Klimawandel zusammen.

Lateinamerika verleiht dem globalen politischen Szenario Vielfalt, da es in der Region eine Vielzahl von unterschiedlich strukturierten Regierungen und Ideologien gibt. Länder wie Brasilien und Mexiko sind einflussreiche Akteure in internationalen Organisationen wie den Vereinten Nationen und der Gruppe der 20. Das reiche kulturelle Erbe, die vielfältigen Bevölkerungsgruppen und die komplexe Geschichte der Region machen sie zu einem dynamischen und wichtigen Akteur auf der globalen Bühne. Darüber hinaus tragen die natürlichen Ressourcen Lateinamerikas, darunter Öl, Gas, Mineralien und landwirtschaftliche Produkte, zu seiner weltweiten wirtschaftlichen Bedeutung bei. Die Handelsbeziehungen der Region zu Ländern in Nordamerika, Europa und Asien festigen ihre Rolle in der internationalen Wirtschaft weiter. Durch die Möglichkeit, sich mit einer Reihe politischer Systeme und Ideologien auseinanderzusetzen, kann die Weltgemeinschaft ein besseres Verständnis für die Komplexität und Hürden Lateinamerikas gewinnen und sich von den Erfolgen der Region in speziellen Bereichen, wie der sozialen Wohlfahrt und Basisbewegungen inspirieren lassen.

Nordamerika spielt aufgrund seiner Größe, Wirtschaftskraft und seines politischen Einflusses eine bedeutende geopolitische Rolle im globalen Raum. Das transatlantische Bündnis wurde durch gemeinsame Werte, militärische Zusammenarbeit und wirtschaftliche Integration geschmiedet. Die Vereinigten Staaten und Kanada haben in einer Reihe globaler Fragen, darunter Sicherheit, Handel und Menschenrechte, eng mit europäischen Ländern zusammengearbeitet. Die Intensivierung der wirtschaftlichen und militärischen Zusammenarbeit mit Kanada birgt für beide Seiten erhebliches Potenzial, um gegenseitigen Nutzen zu erzielen und gemeinsame Interessen voranzutreiben.

Durch die Vertiefung der Wirtschaftsbeziehungen können Kanada und Europa die Handelsströme verbessern, Innovationen fördern und das Wirtschaftswachstum und den Wohlstand für beide steigern. Auf militärischer Ebene kann die Stärkung der Interoperabilität die Wirksamkeit und Einsatzbereitschaft gemeinsamer Militäreinsätze, Übungen und Friedensmissionen erhöhen. Durch die Abstimmung von Strategien, den Austausch von Informationen und die Koordinierung von Reaktionen auf Sicherheitsherausforderungen verbessern Kanada und Europa ihre kollektiven Verteidigungsfähigkeiten und tragen zur globalen Stabilität bei. Mit Blick auf die Zukunft dient eine tiefere Partnerschaft zwischen Kanada und Europa auf der Grundlage gemeinsamer Werte, Prinzipien und Ziele als Eckpfeiler für die Bewältigung globaler Herausforderungen und die Förderung gemeinsamer Ziele. Durch die Zusammenarbeit bei Themen wie Klimawandel, Terrorismusbekämpfung, Cybersicherheit und Krisenreaktion können beide Parteien ihre jeweiligen Stärken und Fachkenntnisse nutzen, um einen positiven Einfluss auf die globale Bühne zu nehmen.

Zwischen den einzelnen Clustern entstehen komplexe Beziehungen und Konflikte, die die globale Politik maßgeblich prägen. Es ist auffallend, wie sich die globale Machtdynamik langsam verändert und neue Akteure auf die Bühne treten. Während die USA lange Zeit eine dominierende Rolle spielten, rücken nun andere Länder in den Fokus. China gilt aufgrund seiner wachsenden Wirtschaft und seines politischen Einflusses nicht nur in der eigenen Region oft als der größte Aufsteiger. Auch Indien gehört mit seiner großen Bevölkerung und Wirtschaftskraft zu den stark aufsteigenden Wolken auf der internationalen Bühne. Auch Brasilien, Mexiko, Nigeria, Indonesien und die Türkei gelten als wichtige Akteure der künftigen Weltordnung. Es wird erwartet, dass sich regionale Blöcke bilden, die um Einfluss und

Macht konkurrieren. Es bleibt abzuwarten, welche Länder letztendlich die dominierende Rolle übernehmen werden. Die Weltordnung ist im Wandel und die traditionelle Machtdynamik verändert sich ständig. Es wird spannend zu sehen sein, wie sich die Dynamik zwischen den verschiedenen Akteuren entwickeln wird.

Viele der genannten Länder verfolgen eine selbstbewusste und unabhängige Außenpolitik, die sich zunehmend vom „Westen" emanzipiert. Dieser Trend argumentiert, dass der Westen eine falsche Vorstellung von Freiheit, Demokratie und Menschenrechten gefördert hat. Ein neuer „russischer Exzeptionalismus" wiederum besagt, dass Russland eine eigene zivilisatorische Entwicklung durchlaufen hat, die sich von der des Westens unterscheidet. Dabei wird jedoch vergessen, dass die größten russischen Kulturpotenziale mit der Eingliederung des westlichen Lebensstils und großen wirtschaftlichen und kulturellen Kooperationen aufblühten. Sehnsüchte nach einem Großrussland oder einem Großserbien haben schon immer unzählige Menschenleben gekostet.

In jüngster Zeit wird der Trend, sich vom freien Westen zu distanzieren, auf die falsche Vorstellung von Freiheit, Demokratie und Menschenrechten zurückgeführt. Dieser Trend wird oft mit der Vorstellung in Verbindung gebracht, dass der Westen anderen Ländern seine eigenen Werte und Normen aufzwingt, anstatt deren einzigartige kulturelle und historische Kontexte zu respektieren. Historische Wunden und Misstrauen können Verhandlungen erschweren. Andererseits gibt es auch Länder, die sich weiterhin eng an den Westen orientieren und ihre Beziehungen zu westlichen Nationen in den Vordergrund stellen. Dies zeigt sich in ihren außenpolitischen Entscheidungen zu westlichen Allianzen und Partnerschaften. Diese Länder glauben an die Werte der Freiheit, Demokratie und Menschenrechte und betrachten diese als wesentlich für ihren eigenen Fortschritt und ihre Entwicklung.

Die Debatte darüber, ob man eine entgegengesetzte Außenpolitik verfolgen soll, ist komplex und dauert an. Jedes Land muss bei solchen Entscheidungen seine eigene Geschichte, Werte und Interessen berücksichtigen. Der Schlüssel besteht darin, ein Gleichgewicht zwischen der Wahrung der Unabhängigkeit und der Zusammenarbeit mit der Weltgemeinschaft zu finden, um Frieden, Stabilität und Wohlstand für alle zu gewährleisten. Das Menschenrecht auf Frieden ist nicht nur ein abstraktes Ideal, sondern eine praktische Notwendigkeit für die Schaffung einer Welt, in der alle in Würde, Sicherheit und Freiheit leben können. Es ist das Fundament, auf dem faire, gleichberechtigte und friedliche Gesellschaften aufgebaut werden und das sicherstellt, dass alle Menschen ein erfülltes Leben ohne Angst und Unterdrückung führen können. Sicherheit geht im

Kontext des Menschenrechts auf Frieden über die physische Sicherheit hinaus und umfasst auch emotionales und psychisches Wohlbefinden. Sie schafft stabile und friedliche Umgebungen, in denen sich der Einzelne entfalten kann, ohne ständige Angst vor Schaden oder Instabilität zu haben.

Die Effizienz von Personalbeurteilungen in der Politik wird zunehmend als entscheidender Faktor für die Wirksamkeit der Regierungsführung anerkannt. Die Analyse politischer Persönlichkeiten erfordert eine Kombination aus psychologischer Expertise, politischem Wissen und strategischem Gespür. Während strukturelle Faktoren wie Wirtschaftsinteressen, geopolitische Realitäten und historische Verbindungen eine große Rolle spielen, darf der Einfluss der Persönlichkeit derjenigen, die an den Hebeln der Macht sitzen, nicht unterschätzt werden. Persönlichkeiten beeinflussen maßgeblich die Richtung der internationalen Politik, denn sie sind in der

Position, Krisen zu verschärfen oder zu entschärfen.

Nur was sind die Kennzeichen einer charismatischen Führungs-Persönlichkeit? Eine Vielzahl von Eigenschaften spielen da mit, wie emotionale Intelligenz, Führungsstil, Risikobereitschaft, Ideologie und persönliche Überzeugungen. Diese Eigenschaften wirken sich auf die Art und Weise aus, wie politische Führer Herausforderungen begegnen und Chancen nutzen. Zusätzliche Bedeutung erhalten die Bewertungen des fachlichen Know-Hows. In der internationalen Politik spielen somit die Fähigkeiten von Entscheidungsträgern eine entscheidende Rolle, wenn es darum geht, weitreichende Beziehungen aufzubauen, Vertrauen zu schaffen und in schwierigen Situationen konstruktiv zu agieren.

Führungspersönlichkeiten der internationalen Politik sollten in der Lage sein, komplexe geopolitische

Zusammenhänge in verständliche Narrative zu übersetzen und Menschen für ihre Ideen zu begeistern. Eine solche Begabung ist besonders wertvoll, wenn Unsicherheit herrscht und es notwendig ist, entschlossene Entscheidungen zu treffen und die Verantwortung dafür zu übernehmen. Es sind dies Fähigkeiten, die es ermöglichen weitreichende Beziehungen aufzubauen, Vertrauen zu schaffen und in schwierigen Situationen verantwortlich zu agieren. Charismatiker können komplexe geopolitische Zusammenhänge in verständliche Narrative übersetzen und Menschen für ihre Ideen begeistern. auch unter Unsicherheit Entscheidungen zu treffen und die Verantwortung dafür zu übernehmen. Diese Eigenschaft ist besonders in Krisenzeiten von Bedeutung, wenn schnelles und entschlossenes Handeln erforderlich ist. Wer das Potenzial hat, Menschen zu inspirieren und positive Veränderungen herbeizuführen, darf aber nicht vergessen, dass die gleichen Befähigungen zu Polarisierung und Konflikten führen können, wenn sie nicht mit Weisheit und Verantwortungsbewusstsein eingesetzt werden. Ihr Einfluss ist immer im Kontext struktureller Faktoren und institutioneller Rahmenbedingungen zu betrachten.

Charisma ist auch dort nützlich, wo Unangenehmes aus der Notwendigkeit der Umstände heraus beschlossen werden muss, womit man sich aber in der breiten Masse nicht unbedingt beliebt macht, aber durchaus an Ansehen in Führungskompetenz gewinnt. So manches ist zu tun, weil es notwendig ist. Doch weil man das Verändern nicht als angenehm empfindet, wird die Entscheidung noch möglichst lange in die Zukunft verschoben. Politische Player erkennen sehr wohl, dass Veränderungen notwendig sind. Aber wer mag schon Veränderungen? Sie sind unbequem, anstrengend und fordern heraus. Deshalb wird beschlossen, die geniale Strategie des "Abwartens und Tee-Trinkens" zu perfektionieren, weil die „Gesellschaft noch nicht reif genug" für

Veränderungen ist.

Wer braucht schon rationales Denken und wohlüberlegte Entscheidungen? Stattdessen wird bevorzugt auf bewährte Methoden wie Bauchgefühl und Kaffeesatzlesen gesetzt. Die Verantwortlichen lassen mit gemeinsamen Kräften einen Zustand hochleben, in dem Stillstand als höchste Form der Kreativität gilt. Wer nichts tut, kann schließlich auch nichts falsch machen! Zugegebenermaßen ist Entscheidungs-Politik auf die geistige Reife der Gesellschaft angewiesen. Das Verhöhnen der rationalen Vorgangsweise wäre kein gutes Zeugnis für ihren Reifegrad. Ist das unendliche Warten auf die Reife allein ein gesellschaftliches Geduldsspiel? Schließlich ist die Kunst des Aufschiebens tief in der menschlichen DNA verwurzelt. Viel spannender ist es, den Ernst der Lage zu ignorieren und die Situation zu verhöhnen. Wie viel aufregender ist es doch, die Unreife zur Schau zu stellen und zu sehen, wie lange die Dinge hinausgezögert werden können, bevor alles in sich zusammenbricht. Solche weltpolitische Helden zeigten sich besonders in den Zeiten der militärischen Unterstützung der Ukraine, um sich dann schnell als die großen Weisen des Friedens zu deklarieren. Die Reife des gesellschaftlichen Publikums – was für ein Konzept, mit dem sich Politiker herumspielen! Doch wer will schon reif sein? Das klingt doch eher nach Verantwortung und - bloß ja nicht - nach Vernunft. Die Notwendigkeit kann ruhig noch warten – wir haben schließlich alle Zeit der Welt!

Wenn die internationale Gemeinschaft nicht entschieden genug auf Aggressionen wie die Russlands in der Ukraine reagiert, könnte dies langfristig den globalen moralischen Kompass schwächen. Es könnte die Botschaft senden, dass Menschenrechtsverletzungen und die Verletzung internationaler Normen nicht angemessen geahndet werden, was zukünftige Aggressoren ermutigen könnte. Die Annahme ist gegeben, dass Aggressoren mit geringen

Konsequenzen rechnen müssen, wenn sie gegen das Völkerrecht verstoßen. Die Unfähigkeit oder Unwilligkeit, in der Ukraine konsequent einzugreifen, erhöht die Wahrscheinlichkeit zukünftiger Konflikte. Wenn aggressive Staaten das Gefühl haben, dass ihre Aktionen keine ernsthaften Konsequenzen nach sich ziehen, sind sie eher geneigt, internationale Normen zu verletzen.

So manche Regierungschefs im Westen müssen sich damit konfrontiert sehen, dass das Vertrauen in die Fähigkeit, Krisen effektiv zu bewältigen, schwer erschüttert ist. Bürger bekommen zum Teil das Gefühl, dass ihre Regierungen nicht in der Lage oder nicht willens sind, moralische Prinzipien konsequent zu verteidigen. In der historischen Erinnerung könnte die Reaktion auf den Ukraine-Krieg als eine Zeit des Versagens in die Geschichte eingehen. Die Nachwelt könnte die Ereignisse als einen Moment betrachten, in dem die westliche Politik es versäumte, entschieden genug zu handeln, um

Leid zu verhindern und Frieden zu sichern. So wie es aussieht, könnte die kollektive psychologische Belastung das soziale Gefüge in den betroffenen Ländern destabilisieren, indem sie Polarisierung und Resignation verstärkt.

Der Hintergrund des russischen Präsidenten im KGB zum Beispiel, sein Aufstieg an die Macht und sein strategischer Einsatz von Ressourcen erklären die ihm eigene Tendenz zur Einflussnahme auf die Weltpolitik. Sein Führungsstil wurde oft als autoritär beschrieben, mit einem starken Fokus auf die Wiederherstellung des Einflusses Russlands. Politische Aktionen wie die Annexion der Krim im Jahr 2014 und militärische Interventionen in Syrien und der Ukraine haben zu erhöhten Spannungen zwischen Russland und dem Westen geführt. Diese Maßnahmen stellen internationale Normen in Frage. Der russischen Regierung wurden Desinformationskampagnen und Cyberoperationen vorgeworfen, die darauf abzielten, demokratische Prozesse in anderen Ländern, insbesondere während Wahlen, zu untergraben. Dieses Verhalten hat Bedenken hinsichtlich des Einflusses ausländischer Mächte auf die Innenpolitik geweckt. Die Festigung der Macht und die Unterdrückung abweichender Meinungen innerhalb Russlands haben Auswirkungen auf die internationale Wahrnehmung von Menschenrechten und Demokratie. Dieses Verhalten wirkt sich auf die Beziehungen Russlands zu anderen Nationen aus, die diese Werte priorisieren, und kann zur Isolation führen.

Ein weiteres Beispiel für internationales Unverständnis ist der Stil von Präsident Trump in den USA, der eine harte Verhandlungstaktik bevorzugt, die oft mit Drohungen und öffentlichem Druck einhergeht. Seine Politik fusst auf populistischen Themen und er nutzt Massenkommunikation, um seine Anhängerschaft zu mobilisieren und Gegner anzugreifen. Er scheut keine aggressiven Konfrontationen und nutzt häufig polarisierende Rhetorik. Viele Analysen verdeutlichen Trumps narzisstische Tendenzen, sein Bedürfnis nach Bewunderung und seine geringe Toleranz gegenüber Kritik. Autoritäre Herrscher kommen so schnell voran, gerade weil die Masse des Volkes so groß ist, dass sie leicht in die Falle tappt.

Das Verhalten politischer Führer wie Wladimir Putin und Donald Trump hat erhebliche Auswirkungen sowohl auf die internationalen Beziehungen als auch auf ihre Innenpolitik. Man hätte wissen und beweisen müssen, wie ein ehemaliger KGB-Agent tickt oder wie ein sich selbst überschätzender Geschäftshai handeln würde. Trump kann nur „Trump machen" und verwendet häufig Beleidigungen und abfällige Sprache, um Gegner und Kritiker zu erniedrigen. Diese Taktik dient dazu, seine Basis zu sammeln und die Medienberichterstattung zu dominieren.

Es wäre aufschlussreich, ein politisches Psychogramm des chinesischen Staatschefs Xi Jinping abzulesen, das aufgrund seiner mysteriösen Vergangenheit nicht so einfach zu erstellen ist. Es wäre für die amerikanisch-chinesischen Beziehungen von Interesse. Xi Jinping verfolgt einen autoritären Führungsstil, der auf einer starken Zentralisierung der Macht beruht. Er hat sich als entschlossener und oft rücksichtsloser Führer gezeigt, der bereit ist, drastische Maßnahmen zu ergreifen, um seine Ziele zu erreichen. Ein zentraler Aspekt seiner Ideologie ist die "Chinesische Wiedergeburt" oder der "Chinesische Traum", der die Stärkung Chinas als globale Supermacht zum Ziel hat. Xi Jinpings psychologische Merkmale des Führungsstils haben erhebliche Auswirkungen auf die Beziehungen zwischen den USA und China. Sein Streben nach globaler Vorherrschaft und sein Misstrauen gegenüber westlichen Mächten könnten zu weiteren Spannungen und Konflikten führen.

Unabhängigkeit, Freiheit und Wohlstand sind sicherlich erstrebenswerte Ziele, aber sie haben auch ihren Preis. Um diese Werte zu erreichen, müssen die Länder möglicherweise langfristige Ziele über die kurzfristigen Gewinne stellen und auf den Aufbau von Vertrauen und Verständnis mit anderen Regionen hinarbeiten. Angesichts widersprüchlicher Ideologien, politischer Interessen und historischer Spannungen kann dies eine fruchtbare Aufgabe sein. Unabhängigkeit erfordert oft Mut, Risikobereitschaft und die Beharrlichkeit, sich von äußeren Einflüssen zu lösen und eigene Entscheidungen zu treffen. Dabei geht es um das Loslassen gewohnter Strukturen und Abhängigkeiten, die mit Unsicherheit und Unbehagen verbunden sein können. Freiheit bedeutet, autonom handeln und eigene Interessen verfolgen zu können, ohne durch äußere Beschränkungen behindert zu werden. Voraussetzung hierfür ist jedoch Verantwortungsbewusstsein und die Fähigkeit, die eigenen Handlungen und Entscheidungen zu reflektieren und deren Konsequenzen zu akzeptieren.

Sicherheit spielt in der Gesellschaft jedenfalls eine entscheidende Rolle, da sie die Rechte und Freiheiten des Einzelnen schützt. Freiheitsbegrenzungen sollten vorkommen, wenn dies zum Schutz des Gemeinwohls und zur Aufrechterhaltung der Ordnung in der Gesellschaft erforderlich ist. Es ist wichtig, ein Gleichgewicht zwischen der Gewährleistung der Sicherheit und dem Schutz der individuellen Freiheiten zu finden. Sicherheitsmaßnahmen sollten transparent, verhältnismäßig und notwendig sein, um ihren beabsichtigten Zweck zu erreichen. Darüber hinaus sollten sie einer Aufsicht und Rechenschaftspflicht unterliegen, um Missbrauch zu verhindern und sicherzustellen, dass sie auf verantwortungsvolle und rechtmäßige Weise verwendet werden. Letztlich sind Freiheit und Sicherheit keine sich gegenseitig ausschließenden Begriffe, sondern komplementäre Aspekte einer gut funktionierenden Gesellschaft. Durch die Wahrung der Grundsätze der Gerechtigkeit, Fairness und der Achtung der Menschenrechte können Sicherheitsmaßnahmen so umgesetzt werden, dass sie das Gemeinwohl schützen, ohne die Freiheiten des Einzelnen zu beeinträchtigen.

Auch die Bedeutung eines ganzheitlichen Ansatzes zur Vermögensmessung kann nicht genug betont werden. Dieser Ansatz sollte verschiedene Aspekte der menschlichen Entwicklung und des menschlichen Wohlergehens umfassen, um sicherzustellen, dass politische Entscheidungsträger fundierte Entscheidungen treffen.

Man muss in der Lage sein, Parallelen zwischen verschiedenen Fakten oder Situationen zu ziehen, um Ähnlichkeiten oder Zusammenhänge zwischen ihnen zu erkennen. Durch das Ziehen von Parallelen können wir komplexe Zusammenhänge verstehen lernen und es kann helfen, neue Erkenntnisse zu gewinnen, Vorhersagen zu treffen oder Lösungen zu entwickeln. Parallelen können in verschiedenen Bereichen wie Wissenschaft, Kunst, Politik oder Alltagssituationen gezogen werden. Es ist jedoch darauf zu achten, dass Parallelen auf fundierten Informationen und sachlichen Argumenten beruhen und nicht willkürlich gezogen werden.

Der Souverän ist nicht die Nation. Diese Sicht führt nur zu Rückschlägen und Streit. Aus historischem Wissen können wir die betreffende Kausalität von Fehlentwicklungen ableiten. Der Souverän sollte das Volk über die Nation bleiben. Die Menschen sollen sich jenseits engstirniger nationalistischer Streitereien als Interessengruppen statt als Parteien zusammenschließen können. In der globalen Welt schafft der Nationalismus Korruption und Konflikte als Prinzip der Unterdrückung und Ausbeutung. Sie befeuert die Aggression von Kräften am Rande der Gesellschaft. Die schädlichen Metastasen der nationalistischen Saat lassen sich nur schwer aus Gesellschaften entfernen. Die vereinfachende Rhetorik des Nationalismus untergräbt den Erfolg Europas. Wer hat davor noch Angst? Dies ist ein Thema, das diskutiert werden sollte.

Nationalismus und Parteien-Hegemonie schaden der Gesellschaft und ihren wirtschaftlichen Aussichten. Ständige Anschuldigungen gegen die Gegenseite werden so weit getrieben, dass sie der Sache schaden. Das bedeutet, dass nationalistische Politiker typischerweise weniger nach qualitativen Kriterien äußern und handeln. Zu ihrer toxischen Politik gehören Praktiken, die durch Inflexibilität oder missverstandene Kompromisse, Irrationalität und Spaltung gekennzeichnet sind. Diese Art von Politik schafft eine Atmosphäre der Feindseligkeit und Entfremdung zwischen politischen Gruppen, was die

Zusammenarbeit erschwert und das Sozialkapital einer Gesellschaft schädigt. Toxische Politik führt dazu, dass politische Diskussionen aggressiv und diffamierend werden, anstatt konstruktiv und lösungsorientiert zu sein. Die vereinfachende nationalistische Rhetorik untergräbt den Erfolg Europas. Wer hat davor noch Angst?

Steuert die Weltpolitik möglicherweise auf eine Zeit zu, die unglaublich schwer einzuschätzen ist? Für verantwortungsbewusste Politiker ist es wichtig, den langfristigen Interessen Vorrang vor kurzfristigen politischen Gewinnen zu geben. Durch die Förderung politischer Maßnahmen zum Schutz der Umwelt und zur Bekämpfung des Klimawandels stellen die politischen Führungskräfte sicher, dass die Wirtschaft auch für künftige Generationen nachhaltig bleibt. Investitionen in erneuerbare Energien, nachhaltige Infrastruktur und grüne Technologien schaffen neue Beschäftigungsmöglichkeiten und treiben Innovationen voran. Gleichzeitig verringern sich die Risiken, mit denen der Klimawandel die Wirtschaft bedroht. Die Förderung von Vielfalt und Inklusivität in Entscheidungsprozessen wird dazu beitragen, die negativen Auswirkungen von Nationalismus und politischer Parteilichkeit zu verhindern. Durch die Einbeziehung verschiedener Perspektiven und Stimmen in politische Diskussionen werden fundiertere und integrativere Entscheidungen getroffen, die der gesamten Bevölkerung zugute kommen.

Wenn an politischen Diskussionen nur ein kleiner Personenkreis beteiligt ist, werden wichtige Stimmen und Perspektiven außer Acht gelassen, was zu Entscheidungen führt, die die Bedürfnisse und Anliegen der Mehrheit nicht vollständig berücksichtigen. Dies führt zu Maßnahmen, die für bestimmte Bevölkerungsgruppen weniger wirksam oder sogar schädlich sind. In der aktiven Suche nach unterschiedlichen Perspektiven und mit der Einbeziehung verschiedener Stimmen in politische Diskussionen machen Führungskräfte es möglich, dass unterschiedliche Standpunkte und Erfahrungen berücksichtigt werden. Dies trägt dazu bei, potenzielle unbeabsichtigte Folgen politischer Maßnahmen sowie Möglichkeiten für innovative und integrative Lösungen zu erkennen.

D. EUROPA UND DIE WELTWEITE POLITISCHE SZENE

Im politischen Kontext stellt Europa einen Kontinent dar, der zurzeit noch aus 27 Mitgliedstaaten der Europäischen Union besteht und auf dem eine Vielzahl politischer Institutionen Politik und Gesetzgebung auf europäischer Ebene koordinieren. Europa unterhält politische Beziehungen zu anderen Kontinenten, um gemeinsame politische Ziele zu erreichen und die globale Zusammenarbeit zu fördern. Europa will und soll eine entscheidende Rolle in der Weltpolitik spielen. Somit ist Europa ein wichtiger Akteur in verschiedenen internationalen Fragen wie Klimawandel, Sicherheit, Handel und Entwicklung.

Europa hat als politische Einheit genau die Dimensionen, die es braucht, um eine Einheit zu erreichen. Es ist weder zu groß, um großspurig zu sein, noch zu klein, um sich in einem Minderwertigkeitskomplex zu vergraben. Der

Verweis auf die historische kulturelle Größe Europas und die Schrecken, die es erlebt hat, unterstreicht den komplexen und vielschichtigen Charakter der Vergangenheit des Kontinents. Europas reiches kulturelles Erbe und seine Geschichte von Konflikten und Tragödien haben seine Identität geprägt und bilden den Hintergrund für seine derzeitigen Bemühungen um Einheit und Zusammenarbeit.

Wenn Chaos auf dem europäischen Kontinent vereinzelt zu verorten ist, könnte dies eine Situation verursachen, in der eine Vielzahl komplexer Probleme die gesellschaftliche Ordnung stören würde. Dies hätte verschiedene Ursachen, wie politische Instabilität in einigen autoritären Staaten, Wirtschaftskrisen, soziale Spannungen oder Migrationsströme. All dies kann zu Unsicherheit, Unruhe und zu einer ungewissen Zukunft führen. Das Fehlen gemeinsamer Lösungen oder eine unterbrochene Zusammenarbeit zwischen den europäischen Einheiten würde die Entwicklung verschlimmern. Die Auswirkungen können vielfältig sein, zum Beispiel politische Spaltungen, wirtschaftlicher Abschwung, soziale Unruhen oder die Schwächung der europäischen Integration. Sie würden auch regionale oder globale Konsequenzen nach sich ziehen, da Europa eine wichtige Rolle in der internationalen Politik und Wirtschaft spielt. Ein situationsbedingtes positives Verhalten gilt für alle europäischen Bürger. Ein wirtschaftlicher Abschwung würde nicht nur direkt einzelne Arbeitnehmer, sondern auch deren Familien und Gemeinschaften treffen. Wirtschaftliche Unsicherheiten münden oft in Inflation und höheren Lebenshaltungskosten, was die Kaufkraft der Bürger verringert und ihren Lebensstandard beeinträchtigt. Ein europäischer Wirtschaftsabschwung belastet die öffentlichen Finanzen und führt zu Kürzungen bei wesentlichen öffentlichen Dienstleistungen wie Gesundheitsversorgung, Bildung und Sozialprogrammen.

Diese Kürzungen wirken sich unverhältnismäßig stark auf die schwächsten Mitglieder der Gesellschaft aus.

Darüber hinaus weiten sich wirtschaftliche Probleme in der EU aufgrund der Verflechtung der Volkswirtschaften auf andere Regionen der Welt aus. Wirtschaftliche Probleme können zu politischer Unzufriedenheit und Instabilität führen, extremistische Bewegungen stärken und die politische Landschaft radikalisieren, wodurch demokratische Strukturen gefährdet werden. Eine geschwächte EU könnte ihren Einfluss auf der Weltbühne verlieren, was nicht nur Auswirkungen auf die Handelsbeziehungen, sondern auch auf die geopolitische Stabilität und die Fähigkeit zur Bewältigung globaler Herausforderungen hätte. Unruhen in der EU ermutigen aggressive Staaten und Führer. Wenn ein großer politischer und wirtschaftlicher Block wie die EU durch interne Konflikte abgelenkt wird, etwa durch die Machtübernahme von Links- oder Rechtsextremisten, wird er weniger in der Lage, effektiv auf externe Bedrohungen zu reagieren. Dies kann Gelegenheiten für aggressive Aktionen wie territoriale Expansion oder Einmischung in die Angelegenheiten anderer Länder schaffen, ohne erhebliche Auswirkungen befürchten zu müssen. Verschwörungstheoretiker und Personen, die Systeme stören wollen, nutzen diese Aktionen, um ihre eigenen Narrative voranzutreiben. Indem sie Fehlinformationen verbreiten, Zwietracht säen oder Verschwörungstheorien verbreiten, destabilisieren sie die internationalen Beziehungen weiter und schwächen das Vertrauen zwischen den Nationen.

Ob Europa schnell oder langsam sterben könnte, ist im Wesentlichen eine Frage seiner Entwicklung von Sicherheit, Freiheit und Wohlstand. Die europäischen Institutionen müssen darüber nachdenken, wie die Dinge besser gemacht werden können. Das Modell der Großregionen in Europa könnte dabei helfen, die

Initiativen zu bündeln. Parlamentarische Maßnahmen in makroeuropäischen Regionen wären hilfreich, um den Moloch der Bürokratie zu besiegen. Die Zusammenführung des politischen Europas in größere geografische Strukturen mit ähnlichen Grundinteressen bietet die Chance, gemeinsame Herausforderungen effizienter anzugehen.

Wenn die EU mit internen Fragen beschäftigt ist, nimmt sie gleichzeitig an der Verschiebung der globalen Kräfteverhältnisse teil. Autoritäre Regime nutzen dies, um ihren Einfluss in Regionen geltend zu machen, in denen die EU traditionell eine stabilisierende Rolle spielte. Dies führt zu verstärkten geopolitischen Spannungen und Instabilität. Indirekt beeinträchtigt diese Unsicherheit die globalen Märkte, die Handelsbeziehungen und die internationale Zusammenarbeit. Ängste fördern ein Umfeld, in dem autoritäre Führer sich wohl fühlen und ihre obskuren Ziele unter dem Deckmantel der

Wiederherstellung von Ordnung und Stabilität vorantreiben.

Da die Europäische Union ein wichtiger Akteur in vielen internationalen Organisationen und Vereinbarungen ist, von Initiativen zum Klimawandel bis hin zu Sicherheitsbündnissen wie der NATO, könnten interne Unstimmigkeiten die Fähigkeit der EU schwächen, in diesen Foren kohärent zu agieren, was die Wirksamkeit der internationale Zusammenarbeit und der multilateralen Bemühungen verringern würde. Die Öffentlichkeit in den europäischen Ländern ist sich möglicherweise nicht immer der komplexen geopolitischen Auswirkungen von Unruhen in der EU bewusst und weiß nicht, wie diese Unruhen Aggressoren und Diktatoren auf der ganzen Welt nutzen. Ungerechtfertigte Provokationen durch unkultivierte Aufwiegler und Diktatorenanbeter, wie sie in Europa vorkommen, destabilisieren das Beziehungssystem der internationalen Ordnung. Solche Aktionen stören das fragile Gleichgewicht, das für eine konstruktive und friedliche Zusammenarbeit notwendig ist. Provokative Rhetorik und Aktionen führen zu verstärkten Spannungen, Misstrauen und letztlich zu diplomatischen und wirtschaftlichen Konflikten. Kann die Zivilgesellschaft zu diesem Thema schweigen? Die politische Führung einer freien Welt ist nicht zur Untätigkeit verdammt.

Es ist ziemlich paradox. Nach einer Zeit, in der das übergreifende Ziel der EU darin bestand, eine nahtlose, kooperative und friedliche Union zu schaffen, versucht nun ein Wiedererstarken der extremen Rechten und der extremen Linken, diesen Rahmen zu schwächen. Die Bürger sind mit einer düsteren Realität konfrontiert, in der ihr Sicherheitsgefühl schneller schwindet als eine Sandburg bei Flut. Die EU, die als Leuchtturm der Stabilität galt, hat nun interne Schwierigkeiten, wirksam auf Krisen zu reagieren. Es scheint, dass der derzeitige komplizierte Mechanismus der EU mit seinem Einstimmigkeitsprinzip für alles andere als tatsächliche Notfälle konzipiert wurde und seine Schwäche in den schlimmsten Momenten offenbart.

Und was tun die Menschen, wenn sie den Verlust der Sicherheit spüren? Natürlich machen sie sich mehr Sorgen. Aber diese Sorge ist nicht nur eine leichte Sorge, sondern eine tief sitzende Angst, die jeden Aspekt des Lebens durchdringt. Plötzlich scheint das breitere politische Umfeld nicht mehr nur ein abstraktes Konzept zu sein, das in Nachrichtenredaktionen und Parlamentsdebatten diskutiert wird. Sie wird zu einem unmittelbaren, drängenden Problem, das das tägliche Leben beeinflusst. Die Menschen beginnen, die Grundlagen ihrer politischen Systeme in Frage zu stellen und wer könnte ihnen das verdenken?

Der Eindruck, dass in den nationalen Parlamenten nur

noch leere Phrasen gedroschen werden, hat zu
Forderungen nach einer strengeren Bewertung der
Qualifikationen der Parlamentarier geführt. Zwar wurden
in Volksabstimmungen bereits Eignungstests
vorgeschlagen, doch erscheint diese Idee oft
unrealistisch. Aber so wie Manager, Geschäftsführer und
andere Entscheidungsträger einer professionellen
Bewertung unterzogen werden, sollten ähnliche
Instrumente auch auf Parlamentskandidaten angewendet
werden, zumindest auf der Ebene des Europäischen
Parlaments. Die Einbeziehung professioneller
Beurteilungen für Parlamentarier kann den Wahlprozess
und die politische Führung erheblich verbessern. Indem
sie sich auf die Ergebnisse solcher Bewertungen
konzentriert, kann die Öffentlichkeit fundiertere
Wahlentscheidungen treffen, was zu einer größeren
Effizienz bei politischen Wahlen führt. Dies würde es den
Wählern ermöglichen, ihre Entscheidungen auf konkrete
Kriterien und nicht auf Rhetorik und Versprechen zu

stützen.

Wenn die Wähler Zugang zu detaillierten Beurteilungen der Kandidaten haben, können sie eine fundiertere Wahl treffen. Dies würde dazu beitragen, dass die gewählten Vertreter kompetent und in der Lage sind, ihre Wählerschaft wirksam zu vertreten. Dies gilt umso mehr für das Europäische Parlament mit seinen hohen Ansprüchen. Was wären die europäischen Parlamentarier, wenn sie nur aus Unwissenheit und Inkompetenz bestünden?

In einem solchen Umfeld wären sich die Kandidaten bewusst, dass Qualifikationen und Leistungen überprüft werden, was dazu ermutigen könnte, Verantwortung viel ernster zu nehmen. Wer sich weigert, dies zu tun, würde sich wahrscheinlich den Ruf einhandeln, nichts Konstruktives tun zu wollen. Gepaart mit einer hohen Leistungsbereitschaft besteht auch eine hohe

Bereitschaft, Risiken einzugehen, die man nicht so leicht einzugehen bereit ist. Dies fördert eine Kultur der Verantwortung und Professionalität. Seriöse Beurteilungen können dazu beitragen, den Einfluss von Populismus und charismatischen, aber unqualifizierten Kandidaten abzumildern. Dann lassen sich Wähler weniger von leeren Versprechungen und emotionalen Appellen beeinflussen. Man könnte den Wählerinnen und Wählern präzise als auch attraktive Angebote machen, wenn mit offenen Karten gespielt wird. Oder geht in den europäischen Instituitonen deswegen so manches nur schwer weiter, weil es die Zivilgesellschaft gar nicht interessiert?

Es ist mehr als nur ein politisches Experiment, das Risse unter Druck aufzeigt. Vielleicht ist es eine Erinnerung daran, dass komplexe Vorschriften kein Ersatz für ein System sind, das flexibel und reaktionsfähig und vor allem in der Lage sein muss, zusammenzuhalten, um die grundlegende Sicherheit und das Vertrauen seiner Bürger aufrechtzuerhalten. Wahlergebnisse sind kein Traumkonzert. Auch wenn sie nicht immer den idealisierten Vorstellungen oder Wünschen des Einzelnen entsprechen, sind sie Ausdruck demokratischer Prinzipien und Werte. Es ist wichtig, ihre Ergebnisse zu respektieren und auf konstruktives Engagement und Dialog hinzuarbeiten, um Unterschiede anzugehen und als geeinte Gemeinschaft voranzukommen.

Die harte Realität der Straße wird die großen Fragen der Vermögenssicherheit, der finanziellen Stabilität und des Wohlstands nicht beantworten können. Wie sie koordiniert werden, ist stark von der Medienberichterstattung beeinflusst. Die öffentliche Stimmung hängt zwangsläufig von den Faktoren ab, die für Wohlstand und Sicherheit ernsthaft zu bewerten sind. Umso wichtiger ist es, dass die Medien im Vorfeld seriöse und verantwortungsvolle Arbeit leisten. Deshalb müssen auch sie überwacht und bewertet werden. Die mögliche Auflösung von Strukturen kann sicherlich zum Teil auf mangelnde Informationen oder Fehlinformationen in der Bevölkerung zurückgeführt werden. Allerdings ist die Schuldzuweisung eine komplexe Angelegenheit, an der mehrere Faktoren und Akteure beteiligt sind.

Die Medien spielen eine zentrale Rolle bei der Information der Öffentlichkeit über EU-Angelegenheiten und haben die Verantwortung, objektiv über die Politik, Debatten und Entscheidungen der EU zu berichten und Kontext und Analysen bereitzustellen, die der Öffentlichkeit helfen, komplexe Themen zu verstehen. Wenn die Medien keine genaue Berichterstattung liefern, kann es sein, dass die Öffentlichkeit die anstehenden Probleme nicht vollständig versteht. Dies kann zu Missverständnissen oder Fehlinformationen über die EU und ihre Rolle führen. Kreuzfeuer und zynisches Verhalten im Europäischen Parlament, das die

Debattenkultur und die gemeinsamen Bemühungen in Europa stört, müssen aufgedeckt und angemessen behandelt werden. Eine transparente Berichterstattung in den Medien kann dazu beitragen, ein solches Verhalten aufzudecken und die Öffentlichkeit darüber zu informieren. Durch kritische Berichterstattung tragen die Medien dazu bei, die Rechenschaftspflicht der politischen Entscheidungsträger zu stärken und unkonstruktives Verhalten aufzudecken. Dies erhöht den öffentlichen Druck auf politische Akteure und ermutigt sie, kooperativere Ansätze zu verfolgen. Durch eine ausgewogene Berichterstattung tragen Medien dazu bei, die Qualität politischer Diskussionen in Europa zu verbessern und die gemeinsamen Anstrengungen der EU zu stärken. Eine umfassende und ausgewogene Berichterstattung über EU-Angelegenheiten ist für eine informierte Bürgerschaft und eine gut funktionierende Demokratie von wesentlicher Bedeutung. Die Medien müssen bestrebt sein, EU-Themen eingehend zu behandeln, unterschiedliche Perspektiven hervorzuheben und der Öffentlichkeit die Werkzeuge an die Hand zu geben, sich eine eigene Meinung zu bilden. Geschieht dies nicht, besteht die Gefahr, dass die Öffentlichkeit uninformiert und vom EU-Entscheidungsprozess ausgeschlossen wird. Allerdings muss dies auch auf eine ansprechende Weise geschehen. Die Berichterstattung über Ereignisse und Themen im Zusammenhang mit der EU muss die Aufmerksamkeit der Öffentlichkeit auf sich ziehen und dabei klare und überzeugende Geschichten, visuelle Hilfsmittel und nachvollziehbare Beispiele verwenden, um sicherzustellen, dass das Publikum sowohl informiert als auch interessiert ist.

Nationale Parteiführer haben die EU manchmal als Sündenbock für innenpolitische Probleme benutzt, was den Euroskeptizismus schürte und zur Fehlinformation der Öffentlichkeit diente. Die Beweise deuten darauf hin, dass die EU-Sündenböcke durch nationale Politiker ein wesentlicher Faktor für die zunehmende Euroskepsis in ganz Europa sind. Anstatt sich mit legitimen innenpolitischen Anliegen auseinanderzusetzen, haben populistische und nationalistische Parteien ihre Anliegen auf die EU-Ebene erhoben und Brüssel für Probleme verantwortlich gemacht, die eigentlich aus der nationalen Politik entstanden sind. Diese Strategie hat es den Parteien ermöglicht, die öffentliche Unzufriedenheit und die Ernüchterung des Mainstreams auszunutzen und sie in Richtung Widerstand gegen die europäische Integration zu lenken. Allerdings liegen die Wurzeln der Unzufriedenheit der Bevölkerung eher in ungelösten innenpolitischen Fragen als in der EU. Im Laufe der Zeit hat sich gezeigt, dass Investitionen in die EU-Kohäsionspolitik tatsächlich dazu beitragen, die Euroskepsis in Regionen zu verringern, die von dieser Finanzierung profitieren. Das Bewusstsein und die Wertschätzung für die Rolle der EU sind gestiegen.

Humanistische europäische Werte beziehen sich auf eine Reihe von Prinzipien und Überzeugungen, die die Würde und den Wert des Einzelnen betonen. Sie sind in einer philosophischen Tradition verwurzelt, die menschliche Erfahrung und rationales Denken in den Vordergrund stellt. Diese Werte werden oft mit der Entwicklung des europäischen Denkens in Verbindung gebracht. Der Glaube an die inhärenten Rechte aller Menschen, einschließlich bürgerlicher, politischer, sozialer und wirtschaftlicher Rechte. Dazu gehören das Recht auf Leben, die freie Meinungsäußerung und die Gleichheit vor dem Gesetz. Ein Bekenntnis zu einer demokratischen Regierungsführung, bei der die Macht vom Volk ausgeht und eines Rechtsrahmens, der die Rechte und Freiheiten des Einzelnen schützt. Der Schwerpunkt liegt auf Vernunft, wissenschaftlicher Forschung und kritischem Denken als Werkzeuge, um die Welt zu verstehen und fundierte Entscheidungen zu treffen.

Im idealfall ließe sich die Entbürokratisierung der europäischen Politik durch eine strikte Umstrukturierung der Regionen lösen. Bürokratieverliebte Juristen könnten dies als Horrorvorstellung ansehen, wenn sie aus starren Denkmustern ausbrechen müssten. Aber Nichtstun im europäischen Konstrukt ist keine Option. Dem Ruf der Überbürokratisierung muss entgegengewirkt werden. Diese Umstrukturierung beinhaltet die Straffung der Entscheidungsprozesse, den Abbau von Bürokratie und die Vereinfachung von Vorschriften, um sie für Bürger und Unternehmen zugänglicher und verständlicher zu machen. Dazu gehören auch die Dezentralisierung der Macht und die Gewährung von mehr Autonomie für lokale Regierungen und Gemeinden.

Die Förderung von Innovation und Digitalisierung wird dazu beitragen, Verwaltungsabläufe zu verschlanken und öffentliche Dienstleistungen effizienter und benutzerfreundlicher zu gestalten. Investitionen in die

Ausbildung und den Qualifikationsaufbau der Beamten würden die Verwaltungen modernisieren. Die Entbürokratisierung wird zum Schlüsselelement, um Europa wettbewerbsfähiger zu machen und besser auf die Bedürfnisse seiner Bürger eingehen zu können. Durch die Förderung der Zusammenarbeit über nationale Grenzen hinweg könnte ein solcher Ansatz möglicherweise Entscheidungsprozesse rationalisieren und die regionale Zusammenarbeit bei gemeinsamen Themen wie wirtschaftlicher Entwicklung, ökologischer Nachhaltigkeit und kulturellem Austausch verbessern.

Die Idee, starre Denkmuster aufzubrechen, wirft wichtige Fragen zu Souveränität, Regierungsführung und den rechtlichen Auswirkungen des Handelns in einer flexibleren regionalen Struktur auf. Eine zentrale Herausforderung wäre die Schaffung eines rechtlichen Rahmens für solche Makro-Strukturen. Dabei geht es darum, bestehende nationale Gesetze mit neuen regionalen Regelungen in Einklang zu bringen und die Einhaltung des EU-Rechts sicherzustellen.

Die Schaffung sogenannter Makro-Regionen als transnationale Verwaltungseinheiten in Europa birgt ein erhebliches Potenzial zur Bewältigung aktueller Herausforderungen in der europäischen Regierungsführung. Durch die Vereinfachung der Governance-Strukturen in größeren Regionen könnten wichtige Verbesserungen erzielt werden. Die Zusammenlegung nationaler und subnationaler Verwaltungsbehörden in umfassendere regionale Einheiten würde die bürokratischen Strukturen lockern. Dies reduziert den Zeit- und Ressourcenaufwand für Verwaltungsverfahren. Durch weniger bürokratische Ebenen können Entscheidungen schneller getroffen und umgesetzt werden. Dies ist besonders wichtig in Situationen, in denen dringendes Handeln erforderlich ist, beispielsweise bei Finanzsanktionen oder im

Krisenmanagement. Ein zentralisierter und dennoch regional ausgerichteter Verwaltungsrahmen verbessert die Konsistenz und Geschwindigkeit der politischen Umsetzung von EU-Richtlinien und -Vorschriften.

Makro-Regionen überspannen nationale Grenzen und fördern eine tiefere Integration und Zusammenarbeit. Themen wie Umweltschutz, Verkehr und Infrastrukturentwicklung gehen oft über nationale Grenzen hinaus. Sie bieten eine Plattform für einen kohärenteren und koordinierteren Ansatz zur Bewältigung der Herausforderungen bieten. Durch die Förderung der grenzüberschreitenden Zusammenarbeit stärken Makroregionen das Gefühl der europäischen Einheit und Identität. Sowohl Bürger als auch Regierungen betrachten sich damit eher als Teil einer größeren europäischen Gemeinschaft. Grenzregionen bündeln Ressourcen und Fachwissen, was zu innovativeren und wirksameren Lösungen der regionalen

Probleme führen müsste.

Die Sicherstellung einer angemessenen Vertretung innerhalb der Großregionen ist für die Abstimmung lokaler und regionaler Interessen von entscheidender Bedeutung. Indem Kommunen und kleineren Verwaltungseinheiten eine Stimme innerhalb der größeren Regionen gegeben wird, werden lokale Interessen besser vertreten und berücksichtigt. Dies könnte zu maßgeschneiderteren und wirksameren Interventionen führen, die bei der lokalen Bevölkerung Anklang finden. Eine wirksame Vertretung verbessert die Kommunikationskanäle zwischen lokalen, regionalen und EU-Behörden. Dadurch wird sichergestellt, dass die Anliegen und Bedürfnisse der lokalen Gemeinschaften nach oben kommuniziert und in den umfassenderen Entscheidungsprozessen berücksichtigt werden. Bei optimaler Vertretung besteht eine größere Chance, lokale, regionale und EU-weite Ziele in Einklang zu bringen. Dies könnte zu einer kohärenteren und harmonisierteren Politik führen, die die unterschiedlichen Bedürfnisse und Wünsche der europäischen Bürger widerspiegelt.

Großegionen müssen ihre gemeinsamen Herausforderungen, Ziele und Interessen zum Beispiel in Umweltfragen, in der wirtschaftlichen Entwicklung, in sozialen Sachfragen oder bei infrastrukturellen Aspekten genau identifizieren. Alle relevanten Akteure müssten in diesen Prozess eingebunden sein, darunter Regierungen, lokale Behörden, wirtschaftliche und soziale Akteure, NGOs und Bürger. Zukunftskonferenzen und geleitete Konsultationen helfen, die Bedürfnisse und Perspektiven der verschiedenen Zielgruppen zu erfassen. Für ein solides Finanzierungsmodell müssten EU-Förderungen, nationale und regionale Haushalte und auch privatwirtschaftliche Investitionen zur Verfügung stehen. Steuerungsgremien etablieren die

Koordinationsmechanismen, die das Procedere absichern. Die partizipierenden Gruppierungen überwachen in ihren Netzwerken den Fortschritt. Da es um eigene Universen im europäischen Gesamtuniversum geht, ist ein effektives Monitoring zu empfehlen, um den Fortschritt zu messen, erfolgreiche Outcomes zu dokumentieren und gegebenenfalls Anpassungen am Aktionsplan vorzunehmen. Unabdingbar für den Erfolg ist eine transparente Kommunikation, um das Bewusstsein und die Unterstützung in der Bevölkerung zu fördern. Der Austausch von Best Practices zwischen den verschiedenen Großregionen liefert schließlich wertvolle Erkenntnisse und wird dann auf gesamteuropäischer Ebene zusammengefasst.

Das Konzept von Makro-Regionen verspricht eine Verbesserung der Regierungsführung innerhalb der EU. Durch die Reduzierung des bürokratischen Aufwands, die Stärkung der grenzüberschreitenden Zusammenarbeit und die Gewährleistung einer starken Vertretung könnte eine solche Umstrukturierung zu einer effizienteren, effektiveren und kohärenteren Verwaltung führen. Allerdings ist eine sorgfältige Planung und Umsetzung erforderlich, um die Interessen verschiedener Interessengruppen auszugleichen und sicherzustellen, dass eine solche Struktur den bestehenden Governance-Rahmen verbessert und nicht verkompliziert.

Paneuropäische Strukturen sollten flexibel genug sein, um auf Veränderungen und Herausforderungen reagieren zu können. Dies erfordert eine Kultur der Anpassungsfähigkeit und Innovationsbereitschaft innerhalb der Institutionen. Es ist entscheidend, dass die europäischen Institutionen wie die Europäische Kommission, das Europäische Parlament und der Rat der Europäischen Union gestärkt werden, um eine effektive Entscheidungsfindung und Umsetzung gemeinsamer Politiken zu gewährleisten. Nur über Klare

Zuständigkeiten und Verantwortlichkeiten bis in die kleinsten Units wird die Effizienz Europas binnenpolitisch erhöht.

Die Veränderung ganzer Prozesse erfordert viel Know-how und die nötige Bereitschaft. Wenn sich Situationen schnell und disruptiv ändern, muss es getan werden, sonst sind die Chancen für Europa dahin. Wenn EU-Beamte nicht erkennen, dass mafiastaatliche Strukturen wie die Regierung Orbans in Ungarn die EU bedrohen und nicht entsprechend handeln, schwächen sie die politische Funktionalität des Kontinents als Ganzes. In einigen europäischen Politikern, sei es in Staatsfunktionen oder als Gründer neuer Parteien, ist der kommunistische Geist vergangener totalitärer Regime noch immer spürbar. Dieses Gift wird erst nach und nach entfernt werden können.

Politische Entscheidungen sollten auf soliden Daten und wissenschaftlichen Erkenntnissen basieren. Evidenzbasierte Politik nutzt Forschungs- und Evaluationsergebnisse, um wirksame Maßnahmen zu entwickeln und umzusetzen. Transparenz und Verantwortlichkeit umfassen eine offene Kommunikation über Ziele, Maßnahmen und Ergebnisse. Durch die Einbindung verschiedener wissenschaftlicher Disziplinen können differenzierte Perspektiven und innovative Lösungen entwickelt werden. Durch die Einbindung verschiedener Interessengruppen und betroffener Gemeinschaften in Entscheidungsprozesse wird sichergestellt, dass Maßnahmen angemessen und akzeptabel sind. Partizipative Ansätze erhöhen zudem die Legitimität von Entscheidungen.

Politische Maßnahmen sind gut, wenn sie auf langfristige und nachhaltige Ergebnisse ausgelegt sind. Eine durch Greenwashing verdeckte Nachhaltigkeitspolitik kann sich auf lange Sicht als katastrophal erweisen. Greenwashing beschreibt Praktiken, bei denen Unternehmen oder Regierungen sich als umweltfreundlich darstellen, ohne tatsächlich substanzielle Maßnahmen zur Förderung der Nachhaltigkeit zu ergreifen. Um die Fallstricke des Greenwashing zu vermeiden und sicherzustellen, dass Nachhaltigkeitsrichtlinien zu sinnvollen und dauerhaften Ergebnissen führen, ist es für Regierungen und Organisationen von entscheidender Bedeutung, Transparenz, Rechenschaftspflicht und echtes Engagement für Nachhaltigkeit zu priorisieren. Dazu gehört die Festlegung klarer und messbarer Nachhaltigkeitsziele, die regelmäßige Überwachung und Berichterstattung über Fortschritte, die Einbeziehung von Interessengruppen in Entscheidungsprozesse und die Einbeziehung von Nachhaltigkeitsprinzipien in alle Aspekte der Politikgestaltung. Durch die konsequente Anwendung dieser Prinzipien können Rationalität in der internationalen Politik gestärkt, viele Fehler vermieden und wirksamere und effizientere Lösungen für globale Herausforderungen entwickelt werden.

Evaluation in der internationalen Politik ist ein systematischer Prozess, der darauf abzielt, die Wirksamkeit, Effizienz und Relevanz von Richtlinien und Programmen festzustellen. Es ist ein sinnvoller Anreiz, mehr Rationalität in die internationale Politik zu bringen und Fehler zu vermeiden. Die Evaluierung beginnt mit der klaren Definition der Ziele eines Programms oder einer Richtlinie. Die Ziele müssen spezifisch, messbar, erreichbar, relevant und terminiert sein. Gleichzeitig werden Indikatoren zur Messung von Fortschritt und Erfolg festgelegt. Es folgt eine Datenerhebung mit dem Ziel, Informationen über die Umsetzung und Ergebnisse der Maßnahmen zu sammeln. Die gesammelten Daten werden anschließend analysiert, um die Wirksamkeit der Maßnahmen zu bewerten. Abhängig von der Art der Daten und den konkreten Auswertungsfragen kommen unterschiedliche Analysetechniken zum Einsatz. Die Ergebnisse und Empfehlungen der Evaluierung fließen in die zukünftige Planung ein.

Strukturelle Veränderungen zu rationalisieren bedeutet, flachere Organisationsstrukturen zu schaffen, um unnötige Hierarchieebenen zu beseitigen und bürokratische Engpässe zu reduzieren, um Agilität und Flexibilität bei der Entscheidungsfindung zu fördern. Dies könnte durch eine Neugestaltung der Prozesse erreicht werden, um überflüssige Schritte zu eliminieren und manuelle Aufgaben zu automatisieren, um E-Governance-Initiativen zur Digitalisierung von Dienstleistungen und zur Verbesserung der Transparenz umzusetzen und gleichzeitig die Bewertungskontrollen zu stärken. Die Einführung eines methodischen Entscheidungsverfahrens würde bedeuten, den Zeit- und Arbeitsaufwand für wichtige Entscheidungen zu reduzieren.

Es muss unterstrichen werden, dass Chaos nicht unbedingt eine aktuelle Situation in Europa beschreibt. Es ist vielmehr eine mögliche Annahme, die durch bestimmte Umstände ausgelöst werden könnte. Daher ist es wichtig, dass die Menschen in Europa zusammenarbeiten, um gemeinsame Lösungen für die Hindernisse zu finden, mit denen sie konfrontiert sind. Durch Zusammenarbeit und Co-Kreation können sie ihre Ressourcen und ihr Fachwissen bündeln, um gemeinsame Probleme anzugehen und Lösungen zu finden, die allen Mitgliedern in Europa zugute kommen. Das ist es, was die Stabilität und Sicherheit sowie größere wirtschaftliche Chancen und Wohlstand für alle Bürger erhöht. Einheit kann dazu beitragen, aktuelle Dilemmata wie wirtschaftliche Instabilität, soziale Ungleichheit, Migrationsprobleme und Umweltzerstörung anzugehen. Durch die Zusammenarbeit kann Europa eine nachhaltigere und integrativere Politik entwickeln, die allen seinen Bürgern und Partnern zugute kommt.

Besonder die Sicherheitspolitik organisiert sich nicht spontan. Es bedarf einer systematischen und umfassenden Führung. Dazu gehören gut ausgebildete Fachkräfte, spezialisierte Institutionen und koordinierte Verfahren, um schnell und effizient auf Bedrohungen und Krisen reagieren zu können. Sicherheitsrichtlinien sind nicht statisch; Es erfordert eine kontinuierliche Überwachung und Anpassung, um effektiv auf neue Bedrohungen und sich ändernde Umstände reagieren zu können. Eine wirksame Überwachung und regelmäßige Bewertung der Sicherheitsstrategien sind daher unerlässlich.

Eine klare und stringente Führung erfordert eine hierarchische Struktur, in der die Verantwortlichkeiten genau definiert sind. Vorausschauendes Denken und strategische Planung sind entscheidend, um zukünftige Bedrohungen und Herausforderungen frühzeitig zu erkennen und entsprechende Maßnahmen umzusetzen. Nichts sollte dem Zufall überlassen werden.

In diesem Zusammenhang muss gesehen werden, wie die jüngsten aktiven Maßnahmen Russlands zur Destabilisierung von Regierungen und Gesellschaften für unangenehme Irritationen gesorgt haben. Europa muss bei der Bekämpfung solcher Taktiken, zu denen Desinformationskampagnen, Cyberangriffe und Einmischung in Wahlen gehören, wachsam sein und proaktiv handeln. Europa muss auf diese Bedrohungen einheitlich reagieren und seine Widerstandsfähigkeit gemeinsam stärken. Dazu gehören Investitionen in Cybersicherheitsmaßnahmen, die Intensivierung der Zusammenarbeit zwischen den Mitgliedsländern als auch die Zusammenarbeit mit internationalen Partnern. Indem Europa seine Schwächen anspricht und auf die politischen Kriegstaktiken Russlands vorbereitet ist, wird es seine Interessen und Werte besser schützen.

Welch eine Bedrohug für den europäischen Kontinent, wenn nationalistische, populistische und rechtsextreme Parteien in ganz Europa an Einflussgewinnen und das Sicherheitsdenken der Union unterlaufen wollen! Europa hat erkannt, dass es sich sicherheitspolitisch neu aufstellen und mehr in Verteidigungsfähigkeiten investieren muss, um präventiv auf Krisensituationen zu reagieren. Politiker betonen immerhin die Notwendigkeit, sich auf hybride Angriffe vorzubreiten, insbesondere im Hinblick auf die Drohpotenziale aus Russland und China.

Der Verkauf hochsensibler Technologien und Militärgüter von europäischen Konzernen an China gefährdet die geopolitische Lage in Europa auf verschiedene Weise. Einerseits könnte der Technologietransfer dazu führen, dass China seine militärische Stärke weiter ausbaut und möglicherweise zu einer Bedrohung für die Weltsicherheit wird. China hat in den letzten Jahren erhebliche Fortschritte bei der Entwicklung von Waffensystemen und -technologien gemacht, und der Erwerb von Know-how aus Europa könnte dies beschleunigen. Darüber hinaus könnte der Verkauf von Technologien und Militärgütern an China das geopolitische Gleichgewicht verschieben. Wo bleibt da das weltpoltiische Committment und die Compliance mancher Unternehmen?

Die USA und andere westliche Länder betrachten China seit langem als aufstrebende Militär- und Wirtschaftsmacht. Wenn Europa jedoch Technologie und militärische Ausrüstung an China verkauft, könnte dies Chinas Position in der Welt noch mehr stärken und die geopolitische Dynamik zu Gunsten Chinas verschieben. Schließlich könnte dies auch politische Spannungen zwischen Europa und anderen Ländern, insbesondere zwischen Europa und den USA, auslösen. Die USA haben bereits Bedenken geäußert, dass Europa durch den

Technologietransfer nach China seine eigenen nationalen Sicherheitsinteressen und die internationale Stabilität gefährden könnte. Insgesamt sollte der Verkauf hochsensibler Technologien und militärischer Ausrüstung an China sorgfältig geprüft und reguliert werden, um sicherzustellen, dass er keine Gefahr für die internationale Stabilität darstellt.

Aufgrund der offensichtlichen politischen Veränderungen auf der ganzen Welt ergreift die EU verschiedene Maßnahmen, um der Instabilität entgegenzuwirken. Das bedeutet, eine umfassende Sicherheitsstrategie zu entwickeln, um das strategische Bewusstsein zu schärfen und die internationale Zusammenarbeit zu verbessern. Für die Europäische Union ist es wichtig, auf der internationalen Bühne eine starke, einheitliche Stimme zu haben und ihre Interessen gemeinsam zu vertreten. Nur so kann Europa auf internationaler Ebene effektiv agieren und seine Werte und Interessen verteidigen. Daher ist es für die einzelnen Mitglieder der Union von entscheidender Bedeutung, ihre nationalen Interessen zurückzustellen und sich für das Gemeinwohl Europas einzusetzen.

Die europäischen Länder können ihre Ressourcen und ihr Fachwissen bündeln, um Probleme wie Klimawandel, Terrorismus und wirtschaftliche Instabilität anzugehen. Destabilisatoren in der Politik, sowohl regional als auch global, lassen sich zuverlässig anhand ihrer Handlungen und Motivationen identifizieren. Diese Einheiten oder Einzelpersonen weisen in der Regel mehrere Merkmale auf, wie zum Beispiel Macht- und Territorialambitionen , das Streben nach Bündnissen mit Diktaturen und die widerrechtliche Anhäufung von persönlichem Reichtum. Destabilisierende Absichten verfolgen eine aggressive Außenpolitik, die darauf abzielt, Einfluss oder Territorien auszuweiten und missachten dabei häufig internationale Normen und Gesetze. Zu den typischen Anzeichen

gehören Bemühungen, benachbarte Länder oder
Regionen mit militärischen Mitteln oder wirtschaftlichem
Druck zu dominieren, Beziehungen zu autoritären Führern
aufrechtzuerhalten, um strategische Vorteile zu sichern,
Zugang zu Ressourcen zu erhalten oder anderen
geopolitischen Einfluss zu erlangen. Sich auf
Beschwichtigungsstrategien zu verlassen, wäre in solchen
Fällen katastrophal.

Populistische Führer, die nationalistische Gefühle schüren
und den Zusammenhalt der EU gefährden, untergraben
gemeinsame demokratische Institutionen. Parteien oder
Bewegungen, die sich der EU-Integration widersetzen und
Verbindungen zu Putins Russland oder anderen
autoritären Regimen haben, gefährden den Frieden auf
dem Kontinent. Die Aufmerksamkeit muss auch auf
Großmächte gerichtet werden, die Stellvertreterkriege,
wirtschaftlichen Zwang und Cyberkrieg führen, um
andere Regionen oder Länder zu destabilisieren.

Terrororganisationen und multinationale kriminelle Netzwerke, die grenzüberschreitend agieren und Stabilität und Sicherheit untergraben, erweitern das Spektrum der Negativität. Mit wenigen Ausnahmen kommt die organisierte politische Kriminalität meist von außen, um die inneren Verhältnisse zu stören.

Wie können Regierungen die Wahrscheinlichkeit auf Konflikte verringern? Mit der Einrichtung und Aufrechterhaltung offener Kommunikationswege bieten sich Lösungsansätze an. Bevor noch Zwistigkeiten ausbrechen, gibt es genug Möglichkeiten durch Teilnahme an regelmäßigen multilateralen Verhandlungen. Werden dort Informationen über potenzielle Bedrohungen ausgetauscht, wird der Eskalationsrahmen durchgecheckt. Die Beobachtung der gesamt-geopolitischen Entwicklungen und ihre Analyse können gegenseitiges Verständnis aufbauen und potenzielle Schäden in der internationalen Politik

abmildern, bevor die Konflikte zum äußersten eskalieren.
Ob durch finanzielle Macht oder militärische
Zusammenarbeit, die Unterstützung kann dazu beitragen,
die Sicherheit entfernter Gegner zu gewährleisten. Indem
Europa zusammenkommt und an einer gemeinsamen
Vision für die Zukunft arbeitet, wird es weiterhin eine
bedeutende Rolle in der Weltgemeinschaft spielen.
Europa kann sich seinen Platz als wichtiger Akteur auf der
Weltbühne sichern.

Innerhalb der Europäischen Union müssen die Regionen
und Länder ihre Bemühungen koordinieren und auf
gemeinsame Ziele hinarbeiten. Durch die gegenseitige
Unterstützung in Zeiten der Not sind sie in der Lage, eine
stärkere, widerstandsfähigere Gemeinschaft aufzubauen.
Dieses Erbe, das von der Antike bis zur Gegenwart in
zahlreichen Niederlagen und Siegen geformt wurde, ist
ein wesentlicher Bestandteil der europäischen Identität.
Sie ist vielfältig und spiegelt sich in zahlreichen

Lebensbereichen wider. Sport, Musik, Kultur, Forschung, Technologie und Wirtschaft sind Bereiche, in denen die gemeinsamen Werte, Traditionen und Ziele der Europäer zum Ausdruck kommen. Wenn die europäischen Regionen und Länder diese Elemente in Zusammenarbeit fördern, werden sie ihre gemeinsame Identität aufrechterhalten und weiterentwickeln können.

Populistische und nationalistische Bewegungen versuchen oft, Menschen gegen sich aufzubringen und die Errungenschaften der europäischen Integration in Frage zu stellen. Sie schüren Ängste und verbreiten Angst. Es geht um die Wahrung des gesellschaftlichen Zusammenhalts in einer politischen Friedensordnung mit souveräner Marktwirtschaft. Europäische Politiker müssen nun über die Hintergründe von Kriegen und Aufständen nachdenken, die darauf ausgelegt sind, den Westen zu schwächen. Sie sollten begriffen haben, dass diese Ereignisse direkte Auswirkungen auf den europäischen Lebensstandard und die Freiheit haben. Bürger, die von Inflation, Nahrungsmittelknappheit, mangelndem Zugang zu Medikamenten wie während der Corona-Pandemie und potenziellen Sicherheitsbedrohungen betroffen sind, denken möglicherweise auch über die Rolle nationalistischer, extremistischer und anderer Störkräfte bei der Befeuerung dieser Probleme nach.

Letztlich ist es für die Wähler in Europa wichtig, sich dieser indirekten Einflüsse auf ihr persönliches Wohlbefinden bewusst zu sein und sie bei ihren Wahlentscheidungen zu berücksichtigen. Es ist notwenig, diese destabilisierenden Kräfte zu bekämpfen, um den anhaltenden Wohlstand und die Sicherheit des Kontinents zu aufrecht zu erhalten. Dazu gehören diplomatische Bemühungen zur Lösung von Konflikten, die Umsetzung wirtschaftspolitischer Maßnahmen zur Eindämmung der Inflation und die Stärkung von

Sicherheitsmaßnahmen zum Schutz der Bürger vor potenziellen Bedrohungen. Sie müssen nur effizient sein und von den Bürgern mit getragen werden.

Eine starke international koordinierte Selbstverteidigung ist die Grundlage für eine robuste Diplomatie und eine starke Wirtschaft. Auf globaler Ebene sind Staaten bevorzugt, die über eine glaubwürdige Verteidigungsfähigkeit verfügen, um diplomatische Verhandlungen aus einer Position der Stärke führen. Diese Stärke kann potenzielle Angreifer abschrecken und Friedensverhandlungen erleichtern. Selbstverteidigung ist ein Kernelement der Friedensethik; sie ist nicht nur gerechtfertigt, sondern absolut notwendig. Sie zu vernachlässigen führt zu Schuldgefühlen, falscher Pazifismus führt zur Zerstörung.

Worin ist das Potential zur Verteidigung der freien Welt, die Macht der Abschreckung? Ist internationale

Friedenssicherung in der Öffentlichkeit immer noch ein allgemein anerkanntes Thema? Wer hält sich davon fern? Wenn es den Europäern noch nicht gelungen ist, den Frieden militärisch aus eigener Kraft aufrechtzuerhalten, könnte es vielleicht eines Tages so weit sein, dass Europa über sein eigenes unabhängiges Verteidigungs-Potenzial verfügt.

Die Logik der Angst wird keinesfalls den langfristigen Erfolg einfahren. Mutiger ist es, potenzielle Gegner davon zu überzeugen, dass ihre Kosten feindseliger Aktionen den vorgegaukelten Nutzen vielfach übersteigen. Dieser Gedanke basiert auf der Stärke, Glaubwürdigkeit und Wirksamkeit von Fähigkeiten, Allianzen und strategische Partnerschaften zu schmieden. Wird eine der Freiheit zugetane Welt die robuste Haltung zur Verteidigung aufrechthalten, kann sie ihre Gegner abschrecken und eine Eskalation von Konflikten verhindern.

Investitionen in militärische Fähigkeiten verbessern die Interoperabilität und Koordination zwischen Verbündeten und Partnern, um sich erfolgreich verteidigen zu können. Abschreckung basiert auf dem Prinzip, Gegner davon abzuhalten, feindselige Aktionen einzuleiten, indem die Fähigkeit, Entschlossenheit und Bereitschaft demonstriert wird, entschieden auf Aggression zu reagieren. Die Kombination mit militärischen, diplomatischen, wirtschaftlichen und informationelle Instrumenten braucht unbedingte Entschlossenheit Damit wird signalisiert, dass rote Linien wirklich nicht überschritten werden dürfen. Durch die Demonstration der Fähigkeit, sich zu verteidigen, kann die freie Welt Gegner davon abhalten, Ungestüm zu entfesseln. Wenn die regelbasierte internationale Ordnung in Frage gestellt wird, ist das Grund genug, sich zu wehren.

Gäbe man beispielsweise den Ambitionen von Putins neoimperialem Denken nach, würde dies eine Welle von

Nachahmern auf andere Möchtegern-Diktatoren auf der ganzen Welt auslösen. Zudem verschärft die Verbreitung von Massenvernichtungswaffen die Weltlage. Was passiert an diesen geopolitischen Gratwanderungen? Gibt es versteckte Anzeichen für ein bitteres Ende einer Geschichte? Auf den Bildschirmen politischer Fantasien tauchen Schreckensszenarien auf.

Wirtschaftlich gesehen unterstützt eine solide Selbstverteidigung die Sicherheit bei Investitionen und Handelsbeziehungen. Unternehmen und Investoren sind eher bereit, in Ländern zu investieren, die ihre eigene Sicherheit ernst nehmen und sich aktiv für die Wahrung von Frieden und Stabilität einsetzen. Die Europäische Union sollte sich nicht von Angst und Spaltung beeinflussen lassen, sondern vielmehr ihre Vielfalt und Einheit für eine wohlhabendere und friedlichere Zukunft annehmen. Das kulturelle Erbe ist ein Schatz, der geschätzt und geschützt werden muss, damit zukünftige

Generationen ihn genießen können. Es ist das, was Europa ausmacht und eine Quelle des Stolzes und der Inspiration sein sollte. Vielfalt ist eine Stärke, keine Schwäche. Das kulturelle Erbe Europas ist eine Quelle der Inspiration und Kreativität, die Menschen zusammenbringt und das Verständnis verbessert. Trotz aller Höhen und Tiefen muss Europa seine gemeinsame Geschichte und Traditionen bewahren und gleichzeitig offen für neue Ideen und Perspektiven sein. Nur in der Zusammenarbeit als europäische Einheit können innovative Lösungen für diese Komplexität gefunden werden.

Neue Technologien bieten sowohl Chancen als auch Herausforderungen für die Demokratie. Eine historische Analyse kann Aufschluss darüber geben, wie technologische Innovationen genutzt werden können, um die Bürgerbeteiligung zu fördern und gleichzeitig die Risiken von Desinformation und Manipulation zu minimieren. Die kritische Reflexion historischer Fehler ist unerlässlich, um ähnliche Fehler in der Gegenwart zu vermeiden. So können beispielsweise die wirtschaftlichen Fehler der Weimarer Republik, die zu einer Hyperinflation und schließlich zur Machtübernahme der Nazis führten, als Warnung dienen. Die Analyse historischer Entscheidungen kann auch Aufschluss darüber geben, welche Chancen verpasst wurden und wie man in der Gegenwart besser auf sie reagieren kann. Ein Beispiel dafür wäre die Nichteinbeziehung der osteuropäischen Länder in die politischen Achsen des Westens nach dem Kalten Krieg, die heute als verpasste Gelegenheit angesehen wird und die zu den derzeitigen geopolitischen Spannungen beiträgt. Ein weiteres trauriges Beispiel für ein verspätetes politisches Eingreifen war das Versagen der Vereinten Nationen, 1994 den Völkermord an den Tutsi in Ruanda zu verhindern, bei dem eine Milliarde Menschen ihr Leben verloren. Auch das Massaker von Srebrenica im ehemaligen Jugoslawien, bei dem schätzungsweise 8.000 Zivilisten von serbischen Truppen ermordet wurden, ist auf die Unachtsamkeit der UN zurückzuführen. Die Reaktion kam viel zu spät. Untätigkeit und Abwarten gehören zu den Todsünden der internationalen Politik.

Warum sind es immer die weniger Intelligenten, die ernsthaft auf Aggression setzen? Es unterstreicht, dass der Rückgriff auf Aggression als primäres Instrument der Außenpolitik oder Diplomatie oft kontraproduktiv und kurzsichtig ist und auf einen Mangel an Weisheit oder strategischem Denken hindeutet. Diplomatische Bemühungen und Zusammenarbeit sollten bei der Lösung von Streitigkeiten und der Förderung gegenseitiger Interessen effektiver sein als Aggression oder Konflikte. Im Gegensatz dazu zeichnen sich kluge und effektive internationale Beziehungen durch kreative Diplomatie, Zusammenarbeit, Konfliktvermeidung und die Achtung internationaler Normen und Werte aus.

Allerdings ist proaktives Nachgeben auch keine nachhaltige oder wirksame Strategie zur Problemlösung. Es gibt in Europa Außenminister, fast aus kleineren Ländern, die sagen, dass Diktaturen eine Tatsache des Lebens seien, die man anerkennen müsse. Ein solcher Ansatz entlarvt sie eher als ausgebildete Bürokraten denn als dynamische politische Manager. Diese Perspektive offenbart einen besorgniserregenden Mangel an politischem Antrieb und Sensibilität für kritische Sicherheitsfragen und unterstreicht die Bedeutung von Personalbeurteilungen im politischen Umfeld von Ministerien. Aufgeben ist eine schlechte Option und macht die Katastrophe nur noch schlimmer. Mit dem Nachgeben signalisiert ein Staat, dass er nicht bereit ist, Konflikte entschieden zu lösen. Die Folge ist eine weitere unkontrollierte Eskalation. Kompromisse bei sicherheitsrelevanten Themen gefährden die Sicherheit. Denn den Bedrohungen wird nicht ausreichend begegnet und die Unruhestifter werden zu weiteren Anschlägen ermutigt. Übrigens, ein Staat, der sehr schnell nachgibt, schwächt seine Verhandlungsposition. Langfristig verliert es sogar an Einfluss und Glaubwürdigkeit in internationalen Verhandlungen. Ein einmaliges Zugeständnis kann als Präzedenzfall dienen und alle künftigen Verhandlungen erschweren, da andere Gegner ähnliche Zugeständnisse erwarten. Es geschieht so wie im Sport, wer im Wettkampf zu schnell aufgibt, riskiert, dass der Gegner am Selbstvertrauen gewinnt und aggressiver auftritt. Ist es eventuell so, dass in den Ministerien an oberster Stelle eingerostete Bürohengste sitzen, die vielleicht noch nie Zähigkeit und Widerstandskraft im Sport unter Beweis stellen mussten?

Ein anderer Zugang zu wichtigen Einsichten im Weltgeschehen drückt sich im Geschichtsverständnis aus. „Wer nicht in die Geschichte zurückblickt, hat keine Zukunft", ist eine Binsenweisheit, die überall auf der Welt gilt, auch in der internationalen Politik. Die Reflexion der Vergangenheit liefert wertvolle Erkenntnisse, die wesentlich zur Bewältigung aktueller politischer Herausforderungen beitragen können. Das Studium früherer politischer Entscheidungen und Handlungen hilft dabei zu verstehen, was gut funktioniert hat und was nicht. Die historische Perspektive kann politischen Entscheidungsträgern dabei helfen, Entscheidungen gewissenhafter und fundierter zu treffen, um eine Wiederholung vergangener Fehler zu vermeiden. Viele aktuelle politische Themen haben historische Wurzeln. Die Untersuchung vergangener Ereignisse ermöglicht es, die Ursprünge komplexer Probleme aufzuspüren und ihre langfristigen Auswirkungen zu verstehen. Das Studium der politischen Geschichte zeigt Beispiele wirksamer Governance- und Rechenschaftsmechanismen. Es stimuliert zur Transparenz in Entscheidungsprozessen und stärkt das Vertrauen in der Öffentlichkeit.

Die Einführung des Wohlfahrtsstaates in vielen europäischen Ländern nach dem Zweiten Weltkrieg war eine Antwort auf die sozialen und wirtschaftlichen Herausforderungen der damaligen Zeit. Vor allem in Deutschland mit der sozialen Marktwirtschaft und in Schweden mit dem Wohlfahrtsstaatsmodell wurden umfassende Systeme der sozialen Sicherheit geschaffen. Diese Modelle schufen ein Sicherheitsnetz, das zur sozialen Stabilität beitrug und das Wirtschaftswachstum förderte. Heute stehen diese Systeme vor neuen Herausforderungen, wie der Digitalisierung, dem demografischen Wandel und der Globalisierung. Die historische Analyse zeigt, dass Anpassungen und Reformen notwendig sind, um neuen Bedingungen gerecht zu werden. Ein universelles Grundeinkommen könnte zum Beispiel eine Antwort auf den Verlust von Arbeitsplätzen durch die Automatisierung durch KI sein.

Geschlossenheit und Solidarität ermöglichen eine

wirksame europäische Entscheidungsfindung und Umsetzung politischer Maßnahmen, die allen Bürgern in der Union zugutekommen. Um dies zu erreichen, ist die Zusammenarbeit aller Mitglieder unerlässlich. Eine europäische Wirtschafts- und Währungsunion leistet ihren Beitrag, um Stabilität und Wachstum zu stärken. Dies kommt nicht nur einzelnen Einheiten zugute, sondern trägt auch zum allgemeinen Wohlstand und Wohlbefinden des gesamten Kontinents bei.

Ein weiteres Problem entsteht auf einer ganz anderen Ebene. Der wirtschaftliche Abschwung in der gesamten EU macht deutlich, wie wichtig es ist, auf die Sorgen der Menschen hinsichtlich finanzieller Sicherheit und Wohlbefinden einzugehen. Da sich die wirtschaftliche Lage verschlechtert, sind Einzelpersonen und Familien mit größerer Unsicherheit und Not konfrontiert. Dies erhöht die Dringlichkeit wirksamer politischer Maßnahmen zur Stabilisierung und Stimulierung des Wirtschaftswachstums. Da die EU mit wirtschaftlichen

Herausforderungen zu kämpfen hat, ist sie möglicherweise weniger in der Lage, internationale Wirtschaftshilfe anzubieten. Dieses Vakuum kann von diktatorischen Regimen ausgenutzt werden, um ihre Positionen zu stärken.

Regierungen müssen Maßnahmen Priorität einräumen, die Arbeitsplätze schaffen, Unternehmen unterstützen und soziale Sicherheitsnetze verbessern, um die Widerstandsfähigkeit und Erholung aller Bürger angesichts wirtschaftlicher Herausforderungen sicherzustellen. Den Menschen liegen ihre finanzielle Sicherheit und ihr Wohlergehen am Herzen und der wirtschaftliche Abschwung in der EU könnte diese Probleme noch dringlicher machen. Erst wenn es direkte Auswirkungen auf die Lebensgrundlagen der Menschen hat, wenn Arbeitsplätze verloren gehen, die Inflation überhand nimmt und öffentliche Dienstleistungen nicht mehr verfügbar sind, wacht die Öffentlichkeit auf. Das

Licht am Ende des Tunnels wird in Form von Investitionen in nachhaltige Technologien, Förderung von Innovation und Bildung sowie durch die Schaffung eines stabilen wirtschaftlichen Umfelds sichtbar. Langfristige Strategien, die auf Inklusion und soziale Gerechtigkeit setzen, sind darauf ausgerichtet, dass die Bürger auch langfristig eine bessere Lebensqualität in Aussicht haben.

Die Liste der Sünden der Nationalisten und ihrer klassischen Politiker ist so umfangreich, dass sie sich ihr nicht entziehen können und somit die Wurzel der europäischen Uneinigkeit darstellen. Die klassischen Politiker im negativen Sinne zeichnen sich dadurch aus, dass sie in erster Linie für den Machterhalt und den Nutzen ihrer Partei handeln, statt sich für das Gemeinwohl einzusetzen. Aber Europa kann nur unter einer gemeinsamen europäischen Schirmherrschaft erfolgreich sein. Der Ruf nach mehr Transparenz und Effektivität bei der Entscheidungsfindung ist besonders relevant in einer Zeit, in der viele Bürger das Gefühl haben, dass ihre Stimmen nicht gehört werden. Ratingdienste für politisches Management und Zivilgesellschaft könnten dazu beitragen, die Effizienz und Rechenschaftspflicht politischer Akteure zu erhöhen.

Zur Festlegung der Verfahrensabläufe bedarf es einer prägnanten europäischen Verfassung. In ihr sollten die institutionellen Strukturen der Union und die Zuständigkeiten der verschiedenen Organe definiert sein. Sie beinhaltet das Versprechen, die Demokratie innerhalb ihrer Grenzen zu stärken, indem sie Transparenz, Rechenschaftspflicht und Legitimität erhöht und klare Leitlinien für die Entscheidungsfindung und den Schutz der Grundrechte vorgibt. Auf ihren Grundlagen wird ein stärkeres Europa aufgebaut, das sich demokratischen Werten und Grundsätzen verpflichtet fühlt.

Die verstärkte Präsenz von Rechtsextremisten im

Europäischen Parlament könnte zu einer instabileren politischen Lage in Europa führen und EU-Werte wie Demokratie, Menschenrechte und Rechtsstaatlichkeit in Frage stellen. Deshalb müssen demokratische Kräfte rechtsextremen Tendenzen entgegenwirken und sich für eine offene, tolerante und demokratische Gesellschaft intensiv einsetzen. Einmal durchgespielt, gäbe es mehr gesellschaftliche Konflikte, die Zukunftsperspektive wäre eine mit weniger Pressefreiheit, mit mehr Dirigismus, mit mehr Tabus, wenn Rechtsextreme im EU-Parlament das Sagen hätten, Spuren der Angst werden sich ausbreiten.

Egal ob rechte Blöcke, linke Gruppierungen, islamistische Radikalisierung oder nationalistische Bewegungen, die extremistischen Ideologien haben in ihren verschiedenen Ausprägungen eine fatale Wirkung auf die politische Landschaft. Hat der Rechtsextremismus einen neuen Unterhaltungswert? Was dabei vergessen wird, ist die Verharmlosung ihrer Folgen und

Gewöhnungsmechanismen. Bemerkenswert ist, dass sich in der heutigen Gesellschaft Teile der oberen Schichten von Rädelsführern mit geringer Bildung schikanieren lassen. Historisch gesehen könnte man annehmen, dass ein höheres Bildungsniveau ein Bollwerk gegen vereinfachende und radikale Ideologien wäre. Jedoch hat die aktuelle Medienlandschaft mit ihrer Betonung von Sensationslust und Clickbait gezeigt, dass Bildung allein nicht immer ausreicht, um der Anziehungskraft gut gemachter extremistischer Narrative entgegenzuwirken. Es gehört eine Portion rationaler Standfestigkeit dazu.

Narrative haben einen erheblichen Einfluss auf den Mainstream, indem sie die Art und Weise prägen, wie Informationen wahrgenommen, interpretiert und verbreitet werden. Sie sind nicht nur Erzählungen, sondern auch mächtige Werkzeuge, die soziale Identitäten formen und gesellschaftliche Strukturen beeinflussen. Erzählungen sind strukturierte Geschichten, die dazu dienen, komplexe Informationen zu vermitteln und Bedeutung zu schaffen. Sie helfen Menschen, ihre Realität zu verstehen und sich in sozialen Zusammenhängen zu orientieren. In der heutigen Welt, in der soziale Medien eine zentrale Rolle spielen, sind Menschen nicht nur passive Konsumenten von Erzählungen, sondern auch aktive Produzenten. Dies führt zu einer dynamischen Interaktion zwischen individuellen und kollektiven Erzählungen. Erzählungen haben das Potenzial, soziale Gruppen zu mobilisieren oder zu marginalisieren. Solche polarisierenden Narrative lassen sich in vielen Ländern beobachten und wie sie zur Spaltung der Gesellschaft beitragen. Massenmedien spielen eine entscheidende Rolle bei der Verbreitung von Narrativen. Kritiker stellen fest, dass die Medien oft systematisch Lügen verbreiten oder bestimmte Narrative bevorzugen. Der Mainstream wird somit von den vorherrschenden Narrativen geprägt, die häufig den Status quo zementieren und bestehende

Machtstrukturen stützen. Neue Narrative entstehen oft als Reaktion auf gesellschaftliche Veränderungen.

Angesichts dieser Bedrohungen ist es von entscheidender Bedeutung, wirksame Strategien zur Bekämpfung des Extremismus in der EU zu entwickeln und umzusetzen. Eine der größten Herausforderungen im Umgang mit extremistischen Tendenzen in der EU ist die Vielfalt der Ideologien und Motivationen hinter dem extremistischen Verhalten. Rechtsextreme Gruppen propagieren Rassismus, Fremdenfeindlichkeit und Nationalismus, während linksextreme Gruppen soziale Revolution, Kapitalismuskritik und Antifaschismus in den Vordergrund stellen. Islamistische Extremisten hingegen setzen auf religiösen Fundamentalismus und Gewalt als Mittel zur Macht. Diese Vielfalt an Ideologien erschwert die Entwicklung einer einheitlichen Strategie zur Bekämpfung des Extremismus. Die strafrechtliche Verfolgung extremistischer Täter und Organisationen ist von entscheidender Bedeutung, um die Sicherheit in der EU zu gewährleisten und extremistische Aktivitäten einzudämmen. Eine wirksame Zusammenarbeit zwischen den Mitglieds-Einheiten zur Förderung von Demokratie, Rechtsstaatlichkeit, Menschenrechten und Toleranz sind Grundwerte der EU, die dazu beitragen können, extremistischen Ideologien entgegenzuwirken und die Widerstandsfähigkeit der Gesellschaft gegen Extremismus zu stärken. Die Bedrohung durch Extremismus in Europa, sowohl von links als auch von rechts, ist für politische Entscheidungsträger und Sicherheitsexperten zu einem dringenden Anliegen geworden.

Vielleicht spüren wir es auf unserer idyllischen Insel nicht so sehr, aber es ist überall um uns herum. Es heisst, wachsam zu sein, bevor es zu spät ist. Demokratische Werte und Freiheit dürfen nicht gefährdet werden. Es ist wichtig, für Vielfalt und Demokratie einzustehen und jede Form von Extremismus zu bekämpfen. Nur so kann eine offene und freie Gesellschaft aufrechterhalten werden. Politisch motivierter Extremismus basiert auf politischer Unlogik, während ideologischer Terrorismus auf radikalen Weltanschauungen basiert. Beide rechtfertigen Hass und Gewalt. Weiters sind Gender-Ideologien mitverantwortlich dafür, dass rechtsextreme Bewegungen an Dynamik gewinnen. Werte geraten durcheinander oder gehen sogar verloren. Als Gegenmittel sollten Zutaten der Vielfalt sich sorgfältig mit einer Prise Demokratie vermischen. Denn am Ende des Tages wollen wir alle ein Stück dieser köstlichen Freiheit genießen, ohne dass uns jemand den Appetit verdirbt.

Clown-Parteien und kriminelle Gruppen mit wütenden Ideologien gewinnen durch eine Kombination aus politischer Unzufriedenheit, manipulativen Taktiken, Schwächen demokratischer Institutionen und globalen Trends an Einfluss. Die Bekämpfung dieser Phänomene erfordert daher die Stärkung demokratischer Prozesse.

Maßnahmen müssen gegen Korruption gesetzt, als auch eine umfassende Aufklärung der Öffentlichkeit über politische Prozesse und die Gefahren extremistischer Ideologien betrieben werden. Wie sieht Europas neue Effizienz aus? Worin besteht seine Exzellenz? Die traditionellen politischen Parteien stehen nicht mehr im Zentrum der Macht. Folglich müssen Leistung und deren Bewertung der Bevölkerung bis in die Peripherien transparent kommuniziert werden. Im Kontext der Globalität muss es auch eine europäische Industrialisierung mit Fokus auf Nachhaltigkeit und Innovation geben. Die Exzellenz Europas liegt in seiner Fähigkeit, sich in einer sich schnell verändernden Welt anzupassen und zu gedeihen, wobei das Wohlergehen seiner Bürger oberste Priorität hat. Diese neue Effizienz wird durch Zusammenarbeit, Transparenz und die Verpflichtung zur kontinuierlichen Verbesserung vorangetrieben. Es geht darum, globale Herausforderungen proaktiv anzugehen und eine widerstandsfähigere und anpassungsfähigere Gesellschaft zu schaffen.

Die Europäische Union zeichnet sich durch ihre Fähigkeit aus, in einem sich ständig verändernden und weiterentwickelnden Umfeld mit gutem Beispiel voranzugehen. Anstelle von Dissonanz schafft der Unisound eine gemeinsame Identität und betont gleichzeitig die Vielfalt. Rein abstraktes Denken über Europa nützt niemandem etwas. Dies bedeutet, dass ein nuancierterer, pragmatischerer Ansatz für die europäische Integration und Zusammenarbeit erforderlich ist.

Die personelle Beurteilung geeigneter politischer Führungspositionen ist eine wesentliche Voraussetzung für angemessenes Handeln im gesellschaftspolitischen Change-Management. Der Erfolg politischer Manager hängt von der Qualifikation ihrer Teams ab.

Ausgangspunkt für neue Perspektiven ist die konsequente Betrachtung des Systems, der wirtschaftlichen Zusammenhänge und der gesellschaftlichen Dynamiken. Die Bedeutung von kreativem Denken und Mut zum Handeln sind Ansporn für die Bereitschaft, Einfluss auf die Entwicklung zu nehmen. Wer wartet und zögert, verliert. Ein hochmotiviertes politisches Führungsgefühl ist aufzubereiten. Daher sollten die Positionen in der Kommission mit rational entschlossenen Führungskräften und der Europäische Rat noch dazu mit charismatischen Führungskräften besetzt sein.

Für Europa ist es wichtig, Führungspersönlichkeiten zu haben, die visionär, proaktiv und bereit sind, Risiken einzugehen, um Innovation und Fortschritt voranzutreiben. Durch die Förderung einer Kultur des Mutes und der proaktiven Führung kann sich die EU als dynamische und zukunftsorientierte Einheit positionieren, die positive Veränderungen vorantreibt und ihre eigene Zukunft gestaltet. Kompetenz und Funktionalität verdeutlichen, dass keine effiziente Organisation ohne die vierte Dimension der Zeit und somit der Kontrolle funktionieren kann.

Politisches Missmanagement zahlt sich nicht aus. Zielloses Handeln, auch Blindflug genannt, widerspricht der Definition kompetenten politischen Handelns. Das Risiko eskaliert, wenn das europäische Konstrukt an etwas festhält, das überholt ist. Es muss immer etwas in Bewegung sein. Wenn zu wenig getan wird, ist dies das schlechteste Ergebnis. Die Verantwortung liegt in den Händen der europäischen Gesellschaft selbst. Das kann den einzelnen Menschen nicht gleichgültig lassen. Von der europäischen Öffentlichkeit wird ein tiefes Verständnis eingefordert, auch wenn dies manchmal, hoffentlich nur vorübergehend, von einem nicht zu vernachlässigenden Unbehagen begleitet ist. Die Kraft der philosophischen Reflexion und des kollektiven Gewissens sollte bereitstehen, um in schwierigen Situationen die richtigen Dinge zu tun.

Natürlich ist es für Menschen immer schwierig, Veränderungen vorzunehmen. Aber konfliktfreie Projekte sind verdächtig, vielleicht sogar vorzeitig tot, so dass die beste Zusammenarbeit aus der Konfrontation von Ideen entsteht. Dies unterstreicht die Bedeutung von Effizienz, Zeitmanagement und klaren Zielvorgaben für die politische Führung. Das Fehlen einer klaren Vision und einer wirksamen Strategie kann zu ineffektivem politischen Handeln führen und das Risiko von Missmanagement und Ziellosigkeit erhöhen. In der schnelllebigen Welt der Politik ist es von entscheidender Bedeutung, sich ständig weiterzuentwickeln, sich dem Wandel anzupassen und alte Denkweisen zu überwinden, um eine bessere, sachdienliche und wirksame zu verwirklichen. Daher sollten sachbezogene Auseinandersetzungen nicht als Hindernis oder Problem, sondern als Chance für Wachstum und Entwicklung betrachtet werden.

Mit Entschlossenheit und vereinten Anstrengungen kann die Europäische Union eine starke und unabhängige Position in der Welt einnehmen. Es ist von größter Bedeutung, dass alle Völker Europas die Dringlichkeit der Situation erkennen und bereit sind, die notwendigen Veränderungen zu unterstützen. Nur durch gemeinsames Handeln kann Europa seine Zukunft sichern und eine positive Rolle in der globalen Ordnung übernehmen. Europa steht an einem Scheideweg. Die Bedrohungen durch autoritäre Regime nehmen zu, und es entsteht ein neues geopolitisches Spannungsfeld, das nicht nur durch militärische Konflikte, sondern auch durch wirtschaftliche, energetische und technologische Rivalitäten gekennzeichnet ist. Um in dieser neuen Weltordnung zu überleben, müssen die Europäer aufwachen und erkennen, dass ein grundlegender Wandel ihrer

Strukturen notwendig ist.

Die Abhängigkeit Europas von externen Energiequellen, insbesondere von Ländern mit autoritären Regimen, stellt eine erhebliche Schwachstelle dar. Die jüngsten geopolitischen Spannungen haben gezeigt, wie verwundbar Europa aufgrund seiner Energieabhängigkeit ist. Für Europa ist es von entscheidender Bedeutung, eine nachhaltige und unabhängige Energieversorgung aufzubauen. Dies kann durch die verstärkte Entwicklung erneuerbarer Energien wie Sonnen-, Wind- und Wasserkraft sowie durch die Diversifizierung der Energiequellen erreicht werden. Gleichzeitig müssen Investitionen in die Forschung und Entwicklung neuer Technologien wie Wasserstoff und Batteriespeicher gefördert werden. Diese Schritte sind nicht nur ökologisch sinnvoll, sondern auch strategisch notwendig, um die politische und wirtschaftliche Unabhängigkeit Europas zu sichern.

Die Wirtschaft ist das Rückgrat einer jeden Gesellschaft. Für Europa ist es von entscheidender Bedeutung, eine starke und unabhängige Wirtschaft aufzubauen, die weltweit wettbewerbsfähig und gegenüber externen Schocks widerstandsfähig ist. Die Förderung der lokalen Produktion und die Verringerung der Abhängigkeit von globalen Lieferketten sind in dieser Hinsicht zentrale Strategien. Dies bedeutet, dass Europa seine Industriepolitik neu ausrichten und sich verstärkt auf heimische Ressourcen und Produktionskapazitäten stützen muss. Darüber hinaus ist eine stärkere wirtschaftliche Integration und Zusammenarbeit innerhalb der EU erforderlich. Nur durch eine gemeinsame und koordinierte Anstrengung sind die Mitgliedsstaaten in der Lage, die wirtschaftliche Talsohle zu durchschreiten und ihre Position auf dem Weltmarkt zu stärken. Auch Investitionen in Zukunftstechnologien wie künstliche Intelligenz oder Biotechnologie sind notwendig, um die Innovationsführerschaft zu übernehmen.

Die Notwendigkeit der inneren Einheit Europas zeigt sich auch in der Reaktion auf externe Herausforderungen. Nach dem russischen Angriff auf die Ukraine wurde der EU-Haushalt genutzt, um Soforthilfe und Unterstützung zu leisten. Dies verdeutlicht, wie wichtig ein geeintes Europa ist, um auf unvorhergesehene globale Krisen reagieren zu können. Technologische Fertigkeiten und strategische Cleverness sollten vor unliebsamen Überfällen schützen können. Internationale Kooperationen und supranationale Bündnisse à la NATO sind ebenso erstrebenswert wie innere Einigkeit in größeren Strukturen. In einer Welt, in der sich geopolitische Akteure wie Schachfiguren auf einem wackeligen Brett bewegen, hat die EU beschlossen, dass es an der Zeit ist, das alte Sprichwort „Einigkeit macht stark" nicht nur auf T-Shirts zu drucken, sondern auch in die Tat umzusetzen. Schließlich ist es nicht gerade beruhigend, dass man sich in einer internationalen Ordnung befindet, die so instabil ist wie ein Tisch voller Gläser in einem Erdbeben. Die EU scheint erkannt zu haben, dass ihre strategische Autonomie nicht nur ein schicker Begriff ist, den man in Diplomatenkreisen verwenden kann, sondern eine dringende Notwendigkeit. Verteidigung und Sicherheit sind jetzt die neuen Stars auf dem europäischen Souveränitäts-Rampenlicht. Man könnte fast meinen, dass die EU endlich bereit ist, sich nicht nur um ihre eigenen Angelegenheiten zu kümmern, sondern auch um ihre Verteidigung – und das ohne die ständige Ermahnung der USA im Hinterkopf..

Wieder einmal läuft alles darauf hinaus, dass es ohne innere Einheit nicht funktionieren kann. Auf keinem Gebiet wird dies so deutlich, wie auf dem der inneren und äußeren Sicherheit. Die Sicherung Europas erfordert eine gemeinsame Verteidigungspolitik. Die Schaffung einer

Europäischen Verteidigungsunion, die unabhängig von externen Allianzen agieren kann, ist ein notwendiger Schritt. Eine solche Union ermöglicht eine rasche und koordinierte Reaktion auf Bedrohungen und stärkt die europäische Sicherheitsarchitektur. Eine Erhöhung der Verteidigungsausgaben ist notwendig, um moderne Militärtechnologien und -ausrüstung zu erwerben. Außerdem muss Europa in die Cybersicherheit investieren, um sich gegen die wachsende Bedrohung durch Cyberangriffe zu schützen. Der digitale Raum ist zu einem neuen Schlachtfeld geworden, und Europa muss sich darauf vorbereiten, seine Infrastruktur und Daten zu verteidigen.

Die Umsetzung dieser Veränderungen erfordert die Unterstützung der gesamten europäischen Bevölkerung. Bildung und Sensibilisierung sind in diesem Zusammenhang entscheidend. Politische Bildung kann dazu beitragen, das Bewusstsein für die Notwendigkeit von Reformen zu schärfen und Unterstützung für entsprechende Maßnahmen zu mobilisieren. Demokratische Institutionen und Prozesse müssen robust und widerstandsfähig gegenüber autoritären Einflüssen sein. Initiativen, die das Gemeinschaftsgefühl und die Solidarität unter den Mitgliedern fördern, können zu einem einheitlichen und entschlossenen Auftreten beitragen.

Wenn sich die unkoordinierte und immer noch vorherrschende Rhetorik in der Öffentlichkeit sich nicht ändert, wird die Politik scheitern. Viele Menschen haben ihre eigenen alltäglichen Probleme und Sorgen, die ihre volle Aufmerksamkeit erfordern. Aber wenn persönliche Angelegenheiten im Vordergrund stehen, wird die internationale Politik oft vernachlässigt. Ein weiterer Grund könnte ein mangelndes Interesse an der Politik im Allgemeinen sein. Manche ziehen es vielleicht vor, ihre Avocado-Toast-Rezepte zu perfektionieren oder sich die neuesten Katzenvideos auf YouTube anzusehen, anstatt politische Informationen zu konsumieren. Wer braucht schon politische Informationen, wenn man sich stattdessen lustige Memes ansehen kann? Das mangelnde Interesse an dem, was sich in Europa und in der Welt tut, kann verschiedene Gründe haben, zum Beispiel mangelndes Vertrauen in die Politik, ein Gefühl der Machtlosigkeit oder Unempfindlichkeit gegenüber politischen Entscheidungsprozessen. Viele junge Menschen haben das Gefühl, dass die EU-Politik zu weit von ihrer eigenen Realität entfernt ist.

Trotz der Bedeutung des Europäischen Parlaments als einziges direkt gewähltes supranationales Gremium sehen die Wählerinnen und Wähler keine wesentliche Verbesserung seiner demokratischen Legitimation. Aber sie brauchen die Problemlösung komplexer Probleme wie Flüchtlinge, Jugendarbeitslosigkeit, Energiepolitik, Umweltschutz und globale Bedrohungen. Relativer

Wohlstand, Gesundheit und Frieden, kurz, die europäische Zukunft steht auf dem Spiel, wenn die europäische Gemeinschaft die Schwierigkeiten nicht bekämpft. Dies kann nur gemeinsam erreicht werden, nicht durch Einzelmaßnahmen. Naturkatastrophen sind überall auf der Welt zu spüren, Erdbeben, Dürren, Hunger, Wasserknappheit, und sie kommen plötzlich, wie der Fachausdruck sagt, disruptiv.

Zu allem Überdruss nehmen Kriege, Angriffe auf die Freiheit der Menschenrechte von allen Seiten zu. Europa als Ganzes sollte nicht ideologisch, sondern idealistisch vorgehen und sich auf die Förderung von Einheit, Zusammenarbeit und Fortschritt für alle seine Mitgliedsländer konzentrieren. Mit einem idealistischen Ansatz kann Europa auf gemeinsame Ziele und Werte hinarbeiten, die allen seinen Bürgern zugute kommen, anstatt sich in individuellen ideologischen Differenzen zu verzetteln. Dies kann dazu beitragen, eine stärkere

Europäische Union mit größerem Zusammenhalt zu schaffen, die die Herausforderungen gemeinsam mit allen Mitgliedern bewältigen kann.

Die europäischen Politiker/Innen müssen die demokratischen Werte hochhalten, die Menschenrechte verteidigen und die Rechtsstaatlichkeit stärken. Sie müssen der Desinformation entgegenwirken, die Wahlsysteme schützen und die Transparenz bei der Entscheidungsfindung fördern. Für die Bürger/Innen ist es wichtig, wachsam und informiert zu bleiben und sich in den politischen Prozess einzubringen, um die Demokratie und das europäische Projekt für künftige Generationen zu sichern. Wo wird Europa im Jahr 2040 stehen? Dies könnte bereits im Jahr 2030 voraussehbar sein. Unabhängigkeit, Freiheit und Wohlstand haben ihren Preis. Es wird erwartet, dass sich Europa im Jahr 2040 in einem deutlich veränderten geopolitischen Umfeld befinden wird.

Vielleicht haben dann die Vereinigten Staaten möglicherweise ihre Position als führende Weltmacht verloren, während Schwellenländer wie China oder Indien an Einfluss gewinnen. Dies könnte zu neuen Allianzen und heftigen Konflikten führen. Europa selbst könnte weiterhin mit wirtschaftlichen Herausforderungen wie einer alternden Bevölkerung, einem Mangel an Fachkräften und den Folgen des Klimawandels konfrontiert sein. Trotz allem sollte sich die EU weiterentwickeln und eine stärkere Rolle in internationalen Angelegenheiten spielen. Doch sind gleichzeitig die Unabhängigkeit und der Wohlstand Europas durch populistische Bewegungen, Terrorismus und Cyberangriffe bedroht. Für Europa ist es daher weiterhin wichtig, intensiv zusammenzuhalten und gemeinsame Lösungen für diese Herausforderungen zu finden. Die bevorstehenden Aufgaben liegen ziemlich klar auf dem Tisch. Zu den wichtigsten Prioritäten zählen

Europas Sicherheits- und Verteidigungsfähigkeiten, die Wirtschaftswachstum und Innovation, die Bewältigung von Klimawandel und Umweltbedrohungen, die Kontrolle von Migrations- und Flüchtlingsströmen. Ein erstarrtes Demokratie-System, das sich immer mehr von Lobbyisten oder extremistischen Realitätsverweigern beeindrucken lässt, schwächt den existenziell systemischen Prozess.

Die Analyse der europäischen Politik im Kontext der Europawahlen und der gemeinsamen Zukunft angesichts aufkommender globaler Unruhen ist zweifellos ein aufschlussreiches Thema. Das Wahlstimmungsbarometer übersieht oft den Einfluss der Medien und der politischen Propaganda auf die Entscheidungsfindung der Wähler. Die Wähler werden durch voreingenommene oder irreführende Informationen beeinflusst, die von politischen Parteien und Medien verbreitet werden, was ihre Wahrnehmung und letztendlich ihre

Wahlentscheidungen verzerren kann.

Die emotionalen und psychologischen Faktoren, die im Vorfeld einer Wahl eine Rolle spielen, werden oft unterschätzt. Zukunftsangst, Wut und Frustration können alle eine wichtige Rolle bei der Gestaltung der Entscheidungen der Wähler spielen und dazu führen, dass sie an der Wahlurne impulsive oder irrationale Entscheidungen treffen. Europawahlen sind für die Demokratie der Union von entscheidender Bedeutung und haben Auswirkungen auf die politische Ausrichtung und Entscheidungsfindung. Sie spiegeln die politische Stimmung und die Anliegen der Bürger in den verschiedenen Mitgliedsländern wider. In Zeiten von zunehmender globaler Unsicherheit wie geopolitischer Spannungen, wirtschaftlicher Herausforderungen, Klimawandel und technologischer Veränderungen ist die EU stark gefordert. Europäische Länder können nur gemeinsam wirksam handeln. Sie stehen vor komplexen

Problemen, die eine koordinierte Reaktion erfordern.

Die EU-Mitglieder – ob diese letztendlich von Nationalstaaten bereitgestellt werden, ist eine andere Frage – müssen ihre Zusammenarbeit stärken, um gemeinsame Strategien in Bereichen wie Klimaschutz, Handel, Sicherheit und Technologieentwicklung auf die Tagesordnung zu bringen. Europawahlen sind ein wichtiger Akt der europäischen Zivilgesellschaft, um die Zukunft und Richtung des Kontinents zu bestimmen. Durch die Teilnahme an den Wahlen leisten die Bürger zur Stärkung der Demokratie in der EU ihren Beitrag und sorgen dafür, dass ihre Stimme gehört wird. Es ist wichtig, die EU-Wahlen ernst zu nehmen und sie nicht einfach als Protestwahl oder Nebensache abzutun, da die EU-Institutionen in verschiedenen Politikbereichen wie Wirtschaft, Umwelt, Sicherheit und Außenpolitik eine dominierende Rolle spielen. Die im Europäischen Parlament getroffenen Entscheidungen haben unmittelbare Auswirkungen auf das tägliche Leben der Bürger in den kleinsten Einheiten Europas, den Kommunen.

Daher ist es wichtig, sich über die Kandidaten und ihre politischen Programme zu informieren, um eine fundierte Entscheidung treffen zu können. Ein sorgfältiger Mix aus Zutaten wie Rationalitätsvielfalt gepaart mit einer Prise Demokratie wäre ein Rezept zur Stärkung des europäischen Projekts. In Zeiten des Extremismus ist es wichtig, dass die Europäer zusammenhalten und dafür sorgen, dass ihr sozialer Kuchen bunt und vor allem äußerst lecker bleibt.

Politisch ungebildete Personen haben oft Schwierigkeiten, komplexe Nachrichten und Probleme zu verstehen. Dennoch gehen sie ohne ausreichende Kenntnisse zur Wahl. Aber natürlich haben alle die Möglichkeit, sich weiterzubilden, obwohl – wer hat schon endlose Muße und Zugang zu unvoreingenommenen Informationen? In diesen entsetzlich dichten Zeiten voller Desinformation und Fake News ist es wichtiger denn je, informiert zu bleiben. Schließlich ist es nur ein kleiner Preis für eine funktionierende Demokratie, durch ein Meer irreführender Schlagzeilen und offener Lügen zu waten.

Was bedeutet europäische Politik? Nur wenn die europäischen Prioritäten anerkannt werden, sind auch die Interessen kleinerer europäischer Einheiten erfüllbar. Was im Kleinen nicht klappt, wird es im Großen schwierig zu konzipieren sein. So klein Europa in den Einheiten auch sein mag, in seiner Gesamtheit hat es einen Reichtum, einen Wert und ein Wirtschaftspotenzial, die es zu erhalten gilt. Wenn einige der Zeichen nicht gut stehen, müssen sie noch stärker geformt werden. So wie wenn Spieler einer Fußballmannschaft krank sind, gibt das ein schlechtes Zeichen. Dem wird durch das Streben nach Erholung und einer Änderung der Strategien begegnet.

Wenn die Politik sich darin wohl fühlt, krank zu bleiben, wird sie scheitern.

Wenn Wirtschaft und Industrie auf der Höhe der Zeit sein wollen, müssen sich auch die politischen Systeme anpassen. Die EU ist eine Konstruktion sui generis, die sich von der der Vereinigten Staaten von Amerika deutlich unterscheidet. Um dem destruktiven Zwei-Kammer-Dilemma vorzubeugen, ist es inEuropa möglich, auf eine andere Metaebene vorzudringen, nämlich die der Makroregionen. Diese könnten auch zu Personalunionen mit anderen Ländern übergehen. In jedem Fall sollten etablierte Regionen die Kommunikationskanäle zu den kleinsten Einheiten, den Kommunen, stärken, optimieren und aufrechterhalten. Dies ist der beste Weg, Sicherheit und Nachhaltigkeit zu fördern. Durch die Vernetzung der Zusammenarbeit auf regionaler und globaler Ebene wird die Legitimation der europäischen Organisation sichergestellt. Die kleinen

Einheiten haben somit ihren bedeutenden Anteil am Gesamtkonzept und tragen dazu bei, dass die Interessen und Bedürfnisse aller Stakeholder berücksichtigt werden.

In jedem Fall sollten die angedachten Regionen die Kommunikationskanäle zu den kleinsten Einheiten, den Kommunen, stärken, optimieren und aufrechterhalten. Darüber hinaus steht Europa vor der Aufgabe, in Schlüsselbereichen, wie der digitalen Transformation, mit den USA und China Schritt zu halten. Ohne ein koordiniertes Vorgehen und gebündelte Ressourcen droht sonst die EU ins Hintertreffen zu geraten. Die Finanzierung des Wiederaufbauplans durch gemeinsame Anleihen und neue EU-Eigenmittel wie eine Digitalsteuer oder CO_2-Grenzabgabe, ist ein weiteres Beispiel dafür, wie eine stärkere Integration die Handlungsfähigkeit Europas erhöhen kann. Diese Maßnahmen machen die EU unabhängiger von Beiträgen der einzelnen Mitgliedstaaten und somit flexibler in Krisenzeiten.

Da das Konzept der großen Regionen darauf abzielt, die Verwaltung zu straffen, wird der bürokratische Aufwand durch die Schaffung transnationaler Verwaltungseinheiten verringert. Durch den Abbau von Bürokratie beschleunigen sich Entscheidungsprozesse und die Umsetzung von politischen Maßnahmen ist effizienter durchführbar. Große Regionen, die über die nationalen Grenzen hinausgehen, könnten eine stärkere Zusammenarbeit und Integration zwischen den neu strukturierten Mitgliedern der EU fördern und ein einheitlicheres Vorgehen bei gemeinsamen Herausforderungen ermöglichen. Die Sicherstellung, dass Gemeinden und kleinere Verwaltungseinheiten in den Makro-Regionen gut vertreten sind, verbessert den Informationsfluss. Dieser Bottom-up-Ansatz stellt sicher, dass die lokalen Stimmen spiegelgleich in den Entscheidungsprozess integriert werden.

Die Gesellschaft darf sich nicht von sensationslüsternen

Medienberichten irreführen lassen. Sie zielen bloß auf

Provokation und Skandalisierung ab. Stattdessen sollte sie

sich selbst ermutigen, kritisch zu hinterfragen, was so an

Entscheidungen getroffen wird. Sensationelle

Berichterstattung zieht mehr User an, was dazu führt,

dass selbst seriöse Formate dazu neigen, sich auf

skandalöse oder extreme Inhalte zu konzentrieren. Auch

etablierte Nachrichtenorganisationen können in den

Druck geraten, ihre Berichterstattung zu

sensationalisieren, um wettbewerbsfähig zu bleiben.

Auch hier empfiehlt sich wieder einmal der Einsatz des

Instrumentariums der Evaluierung auf Qualität und

Seriosität der Informationsvermittlung.*)

Pragmatismus und Ehrlichkeit kann in vielen Situationen

hilfreich sein, insbesondere wenn es darum geht,

*) „Evaluieren in Wirtschaft – Poltiik -Institutionen und Medien"
ISBN 9783756228805

239

konkrete Schwierigkeiten schnell und effektiv zu lösen. Dabei dürfen die langfristigen Auswirkungen nicht aus den Augen verloren gehen. Stattdessen ist eine ausgewogene Perspektive zu bevorzugen, die sowohl kurzfristige Bedürfnisse als auch langfristige Ziele berücksichtigt.

Was im Systemdenken den Begriff der Neutralität angeht, ist er vielleicht der deutlichste Ausdruck von Ohnmacht, ein Gütesiegel für Angst und sogar für das Fehlen tieferen Verständnisses und Einsicht. Es steht meist dafür, keine klare Haltung einzunehmen oder Verantwortung übernehmen zu wollen. Aus philosophischer Sicht ist es ein sinnloses Versteckspiel vor der Realität, ein Feigenblatt zum vermeintlichen Schutz, ein Versuch, allen Seiten gegenüber fair zu sein, ungeeignet zur Problemlösung. Meistens wäre es klüger und für die Gesellschaft von Vorteil, eine klare Meinung zu haben und zu dieser zu stehen, anstatt neutral zu verbleiben.

Wer will denn, dass das europäische Projekt zerstört wird? Wenn Rechtsextremisten im Europäischen Parlament das Sagen hätten, würde das zu einer schrecklichen Mischung aus politischem Drama und Komödie führen. Stellen Sie sich vor, Hardliner würden versuchen, ihre Ansichten in einem Raum voller Vielfalt zum Ausdruck zu bringen - das könnte zu einigen ziemlich bizarren Situationen führen. Vielleicht würden sie versuchen, Gesetze zu verabschieden, die so absurd sind, dass sie eher wie ein Sketch in einer Comedy-Show wirken würden. Wie dem auch sei, die Dominanz von Extremisten im Europäischen Parlament hätte schwerwiegende Folgen für das politische Profil und die Werte, für die Europa steht.

Rechtsextremstten befürworten im Allgemeinen eine nationalistische und isolationistische Politik, die das Ziel der EU, Frieden, Solidarität und Zusammenarbeit zwischen ihren Mitgliedstaaten zu fördern, untergraben könnte. Sie könnten auch versuchen, wichtige EU-Institutionen und Abkommen wie den Schengen-Raum oder den Binnenmarkt zu demontieren, was wirtschaftliche und gesellschaftliche Auswirkungen auf die gesamte Union hätte. Die Zivilgesellschaft darf nicht tatenlos zusehen, wie Werte und Freiheiten bedroht werden. Europa muss zusammenarbeiten, um seine Verteidigung zu stärken, sowohl militärisch als auch wirtschaftlich. Europa muss in erneuerbare Energiequellen investieren und die Abhängigkeit von fossilen Brennstoffen verringern. Die wirtschaftlichen Beziehungen zu autoritären Regimen müssen überdacht werden, und Bündnisse mit Demokratien müssen Vorrang haben.

Die extreme Rechte propagiert den Krieg, die extreme Linke ist nicht viel besser, sie propagiert die Weltrevolution. Letztendlich finden sich beide auf der

Straße wieder. Wenn diese dem Mob überlassen wird, werden Chaos und Gesetzlosigkeit jeden Winkel und jede Ritze überschwemmen, bis hinauf zum Kapitol in Washington. Wie ist die Gesellschaft zivilisiert? Die Zivilisation einer Gesellschaft hängt von der aktiven Mitgestaltung ihrer Mitglieder ab. Wenn die Gesellschaft in der Lage ist, Rechtsstaatlichkeit, Bildung, soziale Gerechtigkeit, Gemeinschaft und friedliche Konfliktlösung zu fördern, kann sie den Herausforderungen von Chaos und Gesetzlosigkeit entgegenwirken. Es ist ein fortlaufender Prozess, der Engagement und Zusammenarbeit erfordert, um sicherzustellen, dass die Werte einer zivilisierten Gesellschaft in allen Aspekten des Lebens verankert sind.

Durch die Förderung der Teilnahme an demokratischen Prozessen fühlen sich die Menschen stärker in das System eingebunden und neigen weniger dazu, sich radikalen Alternativen zuzuwenden. Führungskräfte und

Institutionen für ihr Handeln zur Rechenschaft zu ziehen, kann dazu beitragen, das Vertrauen der Öffentlichkeit zu wahren und die Erosion demokratischer Normen zu verhindern. Plattformen in den sozialen Medien können daran arbeiten, die Verbreitung schädlicher und extremistischer Inhalte einzudämmen und gleichzeitig die Grundsätze der freien Meinungsäußerung zu respektieren. Durch die Umsetzung dieser Strategien kann die Gesellschaft darauf hinwirken, angesichts extremer politischer Ideologien Höflichkeit und Ordnung aufrechtzuerhalten. Es ist wichtig, sich daran zu erinnern, dass dies ein fortlaufender Prozess ist, der konsequente Anstrengungen und Anpassung an sich entwickelnde Herausforderungen erfordert.

Auch wenn viele Leute mit der Politik unzufrieden sind, rechtfertigt dies nicht, sich grotesken Ideologien zuzuwenden. Stattdessen sollte der Fokus auf der Stärkung der Demokratie liegen, die für zwingende Werte eintritt. Nur so kann auf Dauer eine Gesellschaft bestehen, in der sich jeder sicher und wertgeschätzt fühlt. Demokratiemüdigkeit und die daraus resultierende Anfälligkeit für extremistische Ideologien sind komplexe Phänomene, die nicht auf eine einzige Ursache zurückgeführt werden können. Stattdessen spielen verschiedene Faktoren eine Rolle, darunter mangelnde politische Bildung, die Unfähigkeit, sich von Extremisten zu distanzieren, und die Suche nach einfachen Antworten auf komplexe Probleme. Politische Bildung steigert die Fähigkeit zum kritischen Denken und ermöglicht es Einzelpersonen, Informationen zu analysieren, Quellen zu hinterfragen und die Nuancen politischer Themen zu verstehen. Ohne diese Fähigkeiten sind Menschen anfälliger für simple und extremistische Narrative. Extremistische Gruppen nutzen häufig sozialen Einfluss und Gruppenzwang, um Mitglieder zu gewinnen und zu halten.

Die heutigen Demagogen ähneln in vielerlei Hinsicht den Manipulatoren der Nazizeit mit berüchtigten Namen wie Goebbels oder Himmler. Sie verlassen sich auch auf vereinfachende Parolen, hasserfüllte Rhetorik und die Behauptung, sie hätten die einzige Lösung. Sie nutzen verschiedene Mittel, um die Massen zu beeinflussen und zu kontrollieren, und zielen dabei gezielt auf Emotionen und Ressentiments ab. Sie zeichnen das Bild einer Gemeinschaft, die nur durch radikale Maßnahmen gerettet werden kann. Komplexe Probleme werden auf einfache Feindbilder und Sündenböcke reduziert. Es entsteht eine schwarz-weiße „Wir gegen sie"-Logik.

Heute wie gestern nutzen Demagogen Massenveranstaltungen, Symbole und Medien, um ihre Botschaften zu verbreiten und eine Atmosphäre gefährlicher Begeisterung zu schaffen. Sie streben danach, ihre Macht zu zentralisieren und jede Opposition zu unterdrücken. Partei, Programm und Leitfigur verschmelzen zu einer Einheit. Um dieser Gefahr entgegenzuwirken, müssen Desinformation und Manipulation frühzeitig erkannt werden. Nur eine überzeugende Aufklärung der Fakten kann den falschen Argumenten entgegenwirken und eine positive Vision für die Zukunft entwickeln. Nur so kann der Aufstieg des Despotismus wirksam verhindert werden. Wer möchte sich dem verschließen oder wer kann anderes tun?

Während sich einige in der Gesellschaft mit den lästigen Details der Realität herumschlagen, haben andere die bemerkenswerte Fähigkeit entwickelt, alles, was nicht in ihre vorgefertigte Meinung passt, einfach zu ignorieren. Wenn jemand mit den neuesten wissenschaftlichen Erkenntnissen oder politischen Analysen kommt, stecken Sie einfach Ihre imaginären Ohrstöpsel in die Ohren und singen laut „La la la, ich kann dich nicht hören!" Das ist eine der Möglichkeiten, vorerst von den unangenehmen Wahrheiten nicht gestört zu werden. Für sie sind Fakten überbewertet. Wer braucht schon Beweise, wenn man eine starke Meinung hat? Ein guter Ignorierer weiß, dass es viel einfacher ist, sich auf das zu konzentrieren, was die sozialen Medien zu sagen haben – schließlich ist das Internet der einzige Ort, an dem jeder Esel ein Experte ist. Wenn Ihr Lieblings-Influencer etwas sagt, ist das schließlich die einzige Wahrheit, die zählt.

Ein wichtiger Aspekt des Ignorierens ist die selektive Wahrnehmung. Wenn jemand sagt, dass Despotismus im Anmarsch ist, schauen viele einfach in die andere Richtung und tun, als ob Sie sich für die neuesten Songs in der Musikgeschichte interessieren. Es ist erstaunlich, wie viele Probleme sich auflösen, wenn man einfach in eine andere Richtung hinein hört. Schließlich ist es viel einfacher, sich in seine eigene kleine Welt zurückzuziehen, als sich mit den Herausforderungen der Realität auseinanderzusetzen. Das Universum wird sich schon um den Rest kümmern. Ein Hoch auf die Ignoranz.

Die Tendenz von Menschen mit eingeschränkter intellektueller Perspektive, die sich dem wirtschaftlichen Fortschritt widersetzen, breitet sich aus. Die Verherrlichung des Schreiens auf den Jahrmärkten des unzivilisierten Konsumismus hingegen ist ein starker Anreiz für strenge Diktaturen, ihrem Territorium einen moralischen Hut aufzusetzen. Daran ist auch die westliche Zivilgesellschaft nicht ganz unschuldig. Kein Wunder, wenn die Reaktion darauf in Angriffe und Drohungen ausartet

Durch Bildung erworbene Fähigkeiten auf welchem Gebiet auch immer, befähigen die Lernenden, Probleme zu analysieren, fundierte Entscheidungen zu treffen. Dies wird umso gefragter, wenn ein sinnvoller Dialog geführt werden soll, um soziale, wirtschaftliche, politische und ökologische Probleme zu lösen. Armut, Kriminalität und Umweltverschmutzung sind oft das Ergebnis politischer Entscheidungen, bei denen kritisches Denken und Sorgfalt fehlten. Die Bildung wird zu einem wichtigen Motor des Wandels, der dafür sorgt, dass wirtschaftliche Praktiken auf ihre Nachhaltigkeit hin überprüft und überarbeitet werden. Der Übergang zu einer wissensbasierten Wirtschaft hat die Bildung zu einem wesentlichen Faktor für den individuellen und sozialen Fortschritt gemacht. Die heutigen Bildungssysteme vermitteln im Grunde genommen hochwertige Qualifikationen, um den Anforderungen der zunehmend spezialisierten Arbeitsplätze gerecht zu werden.

Personen, denen es an starken politischen Überzeugungen oder einem klaren Verständnis demokratischer Werte mangelt, fällt es schwer, tückischen Einflüssen zu widerstehen. Der Aufstieg der sozialen Medien hat zur Schaffung von Echokammern geführt, in denen Einzelpersonen nur Informationen ausgesetzt sind, die ihre bestehenden Überzeugungen bekräftigen. Dadurch wird verhindert, dass Menschen sich von extremistischen Ideologien distanzieren und alternative Standpunkte in Betracht ziehen. In Zeiten wirtschaftlicher Not oder sozialer Veränderungen suchen Menschen möglicherweise nach einfachen Erklärungen für ihre Probleme. Extremistische Ideologien bieten diese einfachen, wenn auch fehlgeleiteten Angebote für komplexe Probleme, was sie für diejenigen attraktiv macht, die sich unsicher oder entrechtet fühlen. Es zeigt intellektuelle Unreife und Unwissenheit, wenn man von rücksichtslosen Argumenten mitgerissen wird. Unreife Menschen, die ihre Identität noch entwickeln, sind anfällig für Ideologien. Extremistische Gruppen nutzen diese Verletzlichkeit aus, indem sie ein Gefühl von Gemeinschaft vermitteln, ohne dass Einzelpersonen die Auswirkungen vollständig verstehen. Dies vermittelt ein falsches Sinn- und Zugehörigkeitsgefühl, das für diejenigen, die mit ihrer Identität kämpfen, sehr ansprechend sein kann.

Das Vertrauen in diejenigen, die im Chaos gedeihen, kann zu gesellschaftlicher Instabilität und Unordnung führen und die Grundlagen einer strukturierten und friedlichen Gemeinschaft untergraben. Etablierte Normen und Werte werden ausgehöhlt, was zu einem Verlust des sozialen Zusammenhalts und einer Zunahme von Konflikten führt. Diejenigen, die repressive Regime oder Ideologien unterstützen, stellen ihre Macht oft über die Rechte des Einzelnen, was zu weit verbreiteten Menschenrechtsverletzungen führt. Freiheiten wie die Rede-, Versammlungs- und Pressefreiheit sind eingeschränkt, abweichende Meinungen und kritisches Denken werden unterdrückt. Denjenigen, die im Chaos gedeihen, fehlt es oft an der Fähigkeit oder dem Willen, Ressourcen effektiv zu verwalten, was zu wirtschaftlicher Misswirtschaft und Niedergang führt. Unterdrückerische Regime neigen dazu, ein Umfeld der Korruption zu schaffen, das das Wirtschaftswachstum und die gerechte Verteilung der Ressourcen weiter schwächt.

Wer braucht schon Freiheit, wenn man die Macht hat, andere zu unterdrücken? Repressive Regime und Ideologien sind die wahren Helden des Chaos. Sie bringen Ordnung, indem sie abweichende Meinungen und kritisches Denken unterdrücken. Schließlich ist es viel einfacher, eine homogene Gesellschaft zu schaffen, in der alle gleich denken und handeln – das ist der wahre Schlüssel zu einem harmonischen Leben, oder ist es doch anders?

Die Zunahme extremistischer Parteien auf der politischen Bühne in Europa in den letzten Jahren ist ein besorgniserregendes Phänomen. Sowohl linke als auch rechte Gruppen haben eine europafeindliche Agenda verfolgt, die auf nationalistischen und antiglobalistischen Ideologien basiert. Die linken Parteien betrachten die EU oft als Instrument des kapitalistischen Systems, das die soziale Ungleichheit verschärft und die Interessen der

Arbeiterklasse vernachlässigt. Sie fordern daher eine tiefgreifende Revolution in den europäischen Institutionen, um die Macht wirtschaftlicher Fragen einzuschränken und soziale Gerechtigkeit zu fördern. Am Gegenpol haben rechtsextreme Parteien Europa als Bedrohung für die nationale Identität und Souveränität dargestellt. Sie argumentieren, dass die EU die nationale Selbstbestimmung einschränkt und die Interessen der europäischen Bürger zugunsten einer föderalen Struktur vernachlässigt. Beide Seiten haben versucht, die wachsende Unzufriedenheit mit der politischen Elite und die zunehmende Globalisierung für die Verbreitung ihrer antieuropäischen Botschaften auszunutzen. Sie haben mit populistischer Rhetorik Ängste und Vorurteile in der Bevölkerung geschürt und eine Spaltung zwischen europäischen Ländern und Bürgern provoziert.

China und Russland haben ein Interesse an einem geschwächten Europa, da es ihre eigenen geopolitischen

Ziele fördert. China will seine politische und wirtschaftliche Macht in Europa ausbauen, während Russland versucht, die europäischen Länder zu spalten und zu schwächen, um den eigenen Einfluss in der Region zu stärken. Daher ist es für Europa äußerst wichtig, wachsam zu bleiben und bei der Bekämpfung extremistischer Parteien und antieuropäischer Kräfte zusammenzuhalten. Nur eine starke Europäische Union kann die Ziele der Souveränität und Sicherheit des Kontinents gewährleisten und externen und internen Bedrohungen erfolgreich begegnen.

Wenn Militärexperten sagen, dass Präsident Putin bereits im Jahr 2029 durchaus in der Lage sein wird, NATO-Staaten anzugreifen, ist es ziemlich naiv, wenn man Ruhe bewahrt und die Möglichkeit einer solchen Annahme ausschließt. Die allgemeine Verteidigungs- und Sicherheitsstrategie muss das Potenzial für feindselige Aktionen seitens repressiver Systeme berücksichtigen. Es müssen proaktive Maßnahmen ergriffen werden, um solche Aggressionen zu verhindern. Es wäre ein gefährlicher Fehler, die Warnungen von Militär- und Politikexperten zu ignorieren und davon auszugehen, dass eine solche Drohung nicht glaubwürdig ist. Dennoch scheint der russische Präsident Putin die NATO weniger zu fürchten als das nach Freiheit strebende eigene Volk. Was 2004 bei der „Orangenen Revolution" auf dem Maidan in Kiew geschah, fürchtet Putin, dass es auch an der Moskwa passieren könnte. Die Revolution in der Ukraine galt als Beispiel für den Wunsch der Bevölkerung nach demokratischen Reformen und die Ablehnung autoritärer Regierungen.

Durch eine enge Koordinierung im militärischen Bereich will die EU eine sicherere und friedlichere Welt schaffen. Die Unterstützung durch externe Partner wie die NATO ist nützlich, um die gemeinsame Sicherheit und Verteidigung zu gewährleisten. Es besteht das Potenzial für eine

Zusammenarbeit und Komplementarität zwischen der EU und der NATO, um gemeinsame Bedrohungen anzugehen. Unterdrückung auf der politischen Bühne ist oft die Motivation dafür, dass die positiven Kräfte zusammenkommen. Ohne die Expansionsbestrebungen der Sowjetunion hätte es in der Geschichte nie eine NATO gegeben. Ohne die Blockade Berlins 1948, ohne die Niederschlagung Ungarns 1956 und die Niederschlagung des „Prager Frühlings" 1968 gäbe es die NATO in ihrer heutigen Form nicht. Ohne Putins Aggressionsakte hätte es kein Wiederaufleben der NATO gegeben. Die Wahl zwischen Sklaverei und Freiheit, wie sie der große Europäer Adenauer sah, wird heute wieder immer wichtiger.

Doch das durch politische, wirtschaftliche und soziale Probleme geprägte europäische Dilemma hat zu zunehmenden Unsicherheiten geführt. Die Situation verdeutlicht die Hürden, vor denen Europa steht:

wirtschaftliche Unsicherheit, Einwanderungs- und Flüchtlingskrise, das Aufkommen von Gefahren seitens populistischer und nationalistischer Bewegungen, die Auswirkungen des Klimawandels mit häufigeren Extremwetterereignissen und die Notwendigkeit des Übergangs zu einer nachhaltigeren Wirtschaft. In den Außenbeziehungen hat das Europäische Parlament zentrale Probleme wie Ernährungsunsicherheit, Großmachtkonkurrenz in Afrika und Menschenrechtsverletzungen durch Privatunternehmen identifiziert. Darüber hinaus sind die aktiven Maßnahmen Russlands zur Destabilisierung von Regierungen und Gesellschaften ein enormer Störfaktor. Es wird betont, dass Europa seine Schwächen angehen und die Angriffe verstehen muss, die Russlands politische Kriegstaktiken mit sich bringen.

Als Reaktion auf die wachsende Bedrohung durch autoritäre Regime kann Europa verschiedene

Maßnahmen ergreifen. Erstens muss Europa seine Einheit und Zusammenarbeit stärken, um wirksam auf gemeinsame Herausforderungen reagieren zu können. Dazu gehören der Aufbau einer kohärenteren Verteidigungs- und Sicherheitsstrategie sowie die Erhöhung der Investitionen in Technologie und Innovation, um im globalen Wettbewerb zu bleiben. Europa muss sich auf die Diversifizierung seiner Energiequellen konzentrieren und die Abhängigkeit von autoritären Regimen bei der Energieversorgung verringern. Dies wird durch Investitionen in erneuerbare Energiequellen und die Förderung der Energieeffizienz erreicht. Für die europäischen Völker ist es von entscheidender Bedeutung, zu verstehen, wie wichtig es ist, ihre Werte, Freiheiten und Demokratie angesichts autoritärer Bedrohungen zu verteidigen. Dies verlangt mehr Bewusstsein, Einigkeit und Maßnahmen, um eine sichere und erfolgreiche Zukunft für Europa voranzubringen.

Außenpolitik und insbesondere internationale Politik haben eindeutig viel mit Nachhaltigkeit zu tun, und zwar nicht nur im globalen Maßstab, sondern implizit für jede einzelne politische Einheit. Deshalb sollten Bürger die Gelegenheit nutzen, sich über internationale Angelegenheiten zu informieren und Kandidaten und Parteien zu unterstützen, die nach ihrer Ansicht eine verantwortungsvolle und zukunftsorientierte Außenpolitik verfolgen. Mit ihrer Stimme an der Wahlurne sind sie mitverantwortlich dafür, dass ihre Länder in einer globalisierten Welt erfolgreich und zukunftsfähig bleiben.

Ein offener Dialog und die Bereitschaft, unterschiedliche Standpunkte anzuhören, sind für eine demokratische und integrative Gesellschaft von entscheidender Bedeutung. In einer globalisierten Welt, die von unterschiedlichen Meinungen und Perspektiven geprägt ist, ist es wichtig,

Brücken der Verständigung zu bauen und gemeinsame Lösungen zu finden. Das bedeutet, respektvoll zuzuhören, nach Beweisen und Fakten zu suchen und sich auf gemeinsame Ziele zu konzentrieren. Die Förderung von Bildung, kritischem Denken und Medienkompetenz sind Schlüsselaspekte, um Menschen in die Lage zu versetzen, fundierte Entscheidungen zu treffen und sich aktiv an der Gestaltung ihrer Gemeinschaften zu beteiligen. Indem sie Menschen mit den Fähigkeiten ausstatten, Informationsquellen kritisch zu bewerten, Fehlinformationen zu widerstehen und sich sinnvoll am öffentlichen Diskurs zu beteiligen, spielen Initiativen zur Medienkompetenz eine wesentliche Rolle bei der Wahrung der Integrität von Informationen und der Förderung der Transparenz beim Medienkonsum.

Politisch motivierter Extremismus basiert auf extremistischer politischer Unlogik, während ideologischer Terrorismus auch von radikalen

Überzeugungen angetrieben wird, die Hass und Gewalt rechtfertigen. „Was ist übertragbar und wo gibt man auf?" bezieht sich auf die Fähigkeit, Informationen, Ideen oder Gefühle so zu kommunizieren, dass sie von anderen verstanden werden können. Selbst in den USA finden sich die gegen die Realität aufbegehrenden Verschwörungstheoretiker nicht nur unter den Rechtsextremisten. In der Demokratischen Partei ist der linksextremistische Rand mindestens ebenso damit beschäftigt, die Weltordnung abzubauen.

Wie reagiert man auf solche Angriffe auf die Gesellschaft? Der Satz „Wo gibt man auf?" kann je nach Kontext unterschiedliche Bedeutungen haben. Aufgeben bedeutet, sowohl eine Aufgabe nicht lösen zu können als auch keine Hoffnung auf Erfolg haben. „Wo gibt man in der internationalen Politik auf?" hängt davon ab, wann politische Akteure ihre Bemühungen oder Verhandlungen in einem bestimmten Bereich oder zu einem bestimmten

Thema aufgeben. Wenn Länder irgeneiner

Einschüchterung nachgeben, laufen sie Gefahr, ihre

Souveränität zu untergraben, ihre Interessen zu

gefährden und einen gefährlichen Präzedenzfall für

zukünftige Interaktionen zu schaffen. Es untergräbt auch

das Vertrauen, eskaliert die Spannungen und führt zu

einem Kreislauf von Vergeltungsmaßnahmen, die

schwerwiegende negative Folgen für die globale Stabilität

und Sicherheit nach sich ziehen. Kapitulation ist eine

inakzeptable Haltung in der internationalen Politik, weil

sie sowohl Souveränität als auch Sicherheit und

Verhandlungsposition schwächt. Stattdessen sollten sich

politische Führer auf strategische und proaktive

Diplomatie verlassen, um ihre Interessen zu schützen und

die internationale Stabilität zu fördern. Durch

prinzipienbasierte Verhandlungen, Stärkung der

Verhandlungsmacht, langfristige strategische Planung,

Widerstandsfähigkeit und die Förderung internationaler

Normen können politische Akteure effektiv auf die

Herausforderungen reagieren und ihre Position festigen.

Der grundlegende diplomatische Dialog in Verhandlungen und Verträgen ermöglicht es, Interessen zu vermitteln und Vereinbarungen auszuhandeln. Diplomatie sollte Streitigkeiten, solange sie nicht das letzte Stadium eines Konflikts erreicht haben, abfedern können. Internationale Normen und Standards wie die Menschenrechte und die Umweltpolitik sind zentrale Bereiche, in denen die Kommunikation eine wichtige Rolle spielt. Die Kunst der Diplomatie muss lange vor einem Konflikt einsetzen. Der kriegerische Konflikt selbst liegt dann in der Verantwortung der militärischen Leistung. Danach ist es wieder Aufgabe der Diplomatie, eine akzeptable Lösung herbeizuführen. Mediatoren-Gruppierungen können sich für die weltweite Einhaltung von Menschenrechtsstandards einsetzen und Konfliktparteien auch zur Rechenschaft ziehen. Ähnlich sind die Ansprüche, wenn die Kommunikation über globale Umweltfragen, über den Klimawandel oder zu internationalen Abkommen läuft. Nicht zu unterschätzen ist der Aspekt des kulturellen Austausches, der oft auch als Soft Power bezeichnet wird. Regierungen nutzen die Kulturdiplomatie, um gegenseitiges Verständnis und Einfluss zu pushen. Und nicht zuletzt profitieren Wirtschafts- und Handelsbeziehungen von einem klar geführten Kommunikationsaustausch.

Die aufregende Welt der Diplomatie vermeidet jedoch keine Konflikte, indem sie herannahende Schlechtwetterwolken die längste Zeit ignoriert. - bis es zu spät ist. Oder sind es die Bundesregierungen, die aufgrund ihrer Besserwisserei daran schuld sind, wenn trotz zahlreicher konkreter Signale falsch entschieden wurde. „Es war alles nur ein Missverständnis" ist dann die Ausrede, wenn die Dinge so lange hinausgezögert werden, bis sie explodieren. Dann ist leicht gesagt, dass man es nicht kommen sah. Und so gibt es auch genug verpatzte Möglichkdeiten aufgrund unentschuldbarer Entscheidungen. „Warum sich mit unangenehmen Themen wie politischen Spannungen auseinandersetzen, wenn man stattdessen in Politik und Diplomatie über das Wetter plaudern kann?" Schließlich könnte die beste Diplomatie die sein, die die Realität einfach ausblendet. „Spannungen zwischen den Ländern? Wir haben nichts gehört!". Es ist das Schlusswort einer perfekten Komödie, wenn da nicht die Traurigkeit des Leidens eines ganzen Volkes und die Bedrohung eines Kontinents wären.

Der Ausbruch des Ukraine-Kriegs im Jahr 2014, gefolgt von der Eskalation im Jahr 2022, ist so ein Ergebnis einer komplexen Mischung aus politischen, historischen, wirtschaftlichen und sozialen Faktoren, die sich konkret schon lange angekündigt haben und die geflissentlich übersehen worden sind. Worin bestanden die Fehler? Warum wurden eigentlich die russischen Ambitionen unterschätzt? Das Bestreben Russlands, "russische Erde zu sammeln", war schon vor dem Georgien-Krieg 2008 bekannt, wurde aber nicht ernst genug genommen. Diese Fehler verdeutlichen die Komplexität von Situationen und die Notwendigkeit eines umfassenderen Verständnisses der politischen Dynamiken und Prozesse. Es ist höchste Zeit für eine Politik am Level des 21. Jahrhunderts, endlich strikte Kontrollmechanismen zur Beurteilung von Situationen und Qualität des politischen Personals einzuführen, „hic et nunc", „hier und jetzt".. Letztlich war es die Saat althergebrachter politischer Mentalität, die bürokratisches Feeling über politische Management-Kapazität stellte. Wann wird sich der Reform-Wille durchsetzen? In einem modernen Europa gäbe es die Chance, den Modus auf zukunftsorientiertes Handeln und Denken umzustellen. Wird sie auch wahrgenommen? Die proaktiveren und koordinierteren Antworten lassen noch auf sich warten.

Wenn der Konflikt schließlich in vollem Gange ist, will die

Diplomatie wieder aktiv werden – diesmal, um eine „akzeptable Lösung" zu finden. Diese Lösungen sind in der Regel so vage, dass niemand wirklich weiß, was sie bedeuten. „Lassen Sie uns einfach alle an einen Tisch setzen und einen Kompromiss finden" - der für niemanden wirklich funktioniert. Das ist die Quintessenz falscher Entscheidungen: alle sind unzufrieden, aber jeder will das Gesicht wahren. Es ist einer der konkreten Punkte, an denen Philosophie die Politik berührt.

Trotz der Bedeutung von Kommunikation gibt es etliche Faktoren, die ihre Wirksamkeit einschränken können. Nationale Interessen und Souveränität führen gewöhnlich zu widersprüchlichen Interessen, die nicht einfach durch Dialog in Einklang gebracht werden können, wie zum Beispiel Territorialstreitigkeiten. Länder widersetzen sich im ersten Affekt einer externen Einflussnahme auf Themen, die sie als Kernaspekte ihrer Souveränität betrachten. Ideologische Unterschiede, beispielsweise zwischen politischen Systemen wie Demokratien gegenüber autoritären Regimen oder kulturellen Werten, sind ebenfalls hohe Hürden zum gegenseitigen Verständnis. Misstrauen und Sicherheitsbedenken aufgrund historischer Feindseligkeiten erfordern ein Umdenken. Die durch Geheimhaltung bedingte mangelnde Transparenz behindert nur den offenen Dialog.

Propaganda und Fehlinformationen, einschließlich Desinformationskampagnen und Medienmanipulation, stören den internationalen Informationsaustausch. Hartnäckige Konflikte, insbesondere solche, die in tiefen ethnischen oder religiösen Spaltungen verwurzelt sind, werden möglicherweise nicht durch Dialog allein gelöst werden. Situationen, in denen eine Einigung von den Beteiligten als unerwünscht angesehen wird, führen zu einer Pattsituation. Während nachhaltige diplomatische Bemühungen von entscheidender Bedeutung sind, gibt es

Fälle, in denen traditionelle Kommunikationskanäle neu bewertet oder durch andere Strategien ergänzt werden müssen.

Anhaltende Nichtkooperation, bei der eine Partei sich konsequent weigert, sich in gutem Glauben zu engagieren, erfordert alternative Vorgehensweisen, einschließlich Sanktionen oder internationale Schiedsverfahren. Sollten diplomatische Bemühungen scheitern und die Situation zu einem bewaffneten Konflikt oder einer schweren humanitären Krise eskalieren, könnten stärkere internationale Interventionen wie Friedenssicherungs- und humanitäre Hilfsmissionen Abhilfe schaffen. Wenn der Dialog in eine Sackgasse gerät, wird es notwendig sein, die Strategie zu ändern, etwa neue Mediatoren hinzuzuziehen, die Kommunikation über die Hinterkanäle zu prüfen oder durch Koalitionen internationalen Druck auszuüben. Der Umgang mit religiös fanatischen Formationen wie

Hisbollah, Hamas, den Houthis oder mit theokratischen Staaten wie dem Iran, ist eine enorme Herausforderung. Irans einzigartige Mischung aus radikalem Islamismus, staatlich gefördertem Terrorismus und geopolitischen Ausweitungs-Ambitionen, stellt schwer kalkulierbare Provokationen an die globale Sicherheit und Stabilität dar. Die Ideologie der Islamischen Republik hat tiefgreifende Auswirkungen, die weit über ihre Grenzen hinausgehen und auf den Nahen Osten und die breitere internationale Gemeinschaft ausstrahlen. Die Bewältigung dieser Bedrohung erfordert einen vielschichtigen Ansatz, der diplomatische Bemühungen, Wirtschaftssanktionen oder internationale Zusammenarbeit umfasst, um die destabilisierenden Aktivitäten abzuschwächen und ein stabileres und sichereres globales Umfeld zu fördern.

Diese Formationen und Staaten operieren oft unter tief verwurzelten ideologischen Rahmenbedingungen, die sich den traditionellen diplomatischen und Verhandlungstechniken widersetzen. Wenn Dialog und Friedensgespräche nicht ausreichen, müssen zusätzliche Strategien eingesetzt werden, um die komplexe Dynamik zu bewältigen. Analysten und Verhandlungsführer sollten die historischen, kulturellen und theologischen Grundlagen gut kennen, denn die informellen und diskreten Kommunikationskanäle führen oft zu Ergebnissen, die in formellen Gesprächen nicht möglich sind. Solche Rückkanäle bauen Vertrauen auf und eröffnen Dialoglinien, die schließlich in formellere Verhandlungen münden. Die Bereitstellung humanitärer Hilfe und Entwicklungshilfe demonstriert den guten Willen, das Leben der Menschen in Konfliktgebieten zu verbessern. Dies könnte die Gruppierungen für den Dialog zugänglicher machen. Durch gezielte Sanktionen gegen resistente Führungskräfte wird das Umfeld unter Druck gesetzt. Die Kombination diplomatischer Isolation mit dem Versprechen wirtschaftlicher Anreize für eine

Zusammenarbeit sollte den Erfolg bringen.

Regionale Groß-Mächte haben eventuell ein begründetes Interesse an der Lösung der lokalen Konflikte. Die Einbindung zum Beispiel Saudi-Arabiens, der Türkei oder Ägyptens in Vermittlungen könnte deren Legitimität und Wirksamkeit in der Großregion erhöhen. Vorab sind die sozioökonomischen Missstände anzugehen. Armut, mangelnde Bildung und Arbeitslosigkeit befeuern ja die Radikalisierung extremistischer Ideologien. Eine langfristig angelegte Friedensförderung setzt auf einen umfassenden Versöhnungsprozess, der die Missverständnisse aus der Historie beseitigt.

Die Multiplizität der Konflikte beispielsweise im Irak oder das iranische Atomprogramm, stellen eine ernste Aufgabe an alle Player in der Weltpolitik. Wenn auch die EU als weniger einflussreich wahrgenommen wird, ist ihre Rolle im Hintergrund als Vermittler nicht außer Acht zu lassen.

Die kriegerischen Auseinandersetzungen insbesondere im Nahen Osten, haben zu massiven Flüchtlingsströmen geführt, die Europa immerhin stark betroffen haben. Der momentan realistische Anknüpfungspunkt für die EU ist, in diesen Gebieten humanitäre Hilfe zu leisten und die eigenen Grenzen zu kontrollieren. Europa ist besorgt über Terrorismus, Migration und geopolitische Spannungen. Militärische Kooperationen, Rüstungslieferungen und gemeinsame Sicherheitsinitiativen könnten daher eines Tages wichtige Aspekte der europäischen Politik sein. Auf jeden Fall darf Europa nicht in die Position des Beeinflussens schlüpfen, sondern vielmehr in die Rolle der nachhaltigen Beobachtung und Vermittlung.

Auch geopolitische Spannungen, beispielsweise in Regionen Westafrikas und der Sahelzone, wirken sich auf die europäische Sicherheitsstrategie aus. Politische Instabilität und die Ausbreitung des islamistischen Terrorismus in diesen Gebieten stellen eine Bedrohung dar, die eine intensive internationale Zusammenarbeit erfordert. Diese Einsätze existieren bereits zur Unterstützung der Sicherheitskräfte vor Ort. Der ideologische Kreis des weltumspannenden Kampfes schliesst sich hier wiederum, um nur die Sahelzone, Mali oder Bukina Faso zu erwähnen. Wo bewaffnete Konflikte zunehmend die ohnehin chaotische Lage verschärfen, schrumpft der Einfluss der Vereinten Nationen, während der von Russland zunehmend wächst.

Menschenrechte und Freiheit auf der einen, Tyrannei und Unterdrückung auf der anderen Seite bilden einen Hintergrund der Konfrontation, der ins Philosophische und damit ins Existenzielle reicht. Es müssen ernsthafte Antworten gegeben werden. Natürlich macht es einen Unterschied, ob Millionen Menschen durch Unfälle oder Umweltkatastrophen sterben oder ob sie an Krankheiten aufgrund von Armut oder durch Hinrichtungen aufgrund menschlichen Versagens sterben.

Im Zentrum des moralisch-ethischen Auftrags steht die unbedingte Anerkennung der Menschenwürde jedes Individuums, da jeder Mensch das Recht auf Leben, Freiheit und Sicherheit hat. In den Vereinten Nationen ist dies zwar schriftlich festgelegt, in ihrer Praxis jedoch zur Makulatur verkommen. Darüber hinaus ist der Kampf gegen Ungerechtigkeit und Diskriminierung zentral, um eine gerechte Verteilung von Ressourcen und Chancen zu gewährleisten und soziale Ungleichheit zu bekämpfen. Dies erfordert, einfach ausgedrückt, globale Zusammenarbeit zur Armutsbekämpfung, Verbesserung der Gesundheitsversorgung und Klimaschutz. Bildung hat darin eine Schlüsselrolle, indem sie das Bewusstsein für das Positive herauskristallisiert. Es wird jedoch nicht einfach sein, universelle Prinzipien von Ethik und Moral mit kultureller Sensibilität in Einklang zu bringen. Eine gezielte Entwicklungshilfe würde bei der Schaffung demokratischer Institutionen, Rechtsstaatlichkeit und einer funktionierenden Zivilgesellschaft nützlich sein. Wirtschaftliche Anreize würden sich an die Einhaltung von Menschenrechtsstandards knüpfen.

Welche Verantwortung haben Bürgerinnen und Bürger in Europa für die Aufrechterhaltung positiver Fortschritte sowohl im Inneren als auch im Außenverhältnis? Aktives Engagement beginnt mit der Teilnahme an Wahlen. Dazu gehört auch das Abrufen von Informationen zu den verschiedenen Positionen. Die Teilnahme an öffentlichen oder veröffentlichten Diskussionen erweitert den Pool an politischem Wissen in der Gesellschaft. In der Demokratie werden Transparenz und Rechenschaftspflicht offiziell eingefordert.

E. LEITLINIEN ZUR EXZELLENZ IN DER POLITIK

Es ist herauszufinden, wer an den Grundfesten in der
Welt arbeitet, damit sichergestellt ist, dass es
qualifizierte, ethische und verantwortungsvolle Akteure
und Organisationen gibt. Wenn die Öffentlichkeit
versteht, wer für Gesetze, Infrastruktur, Bildung und
Gesundheitsfürsorge, verantwortlich ist, kann sie auch
diese Personen für ihre Handlungen und Entscheidungen
zur Rechenschaft ziehen. Potenzielle Interessenkonflikte
oder Vorurteile müssen erkannt sein. Dann versteht man
auch die Chancen, die sich der Gesellschaft bieten.

Die Gesellschaft ist durchaus imstande, Dinge zu
verändern. Sie muss nur angeleitet und begleitet werden.
Von wem? Es kommt auf Können, Erfahrung und die
richtige Einschätzung durch die gewählten und ernannten
Führungsteams an. Führungskräfte mit einer klaren,
integrativen Vision inspirieren die Gesellschaft. Die

Umsetzung von Maßnahmen zur Förderung des sozialen Zusammenhalts, der Bildung und der wirtschaftlichen Chancen wird dazu beitragen, die Attraktivität extremistischer Ideologien klein zu halten, sobald die Maßnahmen der Verantwortlichen transparent und gut durchdacht sind. Die Integration der Fähigkeiten in Bildungssysteme befähigt den Einzelnen, Informationen kritisch zu bewerten und extremistischer Propaganda zu widerstehen.

Daher nutzt die Öffentlichkeit die vorhandenen Medien, um sich für die Anzeichen und Gefahren des Extremismus zu sensibilisieren. Beratungs- und Evaluierungsmechanismen helfen, die Anzeiuchen politischer Gefahren zu erkennen. Werden die verschiedenen Elemente der Erkenntnis mit dem nötigen Engagement verbunden, ist es möglich, den Wandel zu steuern und den Einfluss des Extremismus klein zu halten.

In einem rationalen Prozess empfiehlt es sich, zunächst alle Situationen zu untersuchen. Politische Handlungsfelder werden entsprechend der Dringlichkeit der Trends segmentiert und priorisiert. Abweichungen vom Wunschverlauf werden registriert und lokalisiert. Dies ist typischerweise der erste Schritt für politische Führer, politische Entscheidungsträger und Experten auf dem jeweiligen Gebiet. Die Berater identifizieren in ihrer Verantwortung die kritischen Probleme und analysieren Daten, um die bestmöglichen Ergebnisse für die Projekte sicherzustellen. Darüber hinaus werden auch Beiträge von Stakeholdern, der Öffentlichkeit und anderer Stakeholder berücksichtigt.

Rationalitätsmanagement kann als Machtinstrument in den internationalen Beziehungen angesehen werden. Das Konzept erweist sich als eine Möglichkeit, Macht und Einfluss in den internationalen Beziehungen auszuüben. Rationalitätsannahmen werden verwendet, um effiziente

Mittel zur Erzielung wünschenswerter internationaler Ergebnisse zu erkunden, beispielsweise in der Militärstrategie und der Abschreckung. Durch strategische Planung und Umsetzung evidenzbasierter Entscheidungen erhalten die politischen Akteure die Macht, um ihren Einfluss auf der globalen Bühne zu stärken. Dazu gehört die sorgfältige Prüfung aller verfügbaren Informationen zur vernünftigsten Vorgehensweise. Durch den Einsatz rational gemessener Argumente zur Rechtfertigung politischer Entscheidungen erhöhen politische Organisationen ihre Glaubwürdigkeit Akzeptanz ihrer Politik bei anderen Partnern.

Rationalitätsmanagement dient auch dazu, Interessenkonflikte zu minimieren. Dieser Prozess wird durch verschiedene Tools und Techniken wie Risikobewertung, Szenarioplanung und Entscheidungsrahmen implementiert. Mithilfe dieser Instrumente können politische Akteure fundierte

Entscheidungen treffen, die auf Beweisen, Logik und Vernunft statt auf emotionalen oder ideologischen Faktoren basieren. Er kann auch dabei helfen, sich in komplexen und unvorhersehbaren internationalen Umgebungen effektiv zurechtzufinden. Durch die Analyse verschiedener Geschichten und die Wahrnehmung potenzieller Ergebnisse können Entscheidungsträger Herausforderungen und Chancen vorwegnehmen. Dieser proaktive Ansatz hilft politischen Akteuren, immer einen Schritt voraus zu sein und effektiv auf veränderte Umstände zu reagieren. Wo Wissen vorherrscht, sind Erfahrung und Intuition gefragt. Darüber hinaus verbessert Rationalitätsmanagement auch die Transparenz und Rechenschaftspflicht in den internationalen Beziehungen. Durch die klare Begründung ihrer Entscheidungen auf der Grundlage rationaler Analysen bauen politische Akteure Vertrauen bei ihren Partnern und Interessengruppen auf.

Jede sinnvolle Strategie basiert auf proaktiven Bewertungen und Planungsprozessen. Das Hauptziel der politischen Abteilungen besteht darin, die Interessen, Werte und Politiken ihrer jeweiligen Regierung zu fördern. Dies kann die Befürwortung von Gesetzen, das Engagement in der Diplomatie, das Aushandeln internationaler Abkommen und die Vertretung der Interessen auf der globalen Bühne umfassen. Um diese Ziele zu erreichen, müssen die politischen Abteilungen proaktive Bewertungen des politischen Umfelds vornehmen, sowohl im Inland als auch auf internationaler Ebene. Dazu gehören die Analyse von Trends, die Identifizierung potenzieller Bedrohungen und Chancen und die Entwicklung von Strategien zu deren Bewältigung. Dies beinhaltet die Zusammenarbeit mit anderen Behörden, die Beratung mit Interessengruppen und die Durchführung von Untersuchungen und Analysen beinhalten.

Die politischen Abteilungen sollten Planungsprozesse einleiten, um sicherzustellen, dass ihre Aufgaben effektiv umgesetzt werden. Dies beinhaltet die Festlegung messbarer Ziele, die Entwicklung von Aktionsplänen, die Zuteilung von Ressourcen und die Überwachung der Fortschritte bei der Erreichung ihrer Ziele. Die Entwicklung einer effizienten Politik erfordert eine Kombination aus verschiedenen Methoden und Ansätzen. Dazu gehört die Bewertung politischer Optionen, ihrer Durchführbarkeit und ihrer potenziellen Ergebnisse. Der kontinuierliche Aufbau von Kapazitäten bei Regierungsverantwortlichen ist für die Entwicklung einer wirksamen Politik unerlässlich. Die regelmäßige Überwachung und Evaluierung der Umsetzung von Maßnahmen ist entscheidend für die Bewertung ihrer Wirksamkeit und die Vornahme notwendiger Anpassungen. Dies wird durch regelmäßige professionelle Zukunftskonferenzen und eine enge Zusammenarbeit mit Denkfabriken und qualifizierten

Beratern ergänzt, die sich dafür einsetzen, dass die politischen Maßnahmen effizient sind. Letztendlich liegt es an der Leitung und den Mitgliedern jeder einzelnen Institution, diese Modalitäten zu praktizieren.

Think Tanks dienen als wichtige Katalysatoren für Ideen und Maßnahmen und mobilisieren Fachwissen, um Einfluss auf den politischen Entscheidungsprozess zu nehmen. Im optimalen Fall verfügen sie über die Fähigkeit, die politische Fantasie anzuregen, indem sie Ideen vermitteln, die öffentliche Debatte anregen und kreative, aber dennoch praktische Lösungen anbieten. Think Tanks sind keine Evaluierungsagenturen. Beide dienen unterschiedlichen Zwecken und verfügen über unterschiedliche Kapazitäten. Doch für beide ist es von entscheidender Bedeutung, dass ihre Forschung und Empfehlungen glaubwürdig, unabhängig und transparent sind. Dazu gehören die Offenlegung ihrer Finanzierungsquellen und die Sicherstellung der

Qualifikations-Vielfalt ihres Personals. Sie verfügen bisweilen über gute Kontakte zu politischen Entscheidungsträgern. Militärische und politische Lobbyisten verfolgen tendenziell bestimmte Einflussmöglichkeiten. Es ist nicht gut, wenn sich die Prioritäten der Geber in den Empfehlungen widerspiegeln. Deshalb unterliegen die Qualität der Forschung und die zugrunde liegenden Beweggründe gleichermaßen einer regelmäßigen Überprüfung. Damit politische Ratingagenturen eine objektive Rolle spielen können, müssen sie über solide Richtlinien, Verfahren und eine behördliche Aufsicht verfügen.

Zukunfts- Konferenzen bringen Experten aus verschiedenen Bereichen zusammen, um über unterschiedliche Perspektiven zusammenzuarbeiten und ein Brainstorming durchzuführen, was zu einem umfassenderen Verständnis der anstehenden Probleme führt. Sie liefern wertvolle Erkenntnisse und

Empfehlungen auf der Grundlage von Forschungsergebnissen, die politische Entscheidungen und die öffentliche Debatte beeinflussen.

Politikmanager sollten immer einen Schritt voraus sein und ihren Stakeholdern wertvolle Einblicke und Strategien liefern, indem sie sich über aktuelle Trends informieren, innovative Technologien und Datenanalysen nutzen und auf bewährte Verfahren zurückgreifen. Dieses ständige Engagement für Spitzenleistungen und kontinuierliche Verbesserungen ist notwendig, um die Komplexität der modernen Politik zu bewältigen und die Herausforderungen und Chancen zu antizipieren. Wenn in den internationalen Beziehungen etwas schief läuft, ist Reaktion erforderlich.

Konflikte auf internationaler Ebene sind manchmal eng mit der Identität und dem Selbstverständnis der beteiligten Akteure verknüpft. Wenn diese ihr Ansehen bedroht sehen, kann dies zu eskalierenden Konflikten führen. Um solche Konflikte zu entschärfen, ist es wichtig, die Identitäten und Bedürfnisse der Beteiligten zu verstehen und Möglichkeiten der sozialen Resonanz zu schaffen. Soziometrische Analysen decken Machtstrukturen, Allianzen und Spannungen zwischen Akteuren der internationalen Politik auf. So werden beispielsweise Beziehungsmuster zwischen Staaten, Regierungen und Interessengruppen dokumentiert. Diese Erkenntnisse helfen, Konflikte besser zu verstehen und Lösungen zu entwickeln.

In der heutigen Welt, die von oft divergierenden Meinungen und Perspektiven geprägt ist, ist es entscheidend, Brücken des Verständnisses, um gemeinsame Lösungen zu finden. Das bedeutet, zuzuhören, nach Beweisen und Fakten zu suchen und sich auf gemeinsame Ziele zu konzentrieren. Die Förderung von Bildung, kritischem Denken und Medienkompetenz sind zentrale Aspekte, die die politischen Akteure in die Lage zu versetzen, fundierte Entscheidungen zu treffen. Bildung bietet nicht nur Zugang zu unterschiedlichen Perspektiven, sondern lehrt den Einzelnen auch, Informationen kritisch zu bewerten, Annahmen zu hinterfragen und sich mit unterschiedlichen Standpunkten auseinanderzusetzen. Kritische Denkfähigkeiten ermöglichen es dem Professionalisten der Poltik, komplexe Sachverhalte zu analysieren, Beweise abzuwägen und Entscheidungen auf der Grundlage von Rationalität statt auf Vorurteilen oder Fehlinformationen zu treffen.

Für die internationalen Beziehungen stehen mittlerweile viele neue Instrumente zur Verfügung. Sie müssen nur geschickt eingesetzt werden. Sie stehen dafür, dass wir uns zunehmend vom Reaktiven lösen und das Pro-aktive angehen. Um in den internationalen Beziehungen wirklich voranzukommen, ist es wichtig, diese neuen Instrumente bereits im Vorfeld zu nutzen, also auf langfristige und nachhaltige Lösungen hinzuarbeiten, präventive Diplomatie zu betreiben und Probleme anzugehen, bevor sie eskalieren. Es liegt in der Natur der Sache, dass schlampig gelöste Probleme immer wieder auftauchen. Es ist die unglückliche Logik des Kompromisses. Kompromisse sind grundsätzlich nur Vergeltungsmaßnahmen.

Methoden oder Techniken zur Bewertung der Wirksamkeit eines Programms, eines Projekts oder einer Intervention helfen dabei, Daten zu sammeln, Informationen zu analysieren und fundierte Entscheidungen auf der Grundlage der Ergebnisse von Bewertungen zu treffen. Politische Organisationen können spezialisierte Agenturen damit beauftragen, den Erfolg ihrer Programme zu messen, Verbesserungsmöglichkeiten zu identifizieren und datengestützte Entscheidungen zu treffen, um Wirkung und Ergebnisse zu optimieren. Darüber hinaus gibt es Bewertungstechniken, die Informationen über Fähigkeiten, Kenntnisse, Fertigkeiten und Persönlichkeitsmerkmale eines politischen Akteurs sammeln. Diese Tools tragen dazu bei, Verantwortlichkeit, Transparenz und kontinuierliches Lernen innerhalb einer Organisation oder eines Projekts sicherzustellen. Der Qualitätsstandard einer politischen Unit spiegelt sich in seiner Leistung wider. Es ist nicht gut, wenn politische Führer sich nach Wahlerfolgen weniger als qualifizierte Politiker, sondern vielmehr als Vertreter der Wählerstimmen sehen. Ihnen fehlt sicherlich das Gen des Managens und Führens.

Medienkompetenz wird im digitalen Zeitalter, in dem Informationen reichlich vorhanden und leicht zugänglich sind, immer wichtiger. Durch eine verbesserte Medienkompetenz kann man sich in der Vielzahl von Informationsquellen zurechtfinden, zwischen zuverlässigen und unzuverlässigen Quellen unterscheiden und die Glaubwürdigkeit und Genauigkeit von Informationen kritisch bewerten. In diesem Zusammenhang wird deutlich, wie wichtig die Bewertung und die Schaffung gesellschaftlicher Werte sind.

Allerdings gibt es in der internationalen Politik auch intrinsische Elemente, die die Wirksamkeit von Maßnahmen behindern können, etwa die Anwendung ineffektiver Methoden, Täuschung oder psychologische Kriegsführung. Wenn Regierende nicht in der Lage sind, dies zu korrigieren, sollten sie zurüktreten oder für eine Job-Rotation Platz machen. Vor- Und Nachteile von Strukturen verstehen und Sachverhalte korrekt bewerten, bedeutet auch, neue Wagnisse eingehen. Mangelnde kritische Bewertung von Fakten führt zur Akzeptanz von Fehlinformationen. In der breiten Mase ist es die Grundlage von Verschwörungstheorien.

Mangelnde Anpassung äußert sich in übermäßiger Angst und Paranoia und macht den Einzelnen anfälliger für Verschwörungstheorien. Visionäre Rückständigkeit führt zu einem begrenzten Verständnis der Welt, strategische Rückständigkeit äußert sich in Handlungsunlust. Die politischen Entscheidungsträger sind daher moralisch verpflichtet, eine Kultur des kritischen Denkens zu pflegen, indem sie auf die Bewertung von Fakten und Positionen setzen.

Das Desinteresse für Politik beginnt mit der Einstellung "Das interessiert mich nicht." Diese Einstellung kann aus einer Vielzahl von Gründen herrühren, z. B. weil man sich von der Komplexität politischer Themen überfordert fühlt, weil man sich vom politischen Prozess abgekoppelt oder entmachtet fühlt oder weil man einfach nicht sieht, wie sich die Politik direkt auf das eigene tägliche Leben auswirkt. Desinteresse an der Politik hat Konsequenzen für die Gesellschaft als Ganzes, denn eine engagierte und informierte Bürgerschaft ist entscheidend für eine funktionierende Demokratie. Der Einzelne muss erkennen, welche Auswirkungen die Politik auf sein Leben und die Gemeinschaft hat. Er muss sich aktiv am politischen Prozess beteiligen, um sich für Veränderungen einzusetzen und die Verantwortlichen zur Rechenschaft zu ziehen. Die Bekämpfung des Desinteresses an der Politik beginnt mit der Öffnung des Zugangs zu politischen Informationen und mit der Beseitigung systembedingter Hindernisse. Indem wir auf ein inklusiveres und partizipativeres politisches System hinarbeiten, können wir dazu beitragen, dass sich alle Menschen befähigt fühlen, am demokratischen Prozess teilzunehmen.

Was bringen die Informationen aus der empirischen Systemanalyse? Wie kann man sich auf die gelieferten Daten verlassen? Für die Analysten ist es vorrangig, eine Kombination aus quantitativen und qualitativen Methoden zu verwenden. Dadurch werden Muster und

Trends erkannt, die bei der Verwendung nur eines Ansatzes möglicherweise nicht sichtbar werden. Quantitative Daten können beispielsweise eine Korrelation zwischen einer Kommunikationsstrategie und dem öffentlichen Engagement aufzeigen, während eine qualitative Analyse tiefere Einblicke in die Gründe für den Erfolg der betreffenden Strategie liefert. Mit dem Einsatz mehrerer Methoden können die Forscher eine Vielzahl von Erkenntnissen gewinnen. Gleichzeitig werden sie ihre Ergebnisse "triangulieren", um die Validität und Zuverlässigkeit ihrer Schlussfolgerungen abzusichern. Dies stärkt die Glaubwürdigkeit der Forschung insgesamt und liefert solidere Beweise für Empfehlungen.

Die Teilnahme an internationalen Kongressen stärkt die Legitimität und Glaubwürdigkeit einer Regierung oder internationalen Organisation. Durch die Beobachtung und Auswertung der Kongressveranstaltungen können die Leistung und das Engagement der beteiligten Plyer beurteilt werden. Diese Auswertungen haben eine wichtige Informations- und Beratungsfunktion für politische Entscheidungsträger, da sie Empfehlungen für weitere Entscheidungen ableiten können. Die Empfehlungen umfassen Vorschläge für neue Initiativen oder Reformen.

Ein Anreiz für den Einsatz der Kombination von Forschungsmethoden besteht darin, dass sie ein umfassenderes Verständnis der Gesamtwirksamkeit von Kongressveranstaltungen oder Krisengipfelkonferenzen ermöglicht. Der quantitative Ansatz liefert numerische Daten zur öffentlichen Wahrnehmung, während der qualitative Ansatz Einblicke in die Wirkung von Kommunikationsstrategien liefert. Um Vertrauen in die internationale Politik aufzubauen und Sorglosigkeiten zu überwinden, ist es wichtig, politische Bildung so zu fördern, dass das Verständnis für politische Prozesse und Demokratie verbessert wird. Viele Menschen verstehen die komplexen politischen Zusammenhänge nicht, was zu einem Vertrauensverlust führt. Politische Bildung kann Wissen über das politische System und den Wert der Demokratie vermitteln, sodass Bürger ihr Urteilsvermögen schärfen und sich effektiver beteiligen können.

Klare Umrisse der spezifischen Ziele und Vorgaben bestimmter Fraktionen sollten mit der Gesamtmission und Vision einer Regierung in Einklang stehen. Anschließend erfolgt die Bewertung der inneren Stärken und Schwächen sowie der äußeren Chancen und Risiken einer politischen Einheit. Diese Analyse wird dabei helfen, Bereiche zu identifizieren, in denen strategische Initiativen die größte Wirkung erzielen können. Ein detaillierter Plan sollte die spezifischen Maßnahmen, Verantwortlichkeiten, Zeitpläne und erforderlichen Ressourcen enthalten. In einem Monitoring-System sollen die Wirksamkeit der strategischen Initiativen und ihre

Auswirkungen kontinuierlich gemessen werden.

Evaluierungen und Beurteilungen sollten vorzugsweise extern durchgeführt werden, da die Selbsteinschätzung nicht den Anforderungen einer empirischen Methodik nach sozialwissenschaftlichen Grundsätzen wie Reliabilität, Validität und Glaubwürdigkeit genügt. Sprachlich gesehen ist eine Selbsteinschätzung ebenso unsinnig wie „sich bei sich selbst entschuldigen". Externe Bewertungen durch unabhängige Gutachter gewährleisten eine fundierte Prüfung, die den Standards empirischer Forschung entspricht.

Stetige Übertreibungen in den Ansprüchen einer Nation untergraben ihre Glaubwürdigkeit. Sobald andere Länder das Muster der Übertreibung erkennen, stellen sie möglicherweise die Zuverlässigkeit künftiger Ansprüche in Frage, was die ursprüngliche Verhandlungsmacht schwächt. Im Inland führt ein überhöhtes Selbstbild zu unrealistischen Erwartungen in der Bevölkerung. Wenn die Realität nicht mit dem propagierten Bild übereinstimmt, führt dies zu Desillusionierung in der Öffentlichkeit und zu einem verminderten Vertrauen in die Führung. Einer der Vorteile der Beobachtungsforschung ist ihre hohe externe Validität, da sie ein realistisches Bild des Verhaltens und Handelns von Politiken und Politikern liefert. Forscher können bestimmte Verhaltensweisen und Interaktionen feststellen, die mit anderen Methoden möglicherweise übersehen werden. Die direkte Beobachtung, eventuell über Konferenzdolmetscher*), liefert einen Einblick in unbewusste oder unbewusste Verhaltensweisen sowie die Erfassung nonverbaler Signale oder der Körpersprache, die möglicherweise nicht durch Umfragen oder Interviews vermittelt werden.

*) Das Netzwerk der Translation – eine Systemanalyse, J-G Matuszek, 2024

Allerdings gibt es für die Beobachtungsforschung auch Einschränkungen. Sie kann zeitaufwändig sein und erfordert erhebliche Anstrengungen, da die Analysten lange Zeit mit der Beobachtung und Aufzeichnung von Daten verbringen müssen. Immerhin ermöglicht dieser Ansatz den Beratern, ihre Empfehlungen an die tatsächlichen politischen Bedürfnisse anzupassen. Auf diese Weise können sie Dynamiken und Muster in der Kommunikation und Interaktion politischer Akteure erkennen und so wirksamere Problemlösungsstrategien entwickeln.

Mit Hilfe der Szenario-Technologie werden mögliche Zukunfts-Entwicklungen festgestellt. Eine solche Hypothese wäre beispielsweise der Anstieg nationalistischer und populistischer Bewegungen. Er führt dazu, dass Führer gewählt werden, die Nationalismus und geschlossene Grenzen vorziehen. Dies würde verstärkte Spannungen, Handelskriegen und einen Rückgang der internationalen Zusammenarbeit nach sich ziehen. Ein anderes Szenario wäre der anhaltende Aufstieg von Technologie und Globalisierung, der in eine stärker vernetzte Welt hinein reicht, in der die traditionellen Grenzen und Barrieren aufgehoben sind. Es gäbe mehr Kooperationsbemühungen in globaler Governance.

Mit der Analyse der zielgerichteten Fälle können politische Entscheidungsträger die Risiken und Chancen, die vor uns liegen, besser verstehen. Sie werden motiviert, proaktive Maßnahmen zu ergreifen, die die Chancen maximieren und die Risiken mindern, um letztendlich eine stabilere Zukunft für die Gesellschaft zu schaffen. Eine detaillierte Szenarioanalyse trägt zum Aufbau von Widerstandsfähigkeit und Flexibilität bei der Politikgestaltung bei und ermöglicht es, sich an unerwartete Veränderungen und Unsicherheiten im politischen Umfeld anzupassen.

Während der daraus resultierende Konsens der bevorzugte Ansatz in der politischen Debatte sein sollte, stehen Kompromisse im Ruf, auf lange Sicht schädlich zu sein. Für die Sache ist es immer besser, konsensorientiert, statt kompromissorientiert zu verhandeln. Kompromisse führen zu Ungleichheiten in der Aufgabenverteilung. Wenn eine Partei mehr als einen Vorteil ausnutzt, führt das zu Frustration und Ungerechtigkeitsgefühlen. Normalerweise kommt es vor, dass keine der Parteien ihre bevorzugte Lösung erhält. Somit ist die gewählte Lösung keineswegs die effektivste und könnte auf lange Sicht Probleme verursachen. Kompromisse führen meist zu Stillständen, die die Situation nicht verbessern. Fehlt eine klare Richtung, sinkt die Bereitschaft zu konstruktiven Verhandlungen. Kompromisse sind also nicht das Elixier, sie sind aus rationaler Sicht eher schädlich. Ihrer Natur nach entsprechen sie Abstimmungen ähnlich dem Kuhhandel, während der Konsens auf Vernunftvereinbarungen beruht.

Ein Negativ-Höhepunkt der Unzumutbarkeit von Kompromissen findet sich in der sowjetischen Interpretation des Völkerrechts: „Die willkürliche Aufhebung von Verträgen ist unzulässig, aber nicht jede Vetrags-Verletzung ist willkürlich und daher nicht unrechtmäßig." Diese Interpretation wird von Putins neuem Russland in der UNO fortgeführt. Der Kampf um Kompromisse wird fatal. Er führt weit weg von langfristigen Problemlösungen. Wer nur das Trugbild und die Rückständigkeit der Neutralität kennt, wird nicht weit kommen. Zudem gibt Neutralität dem Despotismus im Vorfeld freie Hand. Genau das wünschen sich ja rechtsextreme Gruppen oder bestehende Diktaturen.

In einer pluralistischen Gesellschaft sind Verständnis durch offenen Dialog und die Bereitschaft, aus verschiedenen Perspektiven zu lernen, eine grundlegende Empfehlung. Die gesellschaftspolitische Erziehung kann auch eine entscheidende Rolle spielen, wenn es darum geht, Einzelpersonen zu ermutigen, ihre eigenen Überzeugungen und Werte sowie die anderer kritisch zu untersuchen. Durch Dialog befassen sich die politischen Entscheidungsträger mit der Komplexität einer vielfältigen und widersprüchlichen Gesellschaft. Es ist unerlässlich, die Bedeutung der kulturellen Identität mit der Anerkennung der individuellen Rechte in Einklang zu bringen. Obwohl kulturelle Vielfalt eine Quelle des Reichtums und der Vitalität ist, sollte sie nicht auf Kosten der individuellen Rechte und Freiheiten erfolgen. Das kosmopolitische Denken beweist sich dabei als eine akzeptable Voraussetzung, um die Kluft zwischen kultureller Vielfalt und individuellen Rechten zu überbrücken.

Die Anforderung, Ergebnisse zu gestalten, ist ein grundlegender Ansatz zur Konsensbildung und erfordert eine logische Grundlage. Die oberflächliche Auseinandersetzung mit einem Thema birgt die Gefahr, populistischen Reaktionen zu erliegen. Entscheidungen sollten auf fundierten und rationalen Überlegungen beruhen, die auf einer gründlichen Analyse der Situation basieren. Wenn Probleme jedoch oberflächlich oder ohne sorgfältige Überlegung angegangen werden, besteht ein erhöhtes Risiko, vereinfachende und populistische Antworten zu bevorzugen.

Populismus lebt oft von einer allzu vereinfachten Darstellung komplexer Probleme und verspricht schnelle Lösungen, die auf lange Sicht möglicherweise nicht nachhaltig oder effektiv sind. Für politische Akteure ist es daher von entscheidender Bedeutung, bewusst und informiert vorzugehen, um komplexe Probleme zu verstehen und entsprechende Lösungen zu entwickeln. Der Ehrgeiz, Ergebnisse zu gestalten, sollte durch einen rationalen und evidenzbasierten Rahmen unterstützt werden, um nachhaltige Ergebnisse zu erzielen und populistischen Versuchungen zu widerstehen. Die

Legitimität politischen Managements in der Öffentlichkeit hängt nicht allein von Emotionen und Popularität ab. Glaubwürdigkeit ist nur durch sachliches Know-how und Transparenz gewährleistet. Gleichungen mit vielen Unbekannten werden nicht durch Emotionen gelöst.

Wenn ein Thema nicht eingehend untersucht wird, wird es auf eine Weise formuliert, die mit populistischer Rhetorik übereinstimmt und oft „das Volk" gegen vermeintliche Eliten stellt. Hingegen ist die Stärkung der Mittelschicht ein gutes Rezept für Startmöglichkeiten in die Exzellenz der Eliten. Eine starke Mittelschicht verfügt in der Regel über ein gewisses Maß an wirtschaftlicher Sicherheit, was es den Menschen ermöglicht, Risiken einzugehen. Jede oberflächliche Analyse ignoriert die Nuancen und zugrunde liegenden Faktoren, die zu gesellschaftlichen Problemen beitragen, und führt zu fehlgeleiteten Lösungen, die die eigentlichen Ursachen gar nicht angehen. Im Zeitalter der schnellen

Informationsverbreitung können sich oberflächliche Diskussionen schnell verbreiten und Meinungen polarisieren. Dieses Umfeld kann kritisches Denken und differenzierte Debatten entmutigen, da Einzelpersonen möglicherweise zu vereinfachten Erklärungen tendieren, die mit ihren bereits bestehenden Überzeugungen übereinstimmen.

Es ist aufschlussreich, die unterschiedlichen Einflüsse auf die internationalen Beziehungen zu betrachten. Gipfeltreffen und Kongresse beispielsweise haben einen tiefgreifenden Einfluss auf die internationale Politik, indem sie den Dialog fördern, Vertrauen aufbauen und gemeinsame Lösungen für globale Herausforderungen entwickeln. Sie sind von entscheidender Bedeutung für die Gestaltung der geopolitischen Landschaft und die Förderung von Frieden und Zusammenarbeit. Die Einflüsse auf die internationale Politik resultieren aus einer Vielzahl von Faktoren, die alle Grenzen überschreiten. Ein heimliches Ziel von Gipfelkonferenzen wäre es, das Potenzial der kulturellen Vielfalt zu nutzen und die Teilnehmer zu ermutigen, den Reichtum unterschiedlicher Perspektiven anzunehmen und zu feiern.

Für Ratingagenturen eröffnet sich in der Politik ein neues Berufsfeld. Mit der zunehmenden Polarisierung und Komplexität der politischen Sphären auf der ganzen Welt besteht ein wachsender Bedarf an unvoreingenommenen und fachkundigen Analysen politischer Akteure, Richtlinien und Trends. Politische Ratingagenturen könnten sich auf die Bewertung der Glaubwürdigkeit, Wirksamkeit und Leistung politischer Führer und Regierungen spezialisieren. Sie könnten auch Bewertungen der vorgeschlagenen Richtlinien und ihrer potenziellen Auswirkungen auf verschiedene Interessengruppen abgeben.

Korruption im Rahmen internationaler Verträge und Übereinkünfte manifestiert sich in verschiedenen Formen, darunter Bestechung zur Erlangung lukrativer Verträge in Bereichen wie Infrastruktur, Ressourcenextraktion oder öffentliche Dienstleistungen. Ein weiteres häufiges Mittel ist der Versuch, politische Entscheidungen durch Lobbyarbeit zu beeinflussen. Typische Beispiele sind die Bestreben pharmazeutischer Unternehmen, in internationalen Handelsabkommen günsitge Bedingungen zu erhalten, oder die gewinnmaximierenden Geschäftsbeziehungen mancher Unternehmen in Ländern mit „lockeren" Arbeits- und Umweltgesetzen, oder die Zahlungen von Bestechungsgeldern an lokale Behörden in ressourcenreichen Ländern um den Zugang zu den natürlichen Ressourcen. Internationale Dokumentationen zeigen, dass Korruption nicht nur ein lokales, sondern ein globales Problem ist, das grenzüberschreitende Zusammenarbeit und umfassende Maßnahmen erfordert, um effektiv bekämpft zu werden.

Bei der Analyse politischer Daten spielen moderne Methoden eine zentrale Rolle. Künstliche Intelligenz und Big Data ermöglichen die effiziente Verarbeitung großer Informationsmengen und die Identifizierung von Mustern, die die menschliche Analyse ergänzen. Diese Technologien können die Objektivität von Bewertungen erhöhen und die Effizienz analytischer Prozesse verbessern. KI ist eine Chance, Verfahren in Rechtssystemen zu beschleunigen. KI-gestützte Tools können große Datenbanken mit rechtlichen Präzedenzfällen, Gesetzen und Vorschriften schnell analysieren und Anwälten relevante Rechtsprechung und Erkenntnisse liefern, die den Rechercheprozess beschleunigen können. KI-Tools können den Prozess der Vertragserstellung, -prüfung und -verwaltung rationalisieren, die Einhaltung gewährleisten und das Fehlerrisiko verringern. Während die Integration von KI in das Rechtssystem zahlreiche Vorteile mit sich bringt, wirft sie auch wichtige ethische und regulatorische Überlegungen auf, wie etwa die Gewährleistung von Fairness, Transparenz und Rechenschaftspflicht bei KI-Entscheidungsprozessen.

In einem Umfeld, in dem das Vertrauen in politische Institutionen häufig schwankt und Korruption weit verbreitet zu sein scheint, ist es an der Zeit, Licht in das Innenleben von Regierungen zu bringen und Führungskräfte zur Rechenschaft zu ziehen. Aber was genau bewirken Evaluierungen und warum sind sie so wichtig für unsere Demokratie? Politische Ratingagenturen analysieren die Leistung der Regierung, bewerten die Effizienz und decken Defizite auf. Indem sie Transparenz schaffen, heben sie nicht nur die Schattenseiten der Politik hervor, sondern bieten auch einen wertvollen Leitfaden für Verbesserungen. Wenn politische Entscheidungsträger wissen, dass sie bewertet werden, kann sie dies dazu ermutigen, verantwortungsvoller und ethischer zu handeln. Der Gedanke, unter die Lupe genommen zu werden, kann Wunder bewirken. Plötzlich wird es viel schwieriger, Unregelmäßigkeiten zu verbergen und der Druck, sich an Standards zu halten, steigt. Die Aussicht auf eine Bewertung kann politische Entscheidungsträger dazu motivieren, gute Regierungsführung, ethisches Verhalten und wirksame Politikgestaltung in den Vordergrund zu stellen. Wenn Agenturen ihre Bewertungen regelmäßig veröffentlichen, entsteht ein Wettbewerb um die besten Ergebnisse. Regierungen, die ihre Bürger ernst nehmen, werden danach streben, in diesen Rankings gut abzuschneiden, was letztendlich der Gesellschaft als Ganzes zugute kommt. Wenn Bürger Zugang zu klaren Informationen über die Leistung ihrer Regierung haben, sind sie besser in der Lage, fundierte Entscheidungen zu treffen und ihre Führungskräfte zur Rechenschaft zu ziehen. Dieses Engagement ist der Grundstein einer funktionierenden Demokratie. Es ermutigt die Menschen, nicht nur Wähler zu sein, sondern sich aktiv am politischen Prozess zu beteiligen.

Solche Maßnahmen stärken das Vertrauen der Öffentlichkeit in politische Institutionen und tragen zu einer verantwortungsvolleren und transparenteren Regierungsführung bei. In einer Zeit, in der die Demokratie weltweit vor Herausforderungen steht, bieten diese Methoden eine wertvolle Gelegenheit, die politische Kultur zu verbessern und die Rechenschaftspflicht zu erhöhen. Hier geht es darum, wie die Regierung soziale Gerechtigkeit und Wohlergehen für ihre Bevölkerung gewährleistet. Wie wirken sich Migrationsströme und deren Steuerung auf die lokale Bevölkerung aus? Gibt es Konkurrenz um Arbeitsplätze oder wird der Arbeitsmarkt durch Migranten entlastet? Wie werden Migranten integriert? Werden kulturelle Spannungen einfach akzeptiert oder findet eine harmonische Integration statt? Die lokale Bevölkerung könnte durch Migration Ungleichheiten erfahren. Sind Sozialleistungen ungleich verteilt, so dass die lokale Bevölkerung benachteiligt wird? Und vor allem: Wie geht es mit der Wirtschaft weiter? Schließlich werden die Politiker nicht umhinkommen, deutlich über die Sicherheitslage und die Folgen zu sprechen. Ein Bekenntnis zu Transparenz, Rechenschaftspflicht und guter Regierungsführung stärkt dezidiert den Ruf der EU auf der Weltbühne. Durch ihr starkes Bekenntnis zu demokratischen Werten behauptet sich die EU als Vorreiter bei der weltweiten Förderung dieser Grundsätze.

Ratingagenturen halten sich über aktuelle Entwicklungen und Ereignisse mit Einfluss auf die Politik und deren Steuerung auf dem Laufenden, führen vergleichende Analysen durch und identifizieren Paralleltrends. Dies hilft bei der Bewertung der politischen Stabilität und

Wirksamkeit von Regierungs Programmen. Professionelle Bewertungen in der internationalen Politik sind gerade für die breite Öffentlichkeit nützlich, um sie über Entscheidungen, politische Risiken, Investitionsmöglichkeiten und politische Implikationen zu informieren. Mit politischen Ratings sind jedoch auch ethische Bedenken verbunden, etwa die Gewährleistung von Unabhängigkeit, Transparenz und Rechenschaftspflicht sowohl bei den Methoden als auch in den Entscheidungsprozessen. Auf jeden Fall spiegelt das Aufkommen politischer Ratingagenturen den zunehmenden Bedarf an objektiven und zuverlässigen Informationen in der sich ständig verändernden Welt der Politik wider.

Wenn Ideologien einfach ignoriert werden, breiten sich Unterdrückung und Zerstörung sofort aus. Schuld daran ist vor allem die Institution der Vereinten Nationen. Ihre derzeitige Struktur erweist sich als völlig unzureichend, um Frieden und Gerechtigkeit auf globaler Ebene zu wahren. Da der Weltfrieden in mehrfacher Hinsicht ständig bedroht ist, müssen diese fehleranfälligen Institutionen umgestülpt werden.

Eines der größten Defizite der Vereinten Nationen liegt im Sicherheitsrat, der für die Wahrung des Weltfriedens und der internationalen Sicherheit verantwortlich ist. Er besteht aus fünf ständigen Mitgliedern – den Vereinigten Staaten, dem Vereinigten Königreich, Frankreich, Russland und China – und verfügt über ein Vetorecht bei jeder Resolution oder Entscheidung. Dies hat dazu geführt, dass die genannten Länder ihr Vetorecht nutzen, um die eigenen Interessen zu vertreten oder unerwünschte Maßnahmen einfach zu blockieren. Der Generalversammlung der Vereinten Nationen, in der alle Mitgliedsstaaten gleichberechtigt vertreten sind, fehlt häufig die Befugnis, die vom Sicherheitsrat verabschiedeten Resolutionen durchzusetzen. Dies führt

zu mangelnder Rechenschaftspflicht und setzt
Mechanismen durch, die gegen internationale Gesetze
und Normen verstoßen. Aufgrund der bürokratischen
Strukturen ist es schwierig, schnell auf dringende Krisen
und Konflikte zu reagieren. Um Frieden und Gerechtigkeit
auf globaler Ebene effektiv zu wahren, müssten dringend
Reformen durchgeführt werden. Die Stärkung der
Generalversammlung und die Einführung neuer
Mechanismen zur Rechenschaftspflicht könnten erste
Schritte in die richtige Richtung darstellen, um die
Handlungsfähigkeit der UN in einer sich wandelnden
globalen Landschaft zu erhöhen.

Wenn niemand bereit ist, an vorderster Front in der
internationalen Politik Verantwortung zu übernehmen,
führt dies zu einer Stagnation des Fortschritts. Ohne eine
starke und engagierte Führung bleiben wichtige Themen
wie Konfliktlösungen, Klimawandel und globale Sicherheit
möglicherweise weiterhin ungelöst. Wenn Führungskräfte

es versäumen, die Verantwortung für ihr Handeln zu übernehmen, entsteht in der internationalen Gemeinschaft eine Kultur der Untätigkeit und Apathie. Dies betrifft nicht nur einzelne Units, sondern die globale Gemeinschaft als Ganzes. Wie praktisch es doch ist, den Schwarzen Peter weiterzugeben und keine Verantwortung zu übernehmen! Es ist wie eine Partie um heiße Kartoffel, bei der jeder darum kämpft, nicht ins Hintertreffen zu geraten. Und während die Entscheidungsträger dieses Spiel des politischen Völkerballs spielen, muss sich der Rest der Welt mit den Konsequenzen ihrer Untätigkeit auseinandersetzen. Es ist wie ein endloser Kreislauf der Schuldzuweisungen, in den niemand eingreifen will. Lehnen wir uns doch einfach zurück und sehen zu, wie die Welt brennt, während sich die Politiker jeder wirklichen Verantwortung entziehen! Wer übernimmt dann die Verantwortung?

Die Verantwortung für politische Untätigkeit und

Rückständigkeit liegt bei denen, die sich nicht für die anstehenden Probleme engagieren. Es ist leicht, mit dem Finger auf bestimmte Entwicklungen zu zeigen, aber die wahre Verantwortung liegt bei denen, die sich dafür entscheiden, passiv und uninformiert zu bleiben. In einer Zeit, in der Informationen leicht verfügbar sind und die Folgen von Unwissenheit ausgeprägter sind als je zuvor, ist die Entscheidung, nicht zu handeln, eine bewusste Entscheidung, die die Stagnation aufrechterhält und das Weiterkommen behindert.

Die nukleare Bedrohung ist auch heute noch ein ernstes Problem für die Welt. Da sich noch etwa 13.000 Atomwaffen in den Arsenalen von neun Atommächten befinden, ist die Gefahr eines Atomkonflikts so groß wie seit Jahrzehnten nicht mehr. Mehrere Faktoren verstärken diese Gefahr: Der Krieg in der Ukraine hat die Spannungen zwischen Russland und dem Westen drastisch verschärft, wobei Russland sogar den möglichen

Einsatz von Atomwaffen andeutet. Diese geopolitische Instabilität hat weltweit Alarm ausgelöst, da das Gespenst einer nuklearen Eskalation immer größer wird. Darüber hinaus stagnierten die Bemühungen zur nuklearen Abrüstung weltweit. Bestehende Rüstungskontrollverträge werden entweder aufgegeben oder laufen ohne Erneuerung aus. Neue Technologien wie Hyperschallwaffen verkomplizieren die Situation weiter, erhöhen die Unsicherheit und verkürzen die Reaktionszeiten in Krisensituationen. Der 1968 geschlossene Vertrag über die Nichtverbreitung von Kernwaffen dient als Grundlage für die nukleare Abrüstung und Nichtverbreitung. Der Fortschritt ist jedoch erheblich ins Stocken geraten.

Die einzige Möglichkeit, dieses Risiko langfristig zu mindern, ist eine verstärkte internationale Zusammenarbeit und erneute Abrüstungsbemühungen. Es ist unerlässlich, dass die Nationen zusammenkommen, um diese kritischen Probleme anzugehen und eine sicherere Welt für künftige Generationen zu schaffen. Die Zeit zum Handeln ist jetzt, bevor die Uhr Mitternacht schlägt. Doch bis dahin braucht Europa plausible Verteidigungselemente. Eine Merkel-Regierung hat es zu Beginn des 21. Jahrhunderts fahrlässig versäumt, den Schutz eines gemeinsamen nuklearen Schutzschildes der eigenen Nachbarn zu nutzen. Auch wenn der nukleare Schutzschirm ein wesentlicher Bestandteil der Abschreckung bleibt, darf Europa nicht selbstgefällig werden. Die Lehren aus früheren Regierungen sollten aktuelle und zukünftige Führungskräfte als Weckruf dienen: Es sind proaktive Maßnahmen erforderlich, um die Sicherheit des Kontinents zu gewährleisten. Nur durch einen umfassenden Ansatz kann Europa die Komplexität moderner Sicherheitsbedrohungen bewältigen und seine Zukunft sichern.

F. KREATIVITÄT IN DEN NEUEN ENTWICKLUNGEN

Kreativität in der Politik ist möglich, wenn politische Akteure offen sind für neue Ideen. Sie brauchen nur bestehende Denkmuster hinterfragen und dann auch bereit sein, sie zu verändern. Politische Kreativität entsteht auch, wenn verschiedene Interessengruppen und Akteure zusammenarbeiten und sich gegenseitig inspirieren. Darüber hinaus ist es wichtig, dass die politischen Entscheidungsträger über die notwendigen Ressourcen und Spielräume verfügen, um innovative Ideen umzusetzen. Insgesamt ist politische Kreativität möglich, wenn es ein offenes und dynamisches politisches Umfeld gibt, das Raum für Experimente und Innovationen bietet.

Diese Offenheit ermöglicht die Erforschung unkonventioneller Lösungen für festgefahrene Probleme, wie erfolgreiche Initiativen belegen, die kreative Strategien zur Bewältigung von Herausforderungen eingesetzt haben. Wenn unterschiedliche Interessengruppen und politische Akteure zusammenkommen, können sie sich gegenseitig inspirieren und innovative Ideen hervorbringen. Diese Zusammenarbeit ist von entscheidender Bedeutung für die Schaffung eines reichen Spektrums an Perspektiven, die zu kreativen Durchbrüchen in Politik und Governance führen können. Damit die politische Kreativität gedeihen kann, müssen Entscheidungsträger über die notwendigen Ressourcen und institutionelle Unterstützung verfügen, um innovative Ideen umzusetzen. Dazu gehören nicht nur finanzielle Ressourcen, sondern auch ein politisches Klima, das Risikobereitschaft und Experimente fördert und sich von der oft bürokratischen und vorsichtigen Natur staatlicher Institutionen entfernt. Eine lebendige politische Landschaft, die Experimente zulässt, ist für die Förderung der Kreativität unerlässlich. Dieses Umfeld muss sich durch Flexibilität, Agilität und Belastbarkeit auszeichnen und es Führungskräften ermöglichen, sich an veränderte Umstände anzupassen und neue Möglichkeiten für Innovationen zu nutzen. Es handelt sich nicht nur um ein abstraktes Konzept, sondern um eine praktische Notwendigkeit für eine wirksame Regierungsführung. Es erfordert ein Engagement für Offenheit, Zusammenarbeit, Ressourcenzuweisung und ein unterstützendes Umfeld, das innovatives Denken fördert.

Durch die Förderung dieser Elemente können politische Akteure einen transformativen Wandel vorantreiben und die komplexen Herausforderungen, vor denen die Gesellschaft heute steht, effektiv bewältigen.
Soziale Kreativität kann am besten gedeihen, wenn Krisen Druck erzeugen. Vielleicht sogar mehr als in ruhigen Zeiten, in denen alles nur schleppend vor sich geht. Krisen schaffen unmittelbare Probleme, die schnelle, wirksame

Lösungen erfordern. Diese Dringlichkeit kann innovatives Denken anregen und traditionelle Kreativitätsbarrieren durchbrechen. Sie zwingt dazu, über den Tellerrand hinauszuschauen und neue Wege zu finden, das Vorhandene zu nutzen. Krisen bringen Menschen mit unterschiedlichem Hintergrund zusammen, um gemeinsame Probleme zu lösen, was zu einer gegenseitigen Befruchtung von Ideen und Ansätzen führt. Die derzeitige prekäre Situation sollte sofort auf vielen Ebenen genutzt werden.

Wie verhält sich Kreativität zur politischen Wertschöpfung? Politische Kommunikation, die durch kreative Ansätze gestaltet ist, erreicht eine starke Mobilisierung der Wählerschaft. Durch den Einsatz von Kunst, visuellen Medien, Storytelling und neuen Technologien werden politische Botschaften ansprechend und überzeugend vermittelt. Konferenzen und philosophischer Dialog erleichtern das Verständnis und die Koordination zwischen den verschiedenen Werten und Perspektiven. Dieser Ansatz betont partizipatorische Tugenden, pragmatische Entschlossenheit und moralische Besorgnis bei der Bewältigung der Herausforderungen, die der Wertepluralismus mit sich bringt, insbesondere in kooperativen Bereichen wie der Umweltwissenschaft.

Pluralismus ist eine positive Reaktion auf Vielfalt, die sich aktiv mit Unterschieden auseinandersetzt und dabei unterschiedliche Identitäten und Überzeugungen bewahrt. Er baut eine gemeinsame Gesellschaft auf, indem er den inhärenten Wert aller Menschen und Weltanschauungen respektiert. Es ist ein Ansatz, der mehr bereichert als die bloße Tolerierung von Vielfalt oder das Beharren auf einer einzigen richtigen Antwort.

Philosophische Ansätze können helfen, die Ursachen eines Übels in der internationalen Politik zu verstehen, indem sie es uns ermöglichen, die zugrunde liegenden

Ideologien, Interessen und Strukturen zu analysieren. Ethik und Moral liefern die Leitlinien für die Beurteilung dessen, was richtig und was falsch ist. Ein wichtiger philosophischer Punkt ist die Untersuchung der Ideologien, die das unethische Verhalten von Staaten und politischen Akteuren motivieren und rechtfertigen. Dazu gehört eine kritische Auseinandersetzung mit nationalistischen oder autoritären Glaubenssystemen, die bestimmte Gruppen entmenschlichen und Aggression, Unterdrückung und Ausbeutung legitimieren. Wenn Regierungen Handlungen begehen, die gegen das Völkerrecht verstoßen, wie zum Beispiel Aggressionen, Kriegsverbrechen oder Menschenrechtsverletzungen, ist es wichtig, dass sie für ihre Handlungen zur Rechenschaft gezogen werden.

Die Rechenschaftspflicht kann verschiedene Formen annehmen, darunter rechtliche Mechanismen wie internationale Gerichte oder Tribunale, diplomatischer

Druck, Wirtschaftssanktionen oder andere Varianten der internationalen Verurteilung. Indem Regierungen für ihre Handlungen zur Rechenschaft gezogen werden, wird eine klare Botschaft ausgesandt, dass ein solches Verhalten nicht toleriert wird, und es wird dazu beitragen, künftige Verstöße gegen das Völkerrecht zu verhindern. Dies ist ein wesentlicher Schritt zur Förderung einer auf Regeln basierenden internationalen Ordnung und zur Verhinderung von Straflosigkeit bei schweren Menschenrechtsverletzungen und Verstößen gegen das Völkerrecht, was absolut ernst genommen werden muss.

Bei der Rechenschaftspflicht geht es darum, Lücken in der internationalen Rechtsordnung zu schließen. Da die globale Verflechtung weiter zunimmt, können die Auswirkungen internationaler Ereignisse und Probleme auf den ganzen Globus ausstrahlen und überall Einzelpersonen und Gemeinschaften auf unterschiedliche Weise beeinträchtigen. Daher ist es wichtig, dass jeder und jede Einzelne, unabhängig von der Nähe zu einem bestimmten Ereignis, die verpflichtende Rolle bei der Schaffung einer gerechteren und ausgewogeneren Welt erkennt.

Mit dieser Logik können die Stichhaltigkeit von Argumenten bewertet und gerechtfertigte Urteile gefällt werden. Die Verbesserung des internationalen Dialogs in Konferenzen kann dazu beitragen, Unterschiede zu koordinieren. Diese Ansätze durch philosophische Bildung helfen, das Zusammenleben in kultureller Vielfalt zu erlernen. Sie bieten Orientierung in einer vielfältigen und oft widersprüchlichen Gesellschaft. Durch den Respekt vor verschiedenen Perspektiven wird der aufgeschlossene Dialog geführt. Bildung spielt nach wie vor die zentrale Rolle in der individuellen und gesellschaftlichen Entwicklung. Die Fähigkeit, ein Gleichgewicht zwischen dem Bewusstsein für die jüngste Vergangenheit und der Anpassungsfähigkeit an sich verändernde Umstände herzustellen, ist ein Zeichen von weiser Widerstandsfähigkeit.

Da Politik eng mit den Wahrnehmungen der Menschen verknüpft ist, prägt diese Dynamik den politischen Mainstream in mehrfacher Hinsicht. Politiker passen ihre Politik an die öffentliche Meinung an. Meinungsumfragen werden häufig genutzt, um die Haltung der Bevölkerung zu verschiedenen Themen anzunehmen. So ist es wahrscheinlicher, dass Entscheidungen, die die öffentliche Meinung widerspiegeln, bewusster umgesetzt werden. Die Häufigkeit und Art der Berichterstattung kann die Bedeutung beeinflussen, die die Öffentlichkeit den Themen beimisst. Die Art und Weise, wie die Medien ein Narrativ vermitteln, steuert die öffentliche Wahrnehmung. Medien vertreten bisweilen auch politische Vorurteile. Die Wahrnehmung der Nachrichtenkonsumenten wird dadurch in bestimmte Richtungen geleitet, was zur Polarisierung der Ansichten führt.

Aufgeheizte Stimmungen haben immer ihre Ursachen. Sie müssen richtig klassifiziert werden. Das ist die Aufgabe seriöser Medien. Sie haben die Pflicht, eine genaue und ausführliche Berichterstattung über die Themen zu liefern. Trotzdem sind es die hitzigen Kontroversen, die Schlagzeilen machen. Es erscheint leicht, sich von den Emotionen und der Leidenschaft mitreißen zu lassen. Die Medien sollten sich bemühen, die zugrunde liegenden Fakten aufzudecken. Kritikpunkt ist die Sensationsgier, bei der sie dazu neigen, Inhalte zu dramatisieren, um Aufmerksamkeit zu erregen und Einschaltquoten zu steigern. Die oberflächliche Behandlung von Themen ohne ausreichende Analysen von externen Experten bietet dem Publikum nicht die gesamte Bandbreite an Informationen, die es für eine fundierte Meinungsbildung benötigt.

Der Auftrag der Medien besteht darin, die zugrunde liegenden Fakten aufzudecken, die zu hitzigen Debatten beitragen. Ein Kritikpunkt ist die Sensationsgier, bei der die Medien dazu neigen, kontroverse oder skandalöse Themen zu dramatisieren, um Aufmerksamkeit zu erregen und ihre Pressequoten zu erhöhen. Wichtige Aspekte der behandelten Inhalte werden vernachlässigt oder falsche Eindrücke vermittelt. Die oberflächliche Behandlung von Schlagzeilen ohne ausreichende Hintergrundinformationen bringt mit sich, dass Verbraucher nicht alle Informationen erhalten, die sie für eine fundierte Meinungsbildung benötigen.

Manchmal bevorzugen Medien ganz bestimmte politische oder gesellschaftliche Standpunkte und berichten daher einseitig, wie es beispielsweise während der Covid-Pandemie oder in anderen kritischen Situationen passierte. Dadurch werden bestimmte Perspektiven unterrepräsentiert, Sachverhalte verzerrt oder selektiv dargestellt. Minderheitenpositionen oder Wissenschaftsleugnern wird eine unverhältnismäßig große Aufmerksamkeit zuteil. Eine völlige Objektivität ist in der Praxis nicht möglich, da Journalisten wie alle Menschen immer ihre eigenen Überzeugungen und Vorurteile haben. Auch aus kommerziellen Gründen kommt es vor, dass eine falsche Bilanz gezogen wird, um mehr Aufmerksamkeit und Klicks zu generieren. Aus diesem Grund ist eine regelmäßig durchgeführte Bewertung durch Dritte unbedingt erforderlich. Eine solche Zusammenarbeit mit Evaluierungsagenturen wäre ein wichtiger Schritt, um die Qualität der Berichterstattung zu stärken. Insgesamt eröffnen sich in der Medienbranche neue, vielversprechende Chancen. Traditionelle Grewohnheiten verändern sich, gleichzeitig entstehen neue, spezialisierte Rollen.

Der Aufstieg der sozialen Medien verschärft die kommunikative Situation, da emotionale Inhalte oft mehr

Aufmerksamkeit erregen und kritische Analysen und Experteneinblicke in den Schatten stellen. Emotional aufgeladene Beiträge überschatten differenzierte Diskussionen, die eine sorgfältige Analyse und ein Verständnis der internationalen Beziehungen erfordern. Wichtige Themen wie Handelsabkommen, militärische Interventionen oder Klimaverhandlungen werden zu stark vereinfacht, was es für die Öffentlichkeit schwierig macht, die damit verbundenen Komplexitäten zu erfassen.

Die verstärkte emotionale Reaktion hat negative Folgen, wie etwa die Verbreitung von Hass oder Empörung. Solche negativen Emotionen werden oft durch die Algorithmen der Plattformen angetrieben. Fehlinformationen verbreiten sich schnell, wenn sie emotional ansprechend formuliert werden. Dies führt zu weit verbreiteten Missverständnissen über internationale Ereignisse, Richtlinien oder Akteure, was einen nützlichen Diskurs erschwert. Benutzer beschäftigen sich häufig mit

Inhalten, die ihre bestehenden Überzeugungen bekräftigen, wodurch Echokammern entstehen, die den Zugang zu unterschiedlichen Perspektiven einschränken. Durch den Austausch bewährter Praktiken und die Schaffung gemeinsamer Richtlinien kann die EU dazu beitragen, ein globales Bewusstsein für die Risiken emotionaler Manipulation in sozialen Medien zu verbreiten. Durch die Förderung von Innovationen im Bereich der Medienkompetenz und der Entwicklung von Technologien, die emotionale Manipulation erkennen und verhindern, könnte die EU einen proaktiven Ansatz verfolgen. Professionelle Plattformen in den sozialen Medien können Diskussionen ermöglichen, die unterschiedliche Stimmen zusammenbringen und den Austausch von Ideen und Perspektiven ermöglichen, die sonst möglicherweise übersehen würden. Sie sollten allerdings sicherstellen, dass ihre Transparenzangaben nicht nur vorhanden, sondern auch für den „durchschnittlichen Nutzer" zugänglich und nachvollziehbar sind.

Während Social-Media-Plattformen ihre Herausforderungen haben, wie etwa das Risiko von Echokammern und Fehlinformationen, bieten sie auch erhebliche Möglichkeiten, sinnvolle Diskussionen zu ermöglichen, an denen unterschiedliche Stimmen beteiligt sind. Durch die Förderung von Inklusivität mit Interaktivität und die Bereitstellung eines Zugangs zu einem breiten Spektrum an Perspektiven können diese Plattformen eine entscheidende Rolle bei der Bereicherung des öffentlichen Diskurses und der Förderung des Verständnisses in einer zunehmend vernetzten Welt spielen.

Irrationale Influencer können verschiedene Gefahren mit sich bringen, insbesondere im Hinblick auf die Verbreitung von Fake News, extremistischen Ansichten und problematischen Inhalten. Diese Gefahren können sich auf die Meinungsbildung ihrer Follower auswirken. Influencer vermischen häufig Fakten und Meinungen, was zu einer Verbreitung von Desinformation führt. Influencer aus extremistischen oder rassistischen Spektren nutzen soziale Medien, um ihre Reichweite zu vergrößern und gefährliche Ideologien zu verbreiten.

Der algorithmisch gesteuerte „For You"-Feed zeigt häufig Videos zu potenziell schädlichen Themen an, was besonders für sehr junge Nutzer problematisch ist. Wie Tiktok durch vermeintliche Geheimtipps Einfluss auf die Planungen der Generation Z nimmt, etwa indem es den Konsum verschiedener Produkte beeinflusst und deren Lebensstil optimiert, deutet auf die Zielsetzung hin. Werden bestimmte Themen gefördert, die zu psychischen Problemen wie Depressionen und Angstzuständen führen, sollte die Rote Karte gezeigt werden. Wer sich gerne unreflektiert beeinflussen lässt, ist dort gut aufgehoben. Besonders kritisch für Wähler wird es im

Bereich der internationalen Beziehungen, wenn TikTok nicht nur Daten sammelt, sondern auch Inhalte zensiert, das ist nicht im Interesse des chinesischen Staates. Dies führt zwangsläufig zu einer Verzerrung des öffentlichen Diskurses und beeinträchtigt die Wahrnehmung bestimmter Themen. Die Bedrohungen durch Tiktok betreffen auch Europa.

Um zu verstehen, wie Populismus, Propaganda und Fehlinformationen verbreitet werden und warum Rassenparteien auf TikTok erfolgreich sind, ist es wichtig, die verwendeten Strategien zu erkennen. Der Erfolg beruht auf der Fähigkeit, die Plattform effektiv zu nutzen und ein Bild zu präsentieren, das bei bestimmten Zielgruppen Anklang findet. Im Gegensatz zu anderen Bewegungen zeichnet sich der radikale Ansatz durch einen inhärenten Nationalismus und Rassismus aus, der einen erheblichen Teil der Nutzer betrifft. Durch die Konzentration auf eine vereinfachte Erzählung ist es radikalen Parteien gelungen, eine bedeutende Anhängerschaft zu gewinnen, wie ihre Millionen von Likes auf der Plattform belegen.

Da Politiker alle möglichen Techniken nutzen, um die öffentliche Meinung zu beeinflussen, einschließlich Rhetorik, Werbung und öffentliche Auftritte, sind soziale Medien auch zu einem mächtigen Instrument für politische Botschaften geworden. Sie ermöglichen eine direkte Kommunikation. Allerdings stellen sie auch Herausforderungen dar, etwa die Verbreitung von Fehlinformationen und die Entstehung von Echokammern. Um den negativen Trends entgegenzuwirken, sind klare und konsistente Botschaften erforderlich, um Vertrauen und Glaubwürdigkeit aufzubauen.

Zerstörerische Elemente können generell besiegt werden. Diese Aussage würdigt den philosophischen Glauben,

dass das Gute letztendlich über das Böse siegen kann,
betont aber auch die praktischen und politischen
Implikationen dieser Idee. Die Geschichte hat tatsächlich
gezeigt, dass Gesellschaften und Regierungen in der Lage
waren, zerstörerische Kräfte durch Widerstandsfähigkeit,
Einheit und Beharrlichkeit zu besiegen. Durch die
kontinuierliche Arbeit an der Bekämpfung der
Grundursachen des Extremismus, die Förderung von
Dialog und Verständnis sowie die Umsetzung wirksamer
Sicherheitsmaßnahmen können Fortschritte bei der
Abwehr von Bedrohungen für Frieden und Stabilität
erzielt werden. Der Kampf gegen zerstörerische Elemente
ist ein andauernder Kampf, der anhaltendes Engagement
und Wachsamkeit von Einzelpersonen, Gemeinschaften
und Nationen erfordert. Es ist keine leichte Aufgabe und
erfordert oft jahrelange oder sogar jahrzehntelange
Anstrengungen. Es ist wichtig, auch angesichts von
Rückschlägen oder Herausforderungen ein starkes
Engagement für die Sache aufrechtzuerhalten. Im Kampf

gegen destruktive Elemente sind Ausdauer und Entschlossenheit von entscheidender Bedeutung.

Die Weltgemeinschaft hat die Ereignisse in der Ukraine aufmerksam verfolgt, insbesondere nach der russischen Invasion. Aufgrund der gemeldeten schwerwiegenden Verstöße gegen das Völkerrecht und die Menschenrechte hat die Situation bei Staats- und Regierungschefs, internationalen Organisationen und der Zivilgesellschaft weitreichende Besorgnis und Verurteilung ausgelöst. Die ersten Tage der Invasion waren von schockierenden Gewalttaten und Brutalität geprägt, darunter Berichte über wahllose Angriffe auf Zivilisten, willkürliche Festnahmen, Folter und außergerichtliche Tötungen durch russische Söldnertruppen. Diese Aktionen wurden umfassend durch Augenzeugenberichte, Videos und andere Beweise dokumentiert, was zu Forderungen nach Rechenschaftspflicht und Gerechtigkeit seitens der internationalen Gemeinschaft führte. Trotz der überwältigenden Beweise und des Aufschreis von verschiedenen Seiten gibt es Herausforderungen, sicherzustellen, dass die Welt den in der Ukraine begangenen Gräueltaten Aufmerksamkeit schenkt und sie anspricht. Faktoren wie Desinformation, geopolitische Interessen und die Komplexität des Konflikts können in einigen Teilen der Welt zu einem Mangel an allgemeinem Bewusstsein und Verständnis führen. Es wird notwendig sein, zwischen Freiheit und Terror zu wählen. Was übersehen wird, ist, dass das, was der Ukraine am Ende schaden würde, der Lunge Osteuropas als Ganzes schwere Schmerzen bereiten würde.

Wie werden explosive Gebiete befriedet? Nach einem Konflikt ist der Aufbau stabiler und wirksamer Institutionen unabdingbar. Dazu gehören die Etablierung von Rechtsstaatlichkeit, die Förderung der Menschenrechte und der Aufbau eines transparenten politischen Systems mit umfassender wirtschaftlicher

Unterstützung, insbesondere von außen. Wenn sich der Dialog jedoch als unzureichend zur Konfliktlösung erweist, sind zusätzliche Strategien und Ansätze festzulegen. Durch den Einsatz externer kompetenter Mediatoren können Lücken zwischen Konfliktparteien geschlossen werden. Sie müssen Perspektiven anbieten, kreative Lösungen vorschlagen und die Kommunikation erleichtern. Eine wirksame Erleichterung in den internationalen Beziehungen erfordert eine Kombination von Strategien und intensives Engagement. Umgekehrt können gezielte Sanktionen und Druck eingesetzt werden, um die Parteien zu einer Rückkehr zu Verhandlungen oder zur Einhaltung von Vereinbarungen zu zwingen. Sanktionen sind sorgfältig zu konzipieren, um eine Schädigung der Zivilbevölkerung so gut wie möglich zu vermeiden. Die Sicherstellung, dass es einen Plan für den Wiederaufbau nach Konflikten und eine langfristige Friedenskonsolidierung gibt, ist eine conditio sine-qua-non für sämtliche Bemühungen.

Die verfügbaren Modelle richten sich an Politiker, die sich aus ihrer Sicht eine Unterstützung durch die Zivilgesellschaft wünschen. Wer ist die Zivilgesellschaft? einfach ausgedrückt: wir alle, Einzelpersonen und Gruppen aus verschiedenen Bereichen der Wirtschaft, der Forschung, des Sports, des Handwerks und der Dienstleister oder der Kultur. Sie vernetzen sich in geistigen Foren und gemeinsamen Treffpunkten. Zur Zivilgesellschaft gehören alle, die sich außerhalb staatlicher und unternehmerischer Strukturen am gesellschaftlichen Leben beteiligen. Es sind diese vielfältigen Stimmen, die die Bedürfnisse und Wünsche der Allgemeinheit zum Ausdruck bringen.

Sie zeichnen Parallelen zwischen verschiedenen Sachverhalten oder Situationen, um Gemeinsamkeiten oder Ähnlichkeiten zu erkennen oder einen Zusammenhang zwischen ihnen herzustellen. Sie gewinnen neue Erkenntnisse und entwickeln gemäß den

Vorgaben neue Lösungen. In vielen Alltagssituationen lassen sich Parallelen ziehen. Sie müssen nur auf fundierten Informationen und Sachargumenten beruhen und nicht willkürlich gezogen werden.

Wenn die EU eine starke Wirtschafts- und Sozialordnung gewährleisten will, muss die soziale Marktwirtschaft nicht nur den Wohlstand der Bürger garantieren, sondern an vielen Stellen im Innen-, wie im Außenverhältnis ein stabiles und faires Umfeld schaffen. Dieses Gleichgewicht zwischen wirtschaftlicher Freiheit und sozialer Sicherheit ist das Herzstück eines europäischen Modells, das die Wettbewerbspolitik an die Globalisierung anpasst. Dadurch bleibt Europa im globalen Maßstab wettbewerbsfähig.

Die Strukturen der Europäischen Union könnten in diesem Prozess eine Vorreiterrolle spielen, da sie bereits heute ein breites Spektrum politischer Akteure und

Interessengruppen zusammenbringen und so einen komplexen politischen Raum schaffen, der über traditionelle Parteigrenzen hinausgeht. Es gibt bereits Kooperationsformen und Koalitionen, die nicht auf Parteizugehörigkeit basieren. Es ist durchaus möglich, dass traditionelle Parteiformationen in Zukunft an Bedeutung verlieren und sich stattdessen andere ideenbasierte Koalitionen durchsetzen. Dies könnte durch eine stärkere Fokussierung auf einzelne politische Themen oder Ideen statt auf ganze Parteien geschehen. Das ist es, was Parteiapparatschiks am meisten fürchten.

Die Nostalgie nach vergangenen Strukturen führt in die bedrückende Sphäre der Etikettierung längst überholter Rahmenbedingungen. Parteien, die an ihnen festhalten, haben Schwierigkeiten, sich an neue politische, gesellschaftliche und technologische Entwicklungen anzupassen. Dies beeinträchtigt ihre Fähigkeit, effektiv auf aktuelle Herausforderungen zu reagieren. Wenn

Parteien nicht mit der Zeit gehen und ihre Strukturen und Strategien nicht modernisieren, besteht die Gefahr, dass sie für Wähler, insbesondere für die jüngeren Generationen, unattraktiv werden. Parteien, die in der Vergangenheit verankert sind, zeigen oft einen starken Widerstand gegen Veränderungen, was ihre Fähigkeit einschränkt, sich an neue politische Realitäten anzupassen. Wenn sich die Strukturen nicht weiterentwickeln, geraten sie im Wettbewerb mit agileren und moderneren politischen Bewegungen ins Hintertreffen. Parteien, die an veralteten Ideologien festhalten, haben Schwierigkeiten, Koalitionen mit moderneren oder fortschrittlicheren Gruppen zu bilden, was ihren politischen Einfluss einschränkt.

Die Zivilgesellschaft steht heute vor einer beeindruckenden Herausforderung: sie muss akzeptieren, dass sozialistische Parteien seit eh und je von Fehlinformationen leben, während konservative Parteien voller fehlgeleiteter Interpretationen und Korruption sind. Es ist fast so, als würde die Demokratie einen ironischen Wettbewerb austragen, bei dem es darum geht, welche Seite das Vertrauen der Öffentlichkeit schneller untergraben kann. Wer braucht schon Vertrauen in politische Institutionen, wenn man stattdessen Zynismus haben kann? Die Vorstellung, dass Parteien entweder auf Fehlinformationen oder Korruption basieren, könnte das Vertrauen in das gesamte politische System untergraben. Aber was nützt eine stabile Demokratie, wenn es Populismus und Polarisierung gibt?

Bei diesen Konzerten spielen Medien eine wichtige Rolle. Schließlich sind sie die Helden dieses Dramas, die unermüdlich Fehlverhalten aufdecken und die Öffentlichkeit informieren – zumindest in einer idealen Welt. In Wirklichkeit sind wir auf sensationelle Schlagzeilen und voreingenommene Berichterstattung angewiesen. Eine aktive Zivilgesellschaft? Das ist fast so, als würde man sagen, dass es Einhörner gibt. Natürlich können öffentliche Debatten politische Parteien unter Druck setzen, Veränderungen zu fordern. Aber wer hat heute die Energie für so engagiertes Verhalten? Das klassische Parteiensystem könnte tatsächlich überholt sein.

Europa neu zu überdenken bedeutet, Nationalismus und traditionelle Parteikonstrukte abzubauen, ein Konzept, das idealistisch klingen mag, in der heutigen fragmentierten politischen Situation jedoch immer notwendiger wird. Der Nationalismus, der eine kurze Zeit in der Geschichte dazu diente, kleine, fragmentierte Regionen zu zusammenhängenden Nationalstaaten zu vereinen, fungiert heute oft als Hindernis für eine umfassendere Integration. Er stellt die Spaltung an die Stelle der Kooperation und schafft ein Umfeld, in dem sich die Bürger als getrennt und nicht als Teil einer größeren europäischen Gemeinschaft sehen. Die

Wertschätzung der vielfältigen Kulturen Europas stärkt das Zugehörigkeits- und Solidaritätsgefühl seiner Bürger. Die Harmonisierung der Wirtschaftspolitik in ganz Europa ist dazu ausgedacht, die Unterschiede zwischen den Mitgliedern zu verringern. Das verspricht mehr Stabilität und Wohlstand für alle Europäer. Die Umsetzung europaweiter Sozialprogramme sollte ein Sicherheitsnetz für alle Bürger gewährleisten, Ungleichheit verringern und das Gefühl der gemeinsamen Verantwortung stabilisieren. Bildung und politisches Bewusstsein sind der Schlüssel zum Vorankommen. Aber warum sollte man sich die Mühe machen, kritisches Denken zu fördern, wenn es so viel einfacher ist, sich von der nächsten viralen Fake-News-Story unterhalten zu lassen?

Wachstum, das intelligent bezeichnet werden will, bedeutet, in Forschung und Entwicklung zu investieren, um Innovationen zu fördern und neues Wissen zu generieren. Dies erfordert Ausweitung der Bildung und des lebenslangen Lernens, um die Fähigkeiten der Menschen zu optimieren. Anreize, in neue Technologien und digitale Lösungen zu investieren, sind die Voraussetzung für nachhaltiges Wachstum. Wenn Ressourceneffizienz und Kreislaufwirtschaft gefördert werden, müssen gleichzeitig die Rahmenbedingungen für eine gerechte Einkommensverteilung und soziale Sicherheit geschaffen werden.

In modernen Zeiten, in denen traditionelle Parteistrukturen veraltet und reaktionslos erscheinen, könnte die Verlagerung der Aufmerksamkeit auf dynamischere Formen des politischen Engagements die Antwort sein. Die Einführung alternativer Beteiligungsmethoden würde ein integrativeres und reaktionsfähigeres politisches Umfeld schaffen. Bildung und politisches Bewusstsein bleiben für diesen Wandel von grundlegender Bedeutung, denn eine gut informierte Bevölkerung ist besser für einen sinnvollen Diskurs gerüstet. Kritisches Denken und politische Kompetenz erfordern jedoch Anstrengung und auf allen Seiten Investitionen in die Bereitschaft, sich mit den Dingen zu beschäftigen.

Die bestmögliche Zukunft für Europa hängt davon ab, wie glaubwürdig, kompetent und effizient die EU-Institutionen sind. Dazu formen sich innerhalb der regionalen Einheiten flexible und leistungsorientierte Bewegungen anstelle der zu eng aufgestellten Parteien. Mit diesem Pioniergeist erscheint Europas Ruf packender und stabiler. Die isolierten Versuche des Nationalismus sollten nicht auf ganz Europa übergreifen. Die europäische Politik arbeitet daher an entsprechenden Anpassungen. Ähnlich wie beim Sporttraining werden die Details geformt, ohne den Blick für das große Ganze zu verlieren.

Neu entwickelte administrative Großeinheiten können

effizienter auf gemeinsame Herausforderungen reagieren und Synergien zwischen benachbarten Gebieten nutzen. Sie können gemeinsame Infrastrukturen, Forschungseinrichtungen und Bildungsprogramme entwickeln, die über die derzeitigen Landesgrenzen hinausgehen. Aus politischen Parteien, wie wir sie von gestern kennen, können Interessenbewegungen entstehen, die flexibler und dynamischer auf die Bedürfnisse von morgen reagieren. Sie sind nicht an starre Parteifesseln und Ideologien gebunden. Sie könnten sich zu bestimmten Themen oder Anliegen wie Umweltfragen, sozialer Gerechtigkeit oder digitaler Innovation zusammenschließen und so eine gezieltere und effektivere Politikgestaltung ermöglichen.

Wir können damit rechnen, dass sich wechselnde Interessengruppen immer im Wandel befinden und die politische Richtung beeinflussen. Die Fähigkeit, diese Flexibilität effektiv zu verwalten, wird entscheidend für

erfolgreiche politische Ergebnisse sein.
Interessengruppen entwickeln und verändern sich im
Laufe der Zeit aufgrund sich ändernder gesellschaftlicher
Bedürfnisse, wirtschaftlicher Bedingungen und kultureller
Trends. Um den Anschluss nicht zuverlieren, müssen die
politischen Entscheidungsträger reaktionsschnell
handeln. Zur Anpassung der konkurrierenden
Anforderungen muss ein Gleichgewicht gefunden
werden, das die verschiedenen Interessengruppen
zufriedenstellt und gleichzeitig die gesetzten politische
Ziele erreicht. Um sich auf dem Boot schwankender
Interessengruppen erfolgreich zurechtzufinden, müssen
politische Entscheidungsträger imstande sein, politisches
Management sachgerecht zu praktizieren.

Die bestimmenden Themen für neue politische
Strukturen sind vor allem ethische Prinzipien wie Freiheit,
Sicherheit und Gerechtigkeit. Ihnen folgt unmittelbar das
Leistungsprinzip in Wirtschaft und Forschung unter der

ökologischen Prämisse des Schutzes von Umwelt und Natur. Diese Grundsätze dienen als Grundlage für den Aufbau einer wirksamen europäischen Regierungsführung. Der Schwerpunkt liegt auf Effizienz, Effektivität und Verantwortlichkeit. Die potenziellen Vorteile des Strukturwandels können nur ausgeschöpft werden, wenn die Zusammenarbeit im Planungs- und Umsetzungsprozess gewährleistet ist. Ständige professionelle Beobachtung, Bewertung und Analyse ermöglichen es, optimale Schlussfolgerungen für die Umsetzung zu ziehen.

Außerhalb Europas könnte im Nahostkonflikt sogar ein ähnliches politisches Modell von Großregionen als Alternative zur Zwei-Staaten-Lösung in Betracht gezogen werden. Dieser Ansatz konzentriert sich auf die Schaffung eines größeren Rahmens für die regionale Zusammenarbeit und Integration im Nahen Osten. Da der Konflikt auf langjährigen historischen und religiösen

Ansprüchen beruht, wird ein Zweistaatensystem nicht ausreichen, die bestehenden Differenzen zu lösen. Die anhaltende Gewalt und Instabilität in der Region veranschaulichen, dass ein Zwei-Staaten-Projekt nicht lösungsrelevant ist. Regelmäßige Gewaltausbrüche, wie in Gaza, zeigen die Fragilität aller vorübergehenden Vereinbarungen.

Kompromisse führen zu einer oberflächlichen Problemsicht, die das Kernthema nicht abdecken. Beispielsweise verringern vorübergehabende Waffenstillstände zwar die unmittelbaren Spannungen, aber die zugrunde liegenden Missstände und Erwartungen sind nicht ausgehoben, sodass die Tür für künftige Kriege meilenweit offen steht. Zentrale Fragen im Zusammenhang mit Souveränität, Grenzen, Flüchtlingsstatus und Sicherheitsvereinbarungen bleiben im Zweistaatensystem ungelöst. Dies sorgt für anhaltende Unsicherheit und Misstrauen und erschwert es, einen dauerhaften Frieden ins Visier zu nehmen. Angesichts dieser Herausforderungen ist die Suche nach alternativen Lösungen, die einen breiteren regionalen Ansatz beinhalten, ein möglicher Ausweg.

Vorrang haben internationale Bemühungen zur Isolierung der operierenden Terrorformationen. Solche Programme umfassen auch Themen wie das Rückkehrrecht für palästinensische Flüchtlinge, territoriale Integration und den Status Jerusalems. Auch in Fragen der israelischen Siedlungspolitik, die vor allem nationalistische Absichten betont, wäre eine multiregionale Lösung zu empfehlen. Die tief verwurzelten Feindseligkeiten, die sicherlich noch einige Zeit andauern werden, können nur mit umfassenden und ausgefeilten Programmen schrittweise eingedämmt werden.

Konstrukte von Makroregionen bieten eine Chance zur Terrorismusbekämpfung, wenn mehrere Länder

Ressourcen, Informationen und Strategien bündeln. Ein gemeinsames Nachrichtennetzwerk ermöglicht den effizienten Informationsaustaus, was Identifizierung terroristischer Zellen und die Verfolgung ihrer Aktivitäten erleuchtert. Die zusammengeschlossenen Staaten würden gemeinsame Task Forces bilden, die in der Lage sind, in Krisensituationen schnell und präzise zu reagieren. Ein großregionales Projekt kann durch soziale als auch durch Bildungsprogramme zur Deradikalisierung und Prävention extremistischer Ideologien beisteuern.

Ein multilaterales Friedensabkommen zwischen Israel, Palästina, Jordanien, Libanon, Syrien und anderen regionalen Akteuren müsste die Kernprobleme der Konflikte angehen. Die Förderung der wirtschaftlichen Integration könnte allen teilnehmenden Ländern durch gemeinsame Infrastrukturprojekte, Handel und wirtschaftliche Entwicklung zugute kommen. Ein metaregionaler Ansatz würde auch die gemeinsame

Bewirtschaftung kritischer Ressourcen wie Wasser und Energie fördern. Dadurch entstehen gegenseitige Abhängigkeiten, die die Friedensanreize erhöhen. Durch die Einführung neuer Modelle wäre es möglich, ein stabileres und wohlhabenderes Umfeld für alle Bewohner zu schaffen. Die Länder des Nahen Ostens verfügen über reichlich erneuerbare Energieressourcen, insbesondere Solar- und Windenergie. Europa könnte eine massive Beteiligung anstreben.

Der Wiederaufbau im Nahen Osten ist durchaus möglich, obwohl er eine äußerst langfristige Herausforderung darstellt. Angesichts der Zerstörungen durch jahrzehntelange Konflikte, die sozioökonomische Instabilität und die tiefen politischen Spannungen ist ein erfolgreicher Wiederaufbau von entscheidender Bedeutung für die Stabilität und den Frieden in der ganzen Region sowie für das Wohlergehen ihrer Bevölkerung. Der Wiederaufbau ist jedoch eine langfristige Aufgabe, die Geduld, Beharrlichkeit und die Zusammenarbeit vieler Akteure erfordert. Die Region hat das Potenzial, sich zu erholen, aber dies wird nur möglich sein, wenn alle Beteiligten - sowohl innerhalb als auch außerhalb der Region - bereit sind, die notwendigen Ressourcen und den politischen Willen aufzubringen. Um dies zu erreichen, müssen alle relevanten politischen Akteure und gesellschaftlichen Gruppen in einen inklusiven Dialog einbezogen werden. Nur durch eine überregionale Versöhnung und die Schaffung einer stabilen politischen Ordnung können die Voraussetzungen für einen nachhaltigen Wiederaufbau geschaffen werden.

Verhandlungen gehören im Kriegsfall zum notwendigen Übel, um Machtverhältnisse zu verwalten und Konflikte zu minimieren. Internationale Verhandlungen werden als dynamischer, iterativer Prozess betrachtet, der kontinuierliches Lernen und Anpassung erfordert. Doch was wäre internationale Politik ohne Fehltritte? Ein Verhandlungstisch kann schnell zum Schauplatz einer politischen Seifenoper werden, in der nationale Interessen mit persönlichen Egos kollidieren und jede Geste und jedes Wort unter die Lupe genommen wird. Unterhält es den Zuschauer, wenn die Staats- und Regierungschefs der Welt ihre nächsten Schritte planen und sich wie Schachspieler in einer Intrigenpartie verhalten, wie in einem schlecht geschriebenen Thriller?

Wenn wir uns der politischen Kommunikation im Allgemeinen zuwenden, nicht nur in Kriegssituationen, sondern auch im täglichen Informationsaustausch oder bei gemeinsamen politischen Auseinandersetzungen, stellen wir fest, dass es sehr häufig zu Missverständnissen kommt. Sie haben unterschiedliche Ursachen, insbesondere unterschiedliche Hintergründe. Annahmen, die auf Stereotypen oder früheren Erfahrungen basieren, führen leicht zu Fehlinterpretationen. Stress und Angst beeinträchtigen die Fähigkeit, Interessen effektiv zu teilen. Auch die Verwendung einer vagen Sprache zieht unterschiedliche Interpretationen nach sich. Ohne die Sprache zu verstehen, wird man die politische Frage nicht verstehen.

Um bei globalen Problemen sinnvolle Fortschritte zu erzielen, ist die Entwicklung vielschichtiger Lösungen unerlässlich. Dabei geht es darum, einen systemischen Ansatz zu verfolgen, eine multilaterale Koordination einzuführen und unterschiedliche Perspektiven und Fachkenntnisse zu integrieren. Systemdenken bedeutet, die verschiedenen Komponenten innerhalb eines Systems miteinander zu verbinden und zu erkennen, wie sich Änderungen in einem Teil auf das Ganze auswirken können. Was die Veränderung bringt, muss im Vorfeld geklärt sein, sonst wird alles im Sumpf der Widersprüche versinken. Welches Problem soll durch die Änderung gelöst werden? Was sind die konkreten Ziele und

Vorgaben? Die Festlegung eines klaren Ziels hilft, den Veränderungsprozess und seine Ausrichtung sicherzustellen. Mögliche Nachwirkungen und unbeabsichtigte Folgen gehören genauso geprüft wie langfristige Strategien, die sich mit zukünftigen Auswirkungen beschäftigen.

Durch die Integration verschiedener Perspektiven und Fachkenntnisse wird sichergestellt, dass die Lösungen umfassend sind und alle Aspekte eines Problems berücksichtigt wurden. Dies fördert Innovation und Co-Creation. Zu einer inklusiven Beteiligung gehört die Einbeziehung eines breiten Spektrums von Interessengruppen in den Entscheidungsprozess, darunter Regierungen, der Privatsektor, die Wissenschaft und die Zivilgesellschaft. Adaptive Managementstrategien ermöglichen Flexibilität und Anpassung von Richtlinien und Maßnahmen auf der Grundlage neuer Informationen und der sich ständig ändernden Umstände. Die Förderung einer Kultur des kontinuierlichen Lernens und der Verbesserung fördert sowohl Feedback als auch Iteration, um die Lösungen im Laufe der Zeit zu verfeinern.

Gerade die professionelle Szenarioplanung, wie sie in Think Tanks oder Evaluierungsagenturen durchgeführt wird, ist wertvoll, da sie die Antizipation verschiedener zukünftiger Zustände des Systems und die Entwicklung von Strategien ermöglicht, die unter verschiedensten Bedingungen robust sein müssen. Die interdisziplinäre Zusammenarbeit ist unerlässlich, da sie unterschiedliche Fachgebiete integriert, um ein umfassendes Verständnis des Problems zu erlangen.

Was ist mit der vermeintlichen Schönheit von Echokammern? "Wer braucht unterschiedliche Perspektiven und einen breiten Konsens, wenn der Tunnelblick so beruhigend ist? Und Innovation? Warum sich mit neuen Ideen beschäftigen, wenn die eigene

Ansichten absolut zuverlässig sind? Silos sind die Festung, die vor dem Chaos der Kreativität schützt und dafür sorgt, dass Innovation dort verstaubt, wo sie eigentlich hingehört. Warum die betroffenen lästigen Gemeinden einbeziehen? Es ist viel effizienter, sie komplett zu ignorieren und sich über die Aufregung zu wundern, wenn die isolierten Statements mit einem lauten Knall auf den Boden fallen. Unzufriedenheit? Sie ist ein kleiner Preis für unsere Einsamkeit. Kulturelle Kompetenz? Wer hat schon die Zeit, unterschiedliche Perspektiven zu verstehen, wenn unterhaltsame Anekdoten aus den Missverständnissen entstehen? Globale Zusammenarbeit? Überbewertet! Die Starrheit im Festhalten an in Stein gemeißelten Lösungen zeigt die vermeintlich wahre Stärke. Geänderte Umstände? Sie sind nur die Gelegenheit, die eigene Unflexibilität zur Schau zu stellen.“ Diese ironische Darstellung unterstreicht die Absurdität, Inklusivität, frische Ideen, soziales Engagement, kulturelles Verständnis und

Anpassungsfähigkeit in Entscheidungsprozessen zu ignorieren.

Die Europäische Union war schon immer Vorreiter, wenn es darum ging, ehrgeizige Ziele zu setzen. Doch hohe Ziele zu verfolgen ist eine Sache, sie zu erreichen eine andere. Um ihre Vision in die Realität umzusetzen, braucht die EU eine Neuausrichtung der bestehenden Institutionen. Einige erfordern eine Umstrukturierung, während andere von Grund auf neu aufgebaut werden müssen, um die spezifischen Herausforderungen zu bewältigen. Dies erfordert den notwendigen Abbau von Nationalismen sowie eine Neuausrichtung der Mitgliedschaft im Europäischen Rat. Das Motto verlangt die Distanzierung vom nationalen Denken hin zu wenigen groß-regionalen Mustern sowie den Abbau der traditionellen Parteiensysteme.

Die EU steht somit vor der Chance, durch verstärkte

regionale Kooperation und einen Fokus auf gesamteuropäische Herausforderungen neue Dynamiken zu entfalten. Anstatt sich in nationalen Egoismen zu verlieren, könnte eine engere Zusammenarbeit benachbarter Regionen den Weg in eine zukunftsfähige EU ebnen. Nationalüberschreitende Initiativen bieten enormes Potenzial, um gemeinsame Probleme anzugehen und voneinander zu lernen. Ob Infrastruktur, Umweltschutz oder wirtschaftliche Entwicklung - in vielen Bereichen lassen sich durch Bündelung von Ressourcen und Wissen bessere Lösungen finden als im Alleingang. Die EU fördert solche Kooperationen bereits durch Programme wie „Interreg", die konkrete Projekte zur Weiterentwicklung der Regionen ermöglichen. Parallel dazu könnte eine Stärkung gesamteuropäischer politischer Bewegungen frischen Wind in die oft als bürgerfern empfundenen EU-Institutionen bringen. Wenn sich mehr Menschen über Landesgrenzen hinweg für europäische Themen engagieren, kann dies zu einem

Mentalitätswandel führen und die EU näher an ihre Bürger heranrücken. Um global wettbewerbsfähig zu bleiben, muss Europa zudem seine Kräfte in Schlüsselbereichen bündeln. Die Stärkung der gemeinsamen Außen- und Sicherheitspolitik wird notwendig, um den Herausforderungen einer zunehmend komplexen globalen Landschaft gerecht zu werden. Angesichts der gegenwärtigen Krisenlagen ist dies keine Märchenvorstellung.

Massive Investitionen in Zukunftstechnologien wie künstliche Intelligenz, Quantencomputing und Biotechnologie sind nötig, um im globalen Innovationswettlauf nicht den Anschluss zu verlieren. Der Aufbau einer wettbewerbsfähigen Digitalwirtschaft und die gezielte Förderung von Spitzenforschung und Start-ups können Europa zum Innovations-Initiator machen. Gleichzeitig gilt es, den Wandel hin zu einer nachhaltigen Wirtschaft und Gesellschaft voranzutreiben. Mit dem

European Green Deal hat sich die EU ehrgeizige Ziele gesetzt. Diese erfordern tiefgreifende Veränderungen in allen Bereichen - von der Energieversorgung über die Mobilität bis hin zu Produktions- und Konsummustern. Dabei muss sichergestellt werden, dass der Übergang sozial gerecht gestaltet wird und bestehende Ungleichheiten abgebaut werden. Die Förderung der Kreislaufwirtschaft und nachhaltiger Mobilitätskonzepte sind weitere wichtige Bausteine auf dem Weg zu einem zukunftsfähigen Europa. Der Weg dorthin erfordert Mut zu Veränderungen und die Bereitschaft, über nationale Grenzen hinweg zu denken und zu handeln. Doch die Chancen, die sich daraus ergeben, sind es wert, diese Herausforderungen anzunehmen.

Der erste Schritt zur Stärkung der EU bestünde darin, herauszufinden, was ihre obersten Prioritäten sind. Dabei geht es nicht nur darum, Bürokratien zu enttarnen, sondern auch darum, sicherzustellen, dass die vorhandenen Strukturen flexibel genug sind, auf sich verändernde Bedürfnisse adäquat zu reagieren. Sobald die Prioritäten offengelegt sind, besteht der nächste Schritt darin, sicherzustellen, dass genügend Ressourcen vorhanden sind, um die Ziele zu erreichen. Dies bedeutet den Umgang mit den notwendigen finanziellen, personellen und materiellen Ressourcen. Darüber hinaus geht es darum, Fachwissen zu mobilisieren und sicherzustellen, dass die richtigen Leute an den richtigen Stellen sind, um diese Pläne voranzutreiben. Wenn man versucht, die besten Elemente zu kombinieren, muss man darauf achten, dass sie harmonisch zusammenwirken. Andernfalls wird aus einem großen Traum schnell ein amüsantes Durcheinander – und das Publikum redet möglicherweise mehr über die lustigen Missgeschicke als über die Attraktionen selbst!

Zuallererst haben die europäischen Bürger ein berechtigtes Interesse daran, wie sich die europäische

Handels-, Sicherheits- und Klimapolitik direkt auf ihr tägliches Leben auswirkt. EU-Entscheidungen zu Handelsabkommen haben Auswirkungen auf Arbeitsmärkte, Verbraucherpreise und wirtschaftliche Stabilität. Nicht weniger wichtig sind die Auswirkungen der Haltung Europas in Umweltfragen auf die öffentliche Gesundheit und die Lebensqualität seiner Bürger. Auch die diversen Partner außerhalb der geographischen Grenzen des Kontinents mögen sich fragen, wie Europa sie sieht, und umgekehrt wird Europa einschätzen, wie es den anderen außerhalb geht. Wie könnte die europäische Demokratie im Idealfall funktionieren? Und dann ist da noch die Einschätzung der Bürger im Falle eines bewaffneten Konflikts. Wie betroffen fühlen sie sich? Es gibt kein Land und keine Konföderation auf der Welt, die mit der Europäischen Union vergleichbar wären, wenn es um ihre einzigartige Regierungsstruktur und ihre demokratischen Prozesse geht. Das System der EU ist durch das Zusammenspiel von Management, parlamentarischer Entscheidungsfindung und Führung gekennzeichnet, das eine ausgeprägte Dreiecksbeziehung demokratischen Einflusses schafft. Die Aufgabe des Europäischen Parlaments besteht nicht darin, sich unvorbereitet in die Ungewissheit über die Zukunft Europas zu stürzen. Die Themen werden von einer unabhängigen Institution, der Europäischen Kommission, vorbereitet. Sobald allerdings das politische Umfeld von irrationalen Emotionen wie Nationalismus oder Entscheidungs-Egoismus dominiert wird, geraten politische Aktivitäten außer Kontrolle. Der wirtschaftliche und soziale Schaden trifft die Einheit. Daher ist es wichtig, dass der Fokus auf Regionen und Ländern liegt und nicht auf Nationen. Dann werden Teile eines Landes sogar in verschiedene Großregionen zusammengefasst, sodass die funktionale Aufteilung dem gesamten Land zugute kommt. Im Mittelpunkt der Überlegungen für gemeinsame Entscheidungen stehen das wirtschaftliche

Potenzial und die soziale Gerechtigkeit sowie die Kontrolle über die Verteidigung.

Die Aufgabe des Europäischen Parlaments besteht nicht darin, sich unvorbereitet in die Ungewissheit über die Zukunft Europas zu stürzen. Die Themen werden von einer unabhängigen Institution, der Europäischen Kommission, vorbereitet. Sobald das politische Umfeld von irrationalen Emotionen wie Nationalismus oder Egoismus dominiert wird, geraten politische Aktivitäten außer Kontrolle. Der wirtschaftliche und soziale Schaden betrifft die Einheit. Daher ist es wichtig, dass der Fokus auf Regionen und Ländern liegt und nicht auf Nationen. Dann werden Teile eines Landes sogar in verschiedene Großregionen zusammengefasst, sodass die funktionale Aufteilung dem gesamten Land zugute kommt. Das wirtschaftliche Potenzial, die soziale Gerechtigkeit sowie die Kontrolle über Waffensysteme stehen im Mittelpunkt der Überlegungen gemeinsamer Beschlüsse.

Das Parlament muss für fundierte und evidenzbasierte Debatten sorgen. Dafür ist der Zugang zu hochwertigen Daten, Forschungsergebnissen und Expertenmeinungen erforderlich. Der Aufbau stärkerer Verbindungen zu akademischen Institutionen und Think Tanks kann die parlamentarischen Diskussionen bereichern. Für die demokratische Legitimität ist es von entscheidender Bedeutung, sicherzustellen, dass alle Stimmen aller Regionen gehört werden. Das Parlament sollte den inklusiven Dialog fördern und Plattformen für unterschiedliche Perspektiven schaffen. Die Einbindung der Öffentlichkeit in parlamentarische Debatten erhöht die Transparenz und Rechenschaftspflicht.

Das Management der Europäischen Kommission muss robust und mit rationalisierten Prozessen und einer ergebnisorientierten Ausrichtung ausgestattet sein. Durch Investitionen in moderne Managementpraktiken kann die

Effizienz deutlich gesteigert werden. Um die kritischen Probleme der europäischen Politik wirksam anzugehen, muss die Kommission ihre Managementkapazitäten in mehreren Schlüsselbereichen verbessern, denn sie muss umfassende Strategien für eine schnelle Reaktion und Erholung entwickeln, um sicherzustellen, dass die EU besser auf künftige Krisen vorbereitet ist. Die Einführung strenger Evaluierungs-Mechanismen und die Förderung einer Kultur der Offenheit tragen dazu bei, Korruption und Ineffizienz auf den europäischen Feldern einzudämmen. Durch die Konzentration auf diese Bereiche steigert die Europäische Kommission ihre Wirksamkeit und Reaktionsfähigkeit, was letztendlich zu widerstandsfähigeren Governance-Strukturen innerhalb der EU führt.

Der Europäische Rat ist ein Eckpfeiler des Entscheidungsprozesses der EU, da er die strategische Ausrichtung vorgibt und die Zusammenarbeit zwischen den Mitgliedern erleichtert. Die aus diesen Treffen gezogenen Schlussfolgerungen leiten die Arbeit der Europäischen Kommission und anderer EU-Institutionen. In Zeiten wirtschaftlicher, politischer oder sozialer Krisen kommt der Europäische Rat zusammen, um eine koordinierte Reaktion zu formulieren. Während der Krise in der Eurozone spielte er beispielsweise eine entscheidende Rolle bei der Vereinbarung von Finanzhilfepaketen und Reformen. Der Rat fördert die Zusammenarbeit zwischen seinen Mitgliedern und fördert die Konsensbildung, um die Positionen der Mitglieder zu gemeinsamen Herausforderungen abzustimmen. Er implementiert klare Kennzahlen zur Bewertung der Wirksamkeit von Richtlinien und Programmen kann die Rechenschaftspflicht verbessern. Regelmäßige Audits und Bewertungen können Bereiche mit Ineffizienz und Korruption identifizieren und so sicherstellen, dass Ressourcen effektiv genutzt werden. Durch die Einbeziehung von Nachhaltigkeit in alle Aspekte der Politikgestaltung kann sichergestellt werden, dass die EU

nicht nur unmittelbare Herausforderungen bewältigt,
sondern auch langfristige Widerstandsfähigkeit
gegenüber künftigen Krisen aufbaut.

Die europäische Einheit ist immer noch mit erheblichen
Gefahren im Inneren konfrontiert, die von
unzureichenden organisatorischen Rahmenbedingungen
ausgehen. Um diesen desintegrierenden Kräften
entgegenzuwirken, ist es für die EU von entscheidender
Bedeutung, ihre Strukturen und Prozesse kontinuierlich
zu verbessern und gleichzeitig die Zusammenarbeit und
das Vertrauen zwischen den verschiedenen Ländern und
Regionen zu stärken. Nur so kann die EU als stabile und
geeinte Gemeinschaft funktionieren und die komplexen
Probleme, mit denen sie konfrontiert ist, wirksam
angehen. Eine eingehende Analyse der Probleme ist
notwendig, um fundierte Entscheidungen zu treffen und
positive Veränderungen herbeizuführen. Während die
Vereinigung politischer Kräfte zu gemeinsamen Zielen

und Lösungen führt, sollte die Vielfalt der Meinungen und Ideen nicht vernachlässigt werden. Es ist wichtig, unterschiedliche politische Strömungen und Standpunkte zu respektieren, aber gleichzeitig extremistische Tendenzen, die sich außerhalb des demokratischen Gedankenbogens abspielen, rechtzeitig zu erkennen und zu bekämpfen. Durch Zusammenarbeit und respektvollen Austausch der Ideen können politische Akteure konstruktive Lösungen finden und politische Kreativität fördern, ohne von extremistischen Entwicklungen überrollt zu werden.

Eine optimale Co-Creation erfordert eine offene und transparente Kommunikation zwischen allen Beteiligten. Das bedeutet, dass Informationen und Daten frei ausgetauscht werden müssen, um eine gemeinsame Wissensbasis zu schaffen. Durch den Einsatz digitaler Plattformen und Tools können Regierungen und Organisationen die Zusammenarbeit und den

Informationsaustausch erleichtern. Wird eine angekündigte Trendwende nicht genutzt, kommt es zu massiven negativen Folgen, denn ohne die Umsetzung notwendiger Änderungen bleiben bestehende Probleme weiterhin bestehen oder verschlimmern sich sogar. Dies verschlechtert nur noch mehr die internationalen Lagen und damit die Lebensqualität vieler Menschen.

Eine der schädlichsten Reaktionen auf die Unvorhersehbarkeit des modernen Lebens besteht darin, mit Panik und Aufregung zu reagieren. Wenn man mit Unsicherheit konfrontiert wird, könnte die natürliche Tendenz des Menschen darin bestehen, impulsiv zu reagieren, was oft das Gefühl der Unordnung verstärkt, anstatt es zu lindern. Dies bewirkt einen Teufelskreis aus Angst und Fehlinterpretatione, der die persönliche und gemeinschaftliche Not nur noch verstärkt. Wer jedoch danach strebt, die größeren Zusammenhänge und die zugrunde liegende Dynamik der Ereignisse zu verstehen, bewahrt auch in den turbulentesten Zeiten seine Fassung. Durch das Erkennen von Mustern und die Kontextualisierung singulärer Ereignisse im größeren Rahmen können Einzelpersonen mit einer ausgewogeneren und informierteren Perspektive durch Krisen hindurchkommen.

Auch für die breite Öffentlichkeit, also für alle Bürger, ist es wichtig, die großen Linien im Auge zu behalten. Wer sich mit den Zusammenhängen auseinandersetzt, wird auch in den Turbulenzen der Welt die persönliche Ruhe bewahren. Die schlimmste Reaktion ist, als Unruhestifter zu schreien und um sich zu schlagen. Sich auf übergreifende Trends und breitere Zusammenhänge zu konzentrieren, anstatt sich in Kleinigkeiten zu verzetteln, hilft, übermäßige Ängste abzubauen und Fehlurteile zu vermeiden. Diese Perspektive ist nicht nur vorteilhaft, sondern geradezu unerlässlich, um inmitten globaler

Umbrüche ein Gefühl der persönlichen Ruhe zu

bewahren.

Der Schlüssel zum Erreichen dieses Erkenntnisniveaus

liegt im kontinuierlichen Lernen und Ausweiten des

Bewusstseins. Die Nutzung verlässlicher

Informationsquellen, die Teilnahme an seriösen

Diskussionen und das Überschauen historischer

Präzedenzfälle können zu einem umfassenderen

Überblick über aktuelle Ereignisse führen. Dieser Ansatz

hilft bei der Unterscheidung zwischen unmittelbaren,

vorübergehenden Problemen und solchen, die von

dauerhafter Bedeutung sind. Darüber hinaus ist die

Übung in Geduld und Belastbarkeit unerlässlich. Schnelle

Lösungen und oberflächliche Lösungen verschaffen

vielleicht vorübergehende Linderung, beseitigen aber oft

nicht die eigentlichen Ursachen von Stress und

Verwirrung. Stattdessen ermöglicht ein ruhiger,

maßvoller Ansatz eine effektivere Problemlösung und Entscheidungsfindung.

Es ist wirklich gut zu wissen, was nur bedrohlich erscheint und was geradezu bedrohlich ist und was nicht. Die Unterscheidung zwischen angenommenen Bedrohungen und tatsächlichen Gefahren ist für fundierte Entscheidungen von Bedeutung. Experten müssen die Informationsquelle und die Glaubwürdigkeit der Schlussfolgerungen bewerten. Manchmal sind es Sachlagen, die aufgrund begrenzter Informationen, Stereotypen oder Fehlinformationen gefährlich erscheinen. Sie rufen emotionale Reaktionen hervor, wie Angst oder Unruhe. Gefahren, die ein konkretes Risiko für die Sicherheit darstellen, sind durch Beweise und Analysen belegbar. Echte Bedrohungen erfordern Maßnahmen, um potenzielle Schäden zu mindern. Fehlgeleitete Richtlinien können zu Überregulierung, Verletzungen der Bürgerrechte oder unzureichenden

Reaktionen auf echte Risiken führen. Um wirksame Interventionen zu schaffen, müssen Entscheidungen auf der Grundlage genauer Bedrohungsbewertungen getroffen werden. In den internationalen Beziehungen sind falsch verwertete Bedrohungen häufig auf Fehlinterpretationen, Propaganda oder politische Feindseligkeiten zurückzuführen. Medien, politische Rhetorik oder kulturelle Missverständnisse verstärken die Fehlannahmen. Klare Kommunikation und gemeinsame Intelligenz unterstützen die Offenlegung von Tatsachen.

In einer von Spannungen und Konflikten geprägten Zeit sind Momente des Innehaltens wichtiger denn je. Diese Momente sollten daher aktiv genutzt und gefördert werden, um ein nachhaltiges und friedliches Zusammenleben zu überdenken. Co-Creation in der internationalen Politik kann als ein Prozess definiert werden, in dem Regierungen, internationale Organisationen, Nichtregierungsorganisationen, die

Zivilgesellschaft und andere Interessengruppen zusammenarbeiten, um politische Lösungen zu entwickeln und umzusetzen. Dieser Ansatz basiert auf der Idee, dass die Beteiligung verschiedener Akteure mit unterschiedlichen Perspektiven und Kompetenzen zu besseren und nachhaltigeren Ergebnissen hinführt.

Was erwarten wir von der modernen internationalen Politik und ihren Akteuren? Politische Führungskräfte müssen über neue Trends, Technologien und gesellschaftliche Veränderungen auf dem Laufenden bleiben. Dies kann durch regelmäßige Zusammenarbeit mit Experten, Wissenschaftlern und Innovatoren erreicht werden. Führungskräfte sollten aktiv nach Erkenntnissen aus verschiedenen Bereichen suchen, um neue Entwicklungen zu verstehen und sie in die Politikgestaltung zu integrieren. Richtlinien sollten mit integrierten Mechanismen zum Sammeln von Feedback von der Öffentlichkeit und von diversen

Interessengruppen umgesetzt werden. Bewertungen
fliessen in laufende Anpassungen und Verbesserungen
ein, um sicherzustellen, dass die Richtlinien relevant und
wirksam bleiben. Richtlinien müssen anpassungsfähig sein
und Änderungen ermöglichen, wenn sich die Umstände
ändern und neue Informationen auftauchen. Flexibilität
stellt sicher, dass sich die Politik weiterentwickelt, um den
aktuellen und zukünftigen Bedürfnissen der Gesellschaft
gerecht zu werden.

Für einen inklusiven Dialog mit der Zivilgesellschaft wird
es notwendig sein, ein breites Spektrum an
Interessengruppen einzubeziehen. Unterschiedliche
Perspektiven helfen, die Komplexität von Problemen zu
verstehen und ganzheitliche Lösungen zu finden.
Proaktive Politikgestaltung bedeutet, zukünftige
Herausforderungen bestmöglich zu antizipieren. Schnelle
und wirksame Reaktionen sind entscheidend, um das
Vertrauen der Öffentlichkeit aufrechtzuerhalten und

Stabilität zu gewährleisten. Eine zufriedenstellende Zukunft in der internationalen Politik erfordert eine Abkehr von traditionellen Machtdynamiken und die Entwicklung neuer Ideen für die globale Ordnung. Da die Welt immer stärker vernetzt wird, werden internationale Zusammenarbeit und multilaterale Institutionen der Schlüssel zur Bewältigung gemeinsamer Herausforderungen sein.

Allerdings hat insbesondere Europa Schwierigkeiten, eine kohärente strategische Vision zu entwickeln und es mangelt an den militärischen Fähigkeiten, um ein wichtiger Akteur auf der Weltbühne zu sein. Um dies zu überwinden, sind eine tiefere Integration und die Bereitschaft erforderlich, Souveränität zum Wohle der Allgemeinheit auszuweiten. Gleichzeitig führen die Verbreitung von Massenvernichtungswaffen und der Aufstieg verantwortungsloser Akteure dazu, dass die Abschreckungslogik des Kalten Krieges nicht mehr eindeutig gilt. Die Verhinderung des Einsatzes dieser Waffen und die Bewältigung regionaler Konflikte werden entscheidende Prioritäten sein. Letztendlich erfordert die Schaffung einer zufriedenstellenden internationalen Ordnung im 21. Jahrhundert kreatives Denken, mutige Führung und ein Engagement für Diplomatie und die friedliche Beilegung von Streitigkeiten. Es wird nicht einfach sein, aber die Alternative – eine Welt des Unilateralismus, des Großmachtwettbewerbs und der ständigen Konfliktgefahr – ist inakzeptabel. Die Zukunft mag ungewiss sein, aber es liegt an uns, sie zu gestalten. Europas Verantwortung in der Weltgemeinschaft unterstreicht seine Rolle bei der Bewältigung globaler Herausforderungen. Europa kann sich nicht um seinen Beitrag zur internationalen Zusammenarbeit, Nachhaltigkeit und zu Entwicklungsbemühungen drücken.

In der Wirtschaft können Bedrohungen aus verschiedenen Quellen entstehen, darunter globale

Marktschwankungen, geopolitische Spannungen und Veränderungen im Verbraucherverhalten. Wenn Regierungen diese Bedrohungen wahrnehmen, können sie protektionistische Maßnahmen ergreifen, die den Welthandel und die wirtschaftliche Stabilität beeinträchtigen. Ein differenziertes Verständnis der realen wirtschaftlichen Bedrohungen hilft den Ländern jedoch dabei, wirksame Maßnahmen zum Schutz ihrer Volkswirtschaften umzusetzen, ohne auf unnötige Handelshemmnisse zurückzugreifen. Plötzliche Änderungen der Rohstoffpreise, Währungsschwankungen oder Instabilität an den Aktienmärkten stellen Risiken für die Volkswirtschaften dar. Durch den Aufbau von Handelsbeziehungen mit einem breiteren Spektrum von Ländern verringern Länder ihre Anfälligkeit für wirtschaftliche Schocks.

Die Wirtschaft hat sich in der Tat dahingehend weiterentwickelt, Compliance-Regeln in allen Branchen und Sektoren einzuführen, was einen deutlichen Wandel gegenüber früheren Praktiken widerspiegelt. Dieser Wandel wird von mehreren Faktoren vorangetrieben und hat weitreichende Auswirkungen auf Unternehmen, Regierungen und die globale Wirtschaftsstruktur. Compliance hat sich von einem passiven, reaktiven Ansatz zu einem proaktiven Ansatz gewandelt, der fortschrittliche Technologien und Datenanalysen nutzt. Diese Entwicklung war in den letzten fünf Jahrzehnten besonders bemerkenswert, da Compliance-Programme immer ausgefeilter und integraler Bestandteil des Geschäftsbetriebs wurden. Dieser Ansatz ermöglicht es Unternehmen, Muster zu erkennen, Risiken effektiver zu verwalten und schnell auf aufkommende Compliance-Probleme zu reagieren. Es ist jedoch wichtig zu beachten, dass die Datenanalyse zwar ein leistungsstarkes Tool ist, ein gut integriertes Compliance-Programm jedoch nicht ersetzt.

Die modernen Compliance-Rahmenwerke gehen über die bloße Einhaltung gesetzlicher Vorschriften hinaus. Sie umfassen Umweltaspekte, soziale Verantwortung und gesellschaftliche Vorteile. Dieser erweiterte Anwendungsbereich spiegelt die wachsende Erkenntnis wider, dass die Auswirkungen eines Unternehmens weit über seine finanzielle Leistung hinausgehen. Die unethischen Praktiken, die einst skrupellose Industriemagnaten anwandten – die Ausnutzung technologischer Vorteile zum persönlichen Vorteil aufgrund mangelnder Kontrolle – hätten nun das Potenzial, die gesamte globale Wirtschaftsstruktur zu destabilisieren. Heute können nur intelligente und ethische Managementmethoden nachhaltige Werte liefern. Damit die Ära der wirtschaftlichen Willkür der Vergangenheit angehört, müssen internationale Vorschriften respektiert werden. Auch die Weltpolitik unterliegt diesen Regeln und ist auf deren Durchsetzung angewiesen. Indem sie sicherstellen, dass Unternehmen innerhalb festgelegter regulatorischer Grenzen agieren, tragen diese Regeln zur allgemeinen wirtschaftlichen Stabilität bei.

Die EU ist für ihren umfassenden Regulierungsrahmen bekannt, der ein breites Spektrum an Branchen abdeckt, darunter Finanzen, Datenschutz, Umweltstandards und Verbraucherrechte. Durch die Einführung dieser Vorschriften möchte die EU gleiche Wettbewerbsbedingungen gewährleisten, einen fairen Wettbewerb fördern und die Interessen von Verbrauchern und Unternehmen gleichermaßen schützen. Dies unterstützt direkt die Idee, dass nur intelligente und ethische Managementpraktiken in einem regulierten Umfeld nachhaltige Werte schaffen können.

Der EU-Binnenmarkt basiert auf der Harmonisierung der Standards in seinen Mitgliedstaaten. Das bedeutet, dass Produkte und Dienstleistungen EU-weit einheitlichen

Standards entsprechen müssen, um sicherzustellen, dass Unternehmen unabhängig vom Land, in dem sie ihren Sitz haben, nach denselben Regeln agieren. Dies ist eine praktische Umsetzung der Idee, dass globale oder regionale Regeln respektiert werden müssen, um wirtschaftliche Willkür zu verhindern und Stabilität zu gewährleisten.

Die Unterstützung der Forschung auf internationaler Ebene hilft der Industrie, sich an technologische Veränderungen anzupassen und wettbewerbsfähig zu bleiben. Anstatt Zölle zu erheben, können Regierungen in Schwierigkeiten geratene Industrien durch Zuschüsse, Schulungsprogramme und Infrastrukturinvestitionen unterstützen. Die Teilnahme an gut kalkulierten internationalen Handelsabkommen schafft ein stabileres Handelsumfeld und verringert die Wahrscheinlichkeit einseitigen Protektionismus. Es muss jedoch auch anerkannt werden, dass Konflikte oder diplomatische

Auseinandersetzungen zu Sanktionen oder Handelsbeschränkungen führen, die sich auf die Wirtschaftsbeziehungen auswirken. Der rasante technologische Fortschritt führt dazu, dass bestimmte Branchen überflüssig werden, was zu Arbeitsplatzverlusten und wirtschaftlichen Veränderungen führt.

Die EU hat sich als Vorreiter im Klimaschutz positioniert und die internationale Klimapolitik maßgeblich beeinflusst, insbesondere durch ihr Bekenntnis zum Pariser Abkommen und ihre ehrgeizigen Klimaziele, die Maßstäbe für andere Länder setzen. Viele Länder und internationale Organisationen bewerten die Führungsrolle der EU im Klimaschutz positiv und schätzen ihre proaktive Haltung und ihre ehrgeizigen Ziele. Der Green Deal und sein Engagement für Dekarbonisierung und Nachhaltigkeit wurden als umfassende und zukunftsweisende Initiativen gelobt. Beispielsweise werden die regulatorischen Rahmenbedingungen und CO2-Bepreisungsmechanismen häufig als Vorbilder für andere Regionen herangezogen. Die EU unterstützt Entwicklungsländer finanziell und technologisch, damit sie ihre Klimaziele erreichen können. Diese Unterstützung wird allgemein gut angenommen und trägt zum positiven internationalen Ruf der EU bei.

Allerdings wird von einigen Handelspartnern der Einsatz von CO2-Grenzausgleichsmaßnahmen durch die EU zur Regulierung von Importen aus Ländern mit niedrigeren Umweltstandards als protektionistisch angesehen. Entwicklungsländer empfinden die Klimapolitik der EU manchmal als eine ungerechtfertigte Belastung für sie, insbesondere wenn ihnen die Ressourcen fehlen, um ähnliche Standards zu erfüllen. Dabei ist der Grundsatz der gemeinsamen, aber differenzierten Verantwortlichkeiten von entscheidender Bedeutung. In autoritären Regimen können mangelnde Transparenz und

Einschränkungen der Zivilgesellschaft die Umsetzung von Umwelt- und Klimapolitik erschweren. Verschwörungsideologien, die auf den Green Deal und die liberale Weltordnung abzielen, haben zugenommen und spiegeln tiefere Ängste und Widerstände in verschiedenen Teilen der Gesellschaft wider. Diese Ideologien sind oft auf ein komplexes Zusammenspiel von Faktoren zurückzuführen, darunter wirtschaftliche Bedenken und politische Desillusionierung. Dennoch birgt der Green Deal erhebliches Potenzial, den wirtschaftlichen Wettbewerb anzukurbeln. Durch die Förderung von Innovationen, die Forcierung des technologischen Fortschritts und die Umgestaltung der Marktdynamik kann der Green Deal ein wettbewerbsfähigeres und dynamischeres Wirtschaftsumfeld fördern.

Es stimuliert erhebliche Investitionen in erneuerbare Energien, in Energieeffizienz und nachhaltige Technologien. Die erhöhte Finanzierung bietet

Unternehmen die Möglichkeit, in Sektoren wie Solarenergie und Windkraft Innovationen zu entwickeln und Spitzentechnologien zu entwickeln. Unternehmen und Forschungseinrichtungen sind motiviert, neue Lösungen zu erforschen, die zu Durchbrüchen führen, die die Wettbewerbsfähigkeit verbessern. Es wird erwartet, dass Sektoren wie nachhaltige Landwirtschaft, umweltfreundliches Bauen und Abfallmanagement wachsen und Unternehmen neue Möglichkeiten für Investitionen und Expansion bieten. Unternehmen, die sich in diesen Technologien auszeichnen, können internationale Märkte erschließen und so ihre Wettbewerbsfähigkeit auf globaler Ebene steigern. Die kleinen landwirtschaftlichen Strukturen, die auf natürliche Weise produzieren, werden aufgewertet. Unternehmen, die Prinzipien der Kreislaufwirtschaft und nachhaltige Praktiken übernehmen, können ihre Kosten senken und ihre Marktposition verbessern. Niedrigere Energiekosten und eine geringere Abhängigkeit von fossilen Brennstoffen steigern die betriebliche Effizienz und verschaffen Unternehmen einen Wettbewerbsvorteil.

Der „Green Deal" ist also mehr als eine Umweltpolitik; er ist ein Katalysator für den wirtschaftlichen Wettbewerb. Indem er Innovationen vorantreibt, neue Marktchancen schafft, die Effizienz der Branche steigert, Investitionen anzieht und nachhaltige Praktiken fördert, hat er das Potenzial, die Wirtschaftslandschaft zu verändern. Wenn sich Unternehmen und Länder an diese Veränderungen anpassen, werden sie um die Führung in der neuen Wirtschaft konkurrieren und ein dynamisches und wettbewerbsorientiertes Umfeld schaffen, das sowohl der Wirtschaft als auch der Umwelt zugute kommt. Die Diskrepanz zwischen humanitärer Verantwortung und geopolitischen Interessen zeigt sich in der Reaktion Europas auf verschiedene Krisen. Zwar gibt es einige Fälle, in denen humanitäre Hilfe in großem Umfang geleistet wird – etwa bei Naturkatastrophen oder bestimmten Konflikten –, es gibt jedoch auch Situationen, in denen die Reaktion langsam oder unzureichend ist, oft aufgrund politischer Erwägungen oder interner Spannungen innerhalb der EU. Als Teil der internationalen Gemeinschaft hat Europa nicht nur die Verantwortung, auf humanitäre Krisen zu reagieren, sondern auch präventiv zu handeln. Das bedeutet, die Ursachen von Konflikten und Leid anzugehen und nicht nur die Symptome zu behandeln. Der Einsatz für Frieden, Stabilität und Menschenrechten im Mittelpunkt der europäischen Außenpolitik wird sich auf Dauer bezahlt machen. Das bedeutet, die Ursachen von Konflikten und Leid anzugehen und nicht nur die Symptome zu behandeln.

Wie sieht die Dunkelheit der Menschheit aus? Die Dokumentation des Grauens beweist immer wieder, wie weltfremd die Menschheit ist. Bilder und Filme haben die Fähigkeit, Emotionen hervorzurufen und Geschichten zu erzählen, die Worte allein oft nicht vermitteln können. Sie zeigen die grausamen Folgen von Krieg und Unterdrückung in der Welt. Sie rücken das Leid in den Fokus, das sich oft hinter politischer Rhetorik und statistischen Daten verbirgt. Bilder von leidtragenden Kindern in Krisengebieten oder Szenen aus Kriegsgebieten werden oft als Schockinstrument eingesetzt, um die Öffentlichkeit zu mobilisieren und auf Missstände aufmerksam zu machen. Trotz des erschütternden Inhalts gibt es auch eine tiefere Botschaft, die oft über das unmittelbare Leid hinausgeht. Die Bewusstseinsbildung befasst sich nicht nur mit der Abwesenheit von Menschlichkeit, sondern auch mit der Widerstandsfähigkeit des menschlichen Geistes. Geschichten von Überlebenden, die trotz extremen Leids Hoffnung und Mitgefühl bewahren, zeigen, dass die Menschheit in der Lage ist, sich über das Grauen zu erheben. Die Konfrontation bringt eine ethische Frage mit sich: Welche Verantwortung haben wir als Zuschauer?

Zwar neigt der Mensch dazu, die Bilder zu konsumieren, ohne die notwendigen Schritte zur Veränderung zu unternehmen. Die Dunkelheit des Grauens mag überwältigend sein, aber in ihr liegt das Potenzial für Veränderung und Hoffnung – wenn wir bereit sind zu handeln.

Die Europäische Union engagiert sich intensiv im Spiel der globalen Herausforderungen, insbesondere durch die Unterstützung der Zivilgesellschaft, die Regelung und Verhinderung von Konflikten sowie die Stärkung demokratischer Grundsätze weltweit. Durch eine Kombination aus finanzieller und technischer Unterstützung, diplomatischem Engagement und der Umsetzung robuster politischer Rahmenbedingungen trägt Europa zur Stärkung von Demokratie und Freiheit bei. Wir sehen auf ein einzigartiges politisches und wirtschaftliches Gebilde, das eine eigene Weltanschauung und einen eigenen Regierungsstil lebt, der die internationale Politik maßgeblich beeinflusst. Der europäische Governance-Ansatz basiert auf Werten wie Demokratie, Menschenrechten, Multilateralismus und Rechtsstaatlichkeit und zielt darauf ab, sich für Stabilität, Wohlstand und Zusammenarbeit sowohl innerhalb seiner Grenzen als auch auf der globalen Bühne einzusetzen.

Das führt in eine ganz andere Szenerie, nämlich die des internationalen Sports. Es ist heute eine der wichtigsten Bühnen. Aber auch da kann niemand mehr dazu schweigen. Sport und Politik lassen sich nicht mehr trennen, wenn man das Individuum nicht zum einfach gehorchenden Wesen verkommen lassen will, auch wenn die Köpfe an den Spitzenpositionen manchmal von Unwissenheit geplagt werden. Sportler dürfen nicht dazu gezwungen werden, keine Meinung zu haben. Sie fühlen sich sogar ethisch dazu verpflichtet, darüber nachzudenken, was in der Welt passiert. Menschenwürde, soziale Gerechtigkeit und Weltfrieden sind Themen, die Weltsportorganisationen nicht ignorieren können. Wer den Sport auf die eine oder andere Weise zu einem Element selbstsüchtiger Propaganda macht, geht eine große Mitschuld ein.

Es kommt ein Punkt, an dem der Sport seine eigene Hemisphäre überschreitet und Ereignisse und Gefühle weit über die Grenzen von Stadien und Arenen hinaus beeinflusst. Sportler sind nicht bloß Hamster, die blind in ihren Rädern herumlaufen; sie sind einflussreiche Persönlichkeiten, die die Welt um sie herum prägen und von ihr geprägt werden. Die Überschneidung des Sports mit sozialen, politischen und kulturellen Bereichen unterstreicht seine tiefgreifende Bedeutung für unsere Gesellschaft. Sportler verfügen über eine einzigartige Sichtbarkeit und einen einzigartigen Einfluss, was sie zu starken Akteuren des Wandels macht. Ihre Handlungen und Aussagen können bei Millionen Menschen Anklang finden, Diskussionen anregen und Bewegungen inspirieren. Diese Verantwortung und Wirkungspotenziale werden zunehmend auch von Sportlern selbst erkannt.

In den letzten Jahren wurde der internationale Sport von zahlreichen Kontroversen und Korruptionsskandalen heimgesucht, die eine besorgniserregende Ignoranz oder vorsätzlichem Fehlverhalten unter Führungskräften großer Sportverbände offenbaren. Unabhängig davon, ob es sich um die Vertuschung nachweisbarer Dopingskandale oder um völkerrechtswidriges Verhalten handelt, so ein Verhalten erfordert öffentliche Kontrolle und Rechenschaftspflicht. Das heimtückische Problem durchdringt die höchsten Ebenen globaler Sportorganisationen und manifestiert sich auf verschiedene Weise – von der Zuordnung von Großveranstaltungen über Finanzskandale bis hin zur Vertuschung kritischer Informationen und Fakten. Korruption untergräbt die Integrität des Sports und t das Vertrauen der Öffentlichkeit in diese Institutionen.

Sportverbände müssen sich strenge Compliance-Richtlinien auferlegen und regelmäßige Audits durchführen, um die Einhaltung ethischer Standards sicherzustellen.

Es ist über zahlreiche Medienberichte wohl bekannt, dass Spitzensportfunktionäre sich von Diktatoren hätscheln lassen, für fragwürdige Entscheidungen Geschenke und Bestechungsgelder annehmen und sich gegenüber völkerrechtlichen Verbrechen taub stellen. Werden diejenigen unter ihnen, die nichts davon wissen wollen, jemals zur Verantwortung gezogen? Was ist mit dem Rechtsgrundsatz passiert, dass „Dummheit nicht vor Strafe schützt"? Traditionell bedeutet er ja, dass Unwissenheit kein wirksamer Schutz davor ist, für die eigenen Handlungen zur Verantwortung gezogen zu werden. In einer zunehmend vernetzten globalen Landschaft war die Idee eines ethischen Weltkodex in den internationalen Beziehungen noch nie so relevant und notwendig. Und weder Diplomatie, noch Wirtschaft, noch Sport sind davon ausgeschlossen. Dieses Konzept umfasst eine Reihe allgemein anerkannter Prinzipien und Standards, die das Verhalten von Staaten und internationalen Akteuren leiten.

Und nicht zuletzt ist die Frage zu behandeln: Was sind die sicherheitspolitischen Ambitionen Europas? Die EU wurde ursprünglich auf den Grundsätzen der wirtschaftlichen Zusammenarbeit und Integration gegründet, um die Wiederholung von verheerenden Konflikten wie den Weltkriegen zu verhindern. Sicherheit ist eine der Voraussetzungen, die die wirtschaftliche Interdependenz mit sich bringt. Das Wiederaufflammen des Krieges in Europa fast 70 Jahre später, das durch den russischen Überfall auf die Ukraine dokumentiert ist, hat die Schwachstellen in der europäischen Sicherheitslandschaft aufgezeigt.

Diese Situation hat die EU dazu veranlasst, ihre strategischen Prioritäten neu zu bewerten und ihre Verteidigungsposition zu verbessern. Das aktuelle geopolitische Klima ist durch strategischen Wettbewerb, hybride Bedrohungen und eine zunehmende militärische Aufrüstung gekennzeichnet und erfordert eine entschlossene Reaktion, um die Interessen des Kontinents und seiner Bevölkerung zu schützen. Der Rahmen einer neuen Sicherheitsstrategie legt klare Ziele für die EU fest, um ihre Sicherheit wirksam voranzutreiben. Es beginnt bei der zentralen Einschätzung von Bedrohungen zur Verbesserung der Kohärenz von Abwehrmaßnahmen und endet bei den konkreten Abwehrabsichten. Es ist klar, dass die Sicherheitsbestrebungen der EU eng mit ihrer Beziehung zur NATO verknüpft sind. Aber sollte dies ausreichen? Wie sieht es mit den Verpflichtungen einzelner NATO-Mitglieder aus?

Es ist klar, dass die Sicherheitsbestrebungen der EU eng mit ihrer Beziehung zur NATO verknüpft sind. Die EU bekräftigt ihr Engagement für die transatlantische Zusammenarbeit und erkennt die NATO als Grundlage der kollektiven Verteidigung an. Eine verstärkte Zusammenarbeit zwischen der EU und der NATO ist von wesentlicher Bedeutung für die Bewältigung gemeinsamer Sicherheitsherausforderungen und die Gewährleistung einer koordinierten Reaktion auf Krisen. Aber sollte es reichen? Wie sieht es mit den Verpflichtungen einzelner NATO-Mitglieder aus?

Die EU ist zunehmend an zivilen und militärischen Krisenbewältigungsoperationen beteiligt, um Konflikte und Instabilität in ihrer Umgebung und darüber hinaus anzugehen. Da Cyberbedrohungen immer häufiger auftreten, werden Cybersicherheitsmaßnahmen ergriffen, um die Infrastruktur, die Wirtschaft und die Bürger zu schützen. Dazu gehören Initiativen zur Verbesserung der

Zusammenarbeit aller Mitglieder und mit externen Partnern. Die EU muss außerdem ihre Anstrengungen zur Terrorismusbekämpfung verstärken, indem sie den Informationsaustausch verbessert und Maßnahmen zur Verhinderung von Radikalisierung umsetzt.

Um diese Ziele zu erreichen, sind immense Aufgaben zu bewältigen, darunter Ressourcenbeschränkungen und die Ausgewogenheit der transatlantischen Beziehungen. Während die EU ihre Sicherheits- und Verteidigungspolitik weiterentwickelt, muss sie diese Komplexität in den Griff bekommen, um eine widerstandsfähigere und leistungsfähigere Union aufzubauen, die wirksam auf die vielfältigen Sicherheitsbedrohungen des 21. Jahrhunderts reagieren kann. Diese Ambitionen können nur durch Investitionen in Verteidigungsfähigkeiten, die Angleichung politischer Maßnahmen, den Austausch von Erkenntnissen und in die Unterstützung von EU-Institutionen und -Initiativen erfüllt werden. Letztendlich

hängt der Erfolg der EU-Sicherheitsstrategie vom
kollektiven Engagement ihrer Mitglieder ab, die
Grundsätze der gemeinsamen Sicherheit und der
strategischen Autonomie voranzutreiben.

Es hat keinen Sinn, den Äther mit Informationen über
verschiedene Krisenherde in den internationalen
Beziehungen zu überschwemmen, aber die Augen vor
den Hintergründen zu verschließen, wäre eine fahrlässige
Unterschätzung der Gefahren. Könnte die Weltpolitik auf
eine Zeit unglaublicher Umbrüche zusteuern? Das globale
Machtgleichgewicht ist im Wandel. Mit zunehmenden
Wohlstandsunterschieden steigt auch das Potenzial für
Unruhen und politische Instabilität. Steigende
Temperaturen, extreme Wetterereignisse und der Anstieg
des Meeresspiegels führen zu weitreichender
Umweltzerstörung und Ressourcenknappheit. Diese
Veränderungen bedingen Massenmigrationen,
Nahrungsmittel- und Wasserknappheit und einem

verstärkten Wettbewerb um Ressourcen, was möglicherweise Konflikte auslöst und bestehende politische Spannungen verschärft.

Außerdem hat sich der radikale Islamismus in den letzten Jahrzehnten zu einer erheblichen Bedrohung für die internationale Sicherheit und Stabilität entwickelt. Diese Ideologie, die oft mit extremistischen Gruppen und terroristischen Aktivitäten in Verbindung gebracht wird, beeinflusst die Weltpolitik. Ihre Auswirkungen umfassen regionale Konflikte, humanitäre Krisen, globale Sicherheitsbedrohungen und geopolitische Spannungen. Länder wie Syrien, Irak und Jemen sind aufgrund des Einflusses radikalislamistischer Gruppen in langwierige Bürgerkriege und humanitäre Katastrophen geraten. Der IS eroberte weite Teile Syriens und des Iraks, was zu massiver Gewalt und Vertreibung führte. In Afrika destabilisieren Gruppen wie Boko Haram in Nigeria und Al-Shabaab in Somalia ganze Regionen, fordern Tausende

Todesopfer und zwingen Millionen zur Flucht.

Afghanistan und Pakistan kämpfen seit Jahrzehnten mit radikal-islamistischen Aufständen, die sowohl staatliche Strukturen als auch die Zivilbevölkerung schwer belasten. Eine wirksame Bekämpfung dieser Bedrohung erfordert einen umfassenden Ansatz, der militärische, politische, wirtschaftliche und gesellschaftliche Maßnahmen integriert.

Soziale Bewegungen, die sich für Themen wie Rassengerechtigkeit, Geschlechtergleichheit und Klimaschutz einsetzen, gewinnen weltweit an Dynamik. Während diese Bewegungen positive Veränderungen vorantreiben, verdeutlichen sie auch tiefe gesellschaftliche Spaltungen und eskalieren zu erheblichen politischen Umwälzungen. In vielen Demokratien verschärft sich die politische Polarisierung, was die Institutionen schwächt und das Vertrauen der Öffentlichkeit in die Regierungen untergräbt. Diese

Polarisierung wird häufig durch Fehlinformationen und die Verbreitung extremistischer Ideologien noch befeuert.

Während es schwierig ist, den genauen Verlauf der Weltpolitik vorherzusagen, deutet das Zusammentreffen von geopolitischen Spannungen, wirtschaftlicher Instabilität, technologischen Risiken, Umweltherausforderungen, sozialen Bewegungen und Gesundheitsbedrohungen darauf hin, dass die Menschheit tatsächlich auf eine Phase des Umbruchs zusteuert. Um sich in dieser komplexen Landschaft zurechtzufinden, sind eine starke internationale Zusammenarbeit, anpassungsfähige Regierungsführungen und widerstandsfähige Gesellschaften erforderlich. Die Fähigkeit globaler Führungskräfte, diese vielfältigen Herausforderungen effektiv anzugehen, wird darüber entscheiden, ob die kommende Ära von Konflikten und Chaos oder von Transformation und Fortschritt geprägt sein wird.

Was ist dagegen zu tun, wie kann der Grat der Gefahren

überwunden werden? Durch diplomatisches Engagement,

wirtschaftliche Diversifizierung, strategische Allianzen und

internationale Zusammenarbeit kann die

Weltgemeinschaft darauf hinarbeiten, die Risiken

erheblicher Umwälzungen zu mindern und eine stabilere

und ausgewogenere Weltordnung zu fördern. Um den

vielfältigen Bedrohungen wirksam entgegenzuwirken, ist

eine umfassende Strategie, die militärische Bereitschaft,

wirtschaftliche Widerstandsfähigkeit und technologischen

Fortschritt vereint, unerlässlich. Dieser Ansatz stellt

sicher, dass Europa sich gegen unmittelbare Bedrohungen

verteidigen, ein langfristiges Wirtschaftswachstum

aufrechterhalten und Spitzentechnologien nutzen kann,

um einen Wettbewerbsvorteil zu wahren.

Dieser Ansatz stellt sicher, dass Europa sich gegen

unmittelbare Bedrohungen verteidigen, ein langfristiges

Wirtschaftswachstum aufrechterhalten und

Spitzentechnologien nutzen kann, um Wettbewerbsvorteile zu wahren. Die militärische Bereitschaft wird ein Eckpfeiler der europäischen Sicherheit sein. Dabei geht es nicht nur um eine fähige und gut ausgerüstete Streitmacht, sondern auch um die Fähigkeit, schnell auf verschiedene Arten von Konflikten und Krisen zu reagieren. Investitionen in fortschrittliche Militärtechnologien wie Drohnen, Cyberfähigkeiten und präzisionsgelenkte Munition sollen sicherstellen, dass die Streitkräfte für die Anforderungen der modernen Kriegsführung gerüstet sind.

Eine kontinuierliche Ausbildung und die Entwicklung anpassungsfähiger Militärdoktrinen sind unumgänglich. Dazu gehören gemeinsame Übungen mit allen europäischen Streitkräften, die die Interoperabilität und die Bereitschaft für Koalitionseinsätze verbessern. Effektive Logistiksysteme stellen sicher, dass militärische Einheiten auch bei längeren Einsätzen aufrechterhalten werden können. Dazu gehört die Absicherung robuster Lieferketten in ganz Europa für wichtige Materialien und Ausrüstung. Hochwertige Aufklärungs- und Überwachungsfähigkeiten sind für die Erkennung von Bedrohungen und die strategische Planung entscheidend. Dazu gehören Satellitenaufklärung, Cyber-Intelligence und menschliche Geheimdienstoperationen.

Und was ist mit militärischen Bedrohungen aus dem Weltraum, einschließlich des möglichen Einsatzes weltraumgestützter Waffen oder Fähigkeiten zum Angriff auf Ziele auf der Erde? Langfristig besteht die größte theoretische Bedrohung für die Verletzlichkeit der freien Welt darin, den Weltraum zum militärischen Schlachtfeld zu erklären, wie bereits vomAutor in *„POLITIK @ globle Welt. Intl"* (ISBN 9783758307942) im Hinblick auf die Dominanzambitionen Chinas und Russlands beschrieben wurde. Das Potenzial weltraumgestützter Waffen, Konflikte zu eskalieren, das Risiko von

Fehleinschätzungen zu erhöhen und die globale Sicherheit und Stabilität zu untergraben, unterstreicht noch einmal die ethischen Herausforderungen. Die Militarisierung des Weltraums hätte die Bewaffnung kritischer Satellitensysteme, Kommunikationsnetze und Navigationsdienste zur Folge und würde die Sicherheit der Bevölkerung auf der ganzen Welt in noch nie gekanntem Ausmaß gefährden.

Wenn solche Entwicklungen zu einem Wettrüsten im Weltraum eskalieren, ist das Machtgleichgewicht zwischen den Raumfahrtnationen extrem destabilisiert. Der Einsatz von Waffen, die unnötiges Leid, willkürlichen Schaden oder langfristige Umweltschäden verursachen, verstößt gegen die Grundsätze des humanitären Völkerrechts. Um dieser Bedrohung zu begegnen, muss die internationale Gemeinschaft unbedingt zusammenarbeiten, die Normen, Regeln und Vereinbarungen zu justieren, um die Militarisierung des

Weltraums zu verhindern und seine friedliche Nutzung zum Wohle aller zu wahren.

Eine Mischung aus militärischer Bereitschaft, wirtschaftlicher Widerstandsfähigkeit und technologischem Fortschritt bildet die Grundlage einer robusten Strategie zur Abwehr vielfältiger Bedrohungen. Durch die Aufrechterhaltung eines starken und anpassungsfähigen Militärs, den Aufbau einer widerstandsfähigen und diversifizierten Wirtschaft und die Beibehaltung einer Vorreiterrolle bei technologischen Innovationen kann Europa die Komplexität der modernen Bedrohungslandschaft effektiv bewältigen. Dieser ganzheitliche Ansatz erhöht nicht nur die Sicherheit Europas, sondern fördert auch langfristige Stabilität und Wohlstand. Die Integration dieser Elemente erfordert strategische Weitsicht, nachhaltige Investitionen und die Verpflichtung zu kontinuierlicher Verbesserung, um sicherzustellen, dass die freie Welt sowohl auf aktuelle als auch auf zukünftige Herausforderungen vorbereitet ist. Und die Dynamik einer Europäischen Union wird erhalten bleiben, solange der Drang nach Innovation und Optimierung nicht verloren geht.

Ein geeintes Europa kann als Hoffnungsträger und Modell für eine wirksame Zusammenarbeit verschiedener Teil-Units dienen. Die europäische Integration hat seit ihren Anfängen bereits bemerkenswerte Erfolge erzielt. Die Schaffung des Binnenmarktes, der Freizügigkeit und einer gemeinsamen Währung haben Millionen Europäern beispiellose wirtschaftliche Vorteile und Chancen gebracht. Die Mission der europäischen Einheit geht jedoch weit über die bloße wirtschaftliche Integration hinaus. Die Idee kann erfolgreich sein, wenn viele Menschen sie wollen. Die Einheit des europäischen Kontinents sichert die Zukunft. Es verkörpert ein starkes Symbol für Mitgestaltung und Solidarität. Die Herausforderungen, vor denen wir stehen – sei es

Klimawandel, Wirtschaftswachstum oder geopolitische

Spannungen – erfordern gemeinsame Lösungen. Da sich

die Welt mit transnationalen Problemen wie Pandemien,

Klimawandel und technologischen Störungen

auseinandersetzt, war der Bedarf an wirksamer

internationaler Zusammenarbeit noch nie so groß wie

heute. Ein geeintes Europa kann als eindrucksvolles

Beispiel dafür dienen, wie verschiedene Regionen

zusammenarbeiten können, um gemeinsame Probleme

anzugehen. Durch den Nachweis der Vorteile gebündelter

Souveränität, gemeinsamer Ressourcen und

gemeinschaftlicher Entscheidungsfindung ist das

europäische Projekt geeignet, ähnliche Bemühungen in

anderen Regionen und auf globaler Ebene anzuregen.

Europa ist auf dem Scheideweg, ob es ein realistisches

Selbstverständnis, das die eigenen Stärken und

Schwächen anerkennt, entwickeln oder sich total

vernachlässigen soll. Noch ist Europa im gegenwärtigen

Stadium wirtschaftlich stark und kulturell einflussreich, es sollte aber parallel dazu die geopolitischen Herausforderungen annehmen, die durch das Aufkommen anderer Mächte entstehen. Um den Einfluss Chinas im Fernen Osten zu balancieren, könnte Europa strategische Partnerschaften mit Ländern wie Japan, Südkorea, Indien und Australien stärken. Diese Länder haben ein gemeinsames Interesse daran, ihre Souveränität und Sicherheit in einem gefährlichen Umfeld zu wahren. Dazu könnte Europa beitragen, seine wirtschaftlichen Beziehungen zu Ländern in Asien weiter zu vertiefen, um alternative Handelswege zu China zu schaffen. Freihandelsabkommen und Investitionen in Infrastrukturprojekte sind hilfreiche Ansätze. Europa kann seine Werte und Normen, wie Menschenrechte und Umweltschutz unter Beweis stellen, um gleich denkende Partner zu ermutigen. Diese normative Kraft sollte europäische in der internationalen Arena Gehör finden. Darüber hinaus ist die Stärkung der europäischen

Verteidigungsfähigkeiten entscheidend, um in geopolitischen Fragen ernst genommen zu werden. Eine gemeinsame Sicherheitsstrategei würde die europäische Position festigen und gleichzeitig Ansehen und Zusammenarbeit in entfernteren Regionen ankurbeln.

Wenn Regierungen unter Druck geraten, greifen vor allem autoritäre Regime zu einem aggressiven reaktiven Verhalten. Sie sehen sich gezwungen, in Krisenzeiten eine härtere Haltung einzunehmen, um Stärkezu demonstrieren und innenpolitischen Rückhalt zu gewinnen. Das unberechenbare Verhalten von Einzel-Führern nutzt manipulierte Feindbilder zur Ablenkung der eigenen Schwierigkeiten. Es ist entscheidend, dass die internationale Gemeinschaft wachsam bleibt und sich bemüht, aggressive Tendenzen zu entschärfen.

Frühzeitige Interventionen, Dialog und die Förderung von Stabilität sind wichtige Schritte, um die Gefahrenlage zu mindern. Mangelndes Fachwissen in den internationalen Sachfragen liesse sonst kontraproduktive Reaktionen befürchten. Absprachen mit verlässlichen Bündnispartnern bieten sich an, gemeinsam Interessen für eine kollektive Zusammenarbeit zu finden. Im Indo-Pazifik könnte sich Austrlaien zu einem Pflock der Sicherheit etablieren. Es hätte eine Vielzahl von unterstützenden Partnern im Gefolge, wie beispielsweise Japan, Südkorea oder die Philippinen. Und dann wird es auf das US-Australische Bündnis ankommen. Eine Parallel-Achse könnte sich zwischen Kanada und Australien formieren, die durch ein back-up zwischen Kanada und Europa abgesichert wäre. Solche Konstruktionen strategischer Netzwerke stärken die bestehende Universal-Gemeinschaft, die für Recht und Freiheit eintritt. Die indirekte Verantwortung Europas tritt in Erscheinung, ein Pflichtruf, den Europa ursprünglich vielleicht gar nicht wollte, aber den es nicht überhören kann. Die verschiedenen Schleifen der Solidarität sind bereits ausgelegt, sobald die USA strategische Raketen-Basen in Europa verstärkten und gleichzeitig in Australien die Kapazitäten zur Ausforschung der chinesischen Nuiklearstreitmacht ausweiteten. Doch beruhigender als die militärische Stärkung wären die ökonomischen Maßnahmen. Es wird abzuwarten sein, ob sie funktionieren, wenn mächtige Wirtschaftskapitäne sich immer wieder dagegen stellen und Maßnahmen blockieren.

Es geht nicht mehr um die singuläre Verteidigung Taiwans, Japans, Südkoreas, Australiens, der Ukraine und damit Europas. Der zivilisatorische Krieg zwischen den Weltanschauungen ist längst ohne Maulkorb vom Dreieck Russland - Iran - China offiziell ausgerufen worden. Der Konflikt hat sich von einer rein militärischen zu einer umfassenderen Auseinandersetzung entwickelt, beispielsweise im Bereich der Halbleiterindustrie, in den unterschiedliche Vorstellungen von Gesellschaftsordnung und internationaler Ordnung und den damit verbundenen Handelsstreitigkeiten. Neben traditionellen militärischen Auseinandersetzungen gewinnen hybride Kriegsführung, Cyberangriffe und Desinformation an Bedeutung. Diese Methoden sind Teil der umfassenderen Strategie, um Einfluss zu gewinnen und Gegner zu destabilisieren. Das Alternativ-Modell der Welt der Despotien setzt auf nationale Abschottung, den Ausbau von Einflusszonen und damit zu einer Machtaufteilung der Welt. Das Neue an der Methodik besteht neben den ultra-zerstörerischen militärischen Technologien in der definitiven Erkenntnis, dass Krieg und Frieden sich nicht binär darstellen lassen, sondern unter der öffentlichen Decke Zwischenstadien eingebaut haben, wie den Informationskrieg und den Cyberkampf.

Glauben die autoritären Regime, den Informationskrieg zu gewinnen? Sie nutzen soziale Medien und andere Online-Plattformen, um antiautoritäre Bewegungen zu unterdrücken und Demokratisierungsprozesse zu behindern. Mit Fake-News wurden schon etliche Wahlen beeinflusst, so in den USA und in Europa. Als Schweden der NATO beitreten wollte, wurden Koran-Verbrennungen inszeniert, worauf Erdogan's Türkei den Anschluss Schwedens an die NATO blockierte. "Intelligente Repressionstechniken" ergänzen zunehmend klassische Methoden wie Gewaltund Inhaftierung. Digitale Überwachung ermöglicht eine kostengünstigere und weniger auffällige Kontrolle der Bevölkerung als herkömmliche Methoden. Europa ist nun wirklich wachgerufen, sich Respekt zu verschaffen, um sich gegen Angriffe jedweder Art des Totalitarismus zur Wehr zu setzen.

Es gibt ein wachsendes Bewusstsein dafür, dass China nicht nur durch wirtschaftlichen Druck, sondern auch durch politische Einflussnahme, technologische Kontrolle und subtile Methoden der Meinungsbeeinflussung seine geopolitischen Ziele verfolgt. China nutzt seine wirtschaftliche Macht, um Länder und Unternehmen zu beeinflussen. Durch Handelsbeziehungen, Investitionen und Kredite, insbesondere im Rahmen der „Belt and Road Initiative", kann China Druck auf andere Staaten ausüben, seine politischen Interessen zu unterstützen. Die Reaktionen darauf variieren jedoch. Ist es eine Marketing-Idee Xi Jinpings, die sich wie Kommentatoren behaupten als Infrastrukturprojekt tarnt"? Manche Länder sind sich dessen bewusst und versuchen, ihre Abhängigkeit von China zu verringern, doch die wirtschaftlichen Verflechtungen machen dies oft schwierig.

Chinas Verhalten in der UNO oder in anderen internationalen Gremien und multilateralen Foren zeigt, wie es seine Positionen massiv durch wirtschaftliche Angebote ausweitet. Es gibt zunehmende Bedenken, dass China durch diese Kanäle versucht, die öffentliche

Meinung und politische Entscheidungen in anderen Ländern zu beeinflussen. Westliche Demokratien haben dies erkannt und reagieren darauf, indem sie Maßnahmen zur Überprüfung chinesischer Einflussnahmen in ihren Ländern ergreifen. Autoritäre Regime halten von individuellen Menschenrechten und liberalen Grundwerten allerdings nicht viel. Diplomaten und Beobachter der UNO beklagen immer wieder, dass die Volksrepublik anstrebe, die Grundwerte der Weltorganisation umzuschreiben.

Chinas Bemühungen, in Schlüsseltechnologien wie 5G und Künstliche Intelligenz führend zu sein, werden ebenfalls als Teil einer Strategie gesehen, um globale Standards zu beeinflussen und Abhängigkeiten zu schaffen. Die das erkannt haben, beginnen ihre technologische Zusammenarbeit mit China zu überdenken, um ihre nationale Sicherheit zu schützen. Europas Strategie scheint darauf hinauszulaufen, im Sinne einer selektiven

Kooperation, in Bereichen gemeinsamer Interessen wie Klimawandel oder globale Gesundheit bei gleichzeitiger Wahrung der eigenen Werte mit China zusamenzuabeiten. Dafür sollte die wirtschaftliche Abhängigkeit durch Erschließung alternativer Märkte und Lieferketten verringert werden. Die Zusammenarbeit mit den USA in sicherheitspolitischen Fragen würde sich günstig auswirken, während in anderen Bereichen eine unabhängige Position eingenommen wird. Zugleich müssten die europäischen Verteidigungsfähigkeiten und in einigen Bereichen eine gewisse Technoloigeführerschaft ausgebaut werden, um als eigenständiger Akteur wahrgenommen zu werden.

Eine zu nachgiebige Haltung gegenüber einem geopolitischen Druck, kann das Risiko bergen, dass Glaubwürdigkeit auf internationaler Ebene verloren geht. Partnerländer würden eine solche Flexibilität als Schwäche interpretieren, was eine geringere

Einflussnahme auf multilaterale Entscheidungen zur Folge hätte. Europas Strategie erfordert, äußerst komplexe geopolitische Dynamiken richtig zu interpretieren und vorauszusehen. Fehlinterpretationen könnten zu strategischen Fehlentscheidungen führen, die langfristige Konsequenzen haben. Das Nachgeben in einer Situation, die als vorübergehend angesehen wurde, schafft meist langfristige geopolitische Nachteile.

Zusätzlich wird der verantwortungsvolle Umgang mit sozialen Medien thematisiert. Sichere Kommunikationsplattformen für den Informationsaustausch müssten in Kooperation mit Evaluierungs-Agenturen aufgebaut werden. Die Bevölkerung sollte durch Bildung in Medienkompetenz und dem Umgang mit Evaluierungen im kritischen Denken unterstützt werden, um sich gegen Desinformation und manipulative Inhalte zu wappnen. Durch verstärkte Investitionen in Forschung und

Innovation könnte Europa seine technologische Souveränität stärken und unabhängiger von chinesischer Technologie werden.

Die Zukunft der europäischen Einheit hängt in einem heiklen Gleichgewicht, das entweder explosionsartig zusammenwachsen oder schnell zerfallen wird. Die entscheidende Frage ist, ob diese Einheit aufgezwungen oder durch von Zivilgesellschaft und politischer Führung gemeinsame Bemühungen geformt wird. Die Stärke und Widerstandsfähigkeit Europas werden in den kommenden Jahren auf die Probe gestellt, und es bleibt abzuwarten, wie effektiv die verfügbaren Ressourcen und inhärenten Stärken genutzt werden. Die zur Verfügung stehenden Mittel sind vielfältig: historische Erfahrungen: im Rückblick waren die großen Strukturen am erfolgreichsten, rationales Überdenken: die Wissenschaften liefern genügend analytische Praktiken und der entschlossene Wille zum Erfolg: der in der

gelungenen Kommunikation vorbereitet wird. Das
Zusammenspiel dieser Elemente wird darüber
entscheiden, ob Europa seine aktuellen
Herausforderungen meistert und gestärkt daraus
hervorgeht. Der Weg ist wird zweifellos mit Hindernissen
versehen, aber mit seinen Institutionen hat es Europa
selbst in der Hand, eine widerstandsfähigere, auf Freiheit
ausgerichtete Zukunft aufzubauen.

Die Welt steht möglicherweise am Beginn einer neuen
Ära. In diesem Kontext spielt Europa eine Rolle nicht nur
als Kontinent mit einer reichen historischen Tradition,
sondern auch als Vorreiter in der Neugestaltung globaler
politischer und gesellschaftlicher Paradigmen. Doch wie
gestaltet Europa diesen Übergang zu neuen Horizonten,
und welche Bedeutung hat dies für die internationale
Gemeinschaft? Große Segmente des politischen Welten-
Kreises sind noch stark mit revisionistischen Träumen
und ideologischen Hinterlassenschaften beschäftigt. Die

Polarisierung wird teilweise aufgrund der Instrumentalisierung gesellschaftlicher Spaltungen durch politische Akteure vorangetrieben. Doch wächst das Bewusstsein dafür, dass der menschliche Verstand mit Dissonanzen umgehen und mit mehr als nur Polarisierung reagieren kann. Der Übergang der gesellschaftlichen Denkweisen zu neuen Horizonten erfordert Mut, Innovation und Entschlossenheit. Mit seinen Kompetenzen in den Bereichen Nachhaltigkeit, Digitalisierung, Multilateralismus und Inklusion kann Europa nicht nur seine eigene Zukunft sichern, sondern sich auch an der Erneuerung der globalen politischen Landschaft beteiligen. Wenn überkommene Strukturen auf den Prüfstand gestellt werden, zeigt Europa, dass Wandel nicht nur notwendig, sondern auch möglich ist. Indem es neue Wege beschreitet und sich an die Herausforderungen der modernen Welt anpasst, hat Europa das Potenzial, auf der Weltbühne mitzuspielen.

Die Globalisierung hat zu einer engen wirtschaftlichen Verflechtung geführt, die es Ländern erschwert hat, ihre Volkswirtschaften während massiver Krisen aufrechtzuerhalten. Die internationale Politik hat es versäumt, nachhaltige und widerstandsfähige Wirtschaftssysteme zu fördern, was den Druck auf Regierungen erhöhte, drastische Maßnahmen wie Lockdowns zu ergreifen, um die wirtschaftlichen Auswirkungen zu mildern. Eine sorgfältige Planung, transparente Kommunikation und eine umfassende Nachbereitung sind entscheidend, um die Effektivität eines Lockdowns zu maximieren und gleichzeitig die negativen Auswirkungen auf Wirtschaft und Gesellschaft zu minimieren. Letztlich ist er ein Instrument, das in der Krisenbewältigung nicht nur zur Risikominderung beiträgt, sondern auch wichtige Lektionen für die Zukunft liefert. Eine umfassende Analyse durchführen, bedeutet die Wirksamkeit überprüfen, ob und wie die festgelegten

Ziele erreicht wurden.

Der Mut zur inhaltlichen Auseinandersetzung ist daher eine Voraussetzung, um Fortschritte zu erzielen und nachhaltige Lösungen zu entwickeln. Dazu gehört die Bereitschaft, die Situationen kritisch zu hinterfragen, eine Offenheit für neue, vielleicht auch unbequeme Erkenntnisse zu entwickeln und standhaft gegenüber Widerständen und Kritik zu bleiben. Dies erfordert strategische Weitsicht und den Willen, Risiken einzugehen und neue Wege zu beschreiten. Nur so kann Europa auf der internationalen Bühne als Gestalter und nicht als Getriebener agieren. Der sogenannte „Zeitenwende-Effekt" ist zu einem Schlüsselbegriff in der aktuellen Debatte geworden. Er steht für die tiefgreifenden Veränderungen, die die internationale Ordnung in den letzten Jahren geprägt haben. Europa muss diese Entwicklungen nicht nur erkennen, sondern seine Außen- und Sicherheitspolitik konsequent anpassen. Das bedeutet, alte Gewissheiten zu hinterfragen und neue, realistische Ansätze zu entwickeln, die den aktuellen Herausforderungen gerecht werden. Es geht nicht darum, Ideale zu opfern, sondern darum, sie mit pragmatischen Maßnahmen zu untermauern.

Das Instrument der Evaluierung dient nicht nur als Mittel zur Überprüfung und Bewertung bereits umgesetzter Maßnahmen, sondern auch als grundlegendes Werkzeug zur strategischen Planung und Anpassung zukünftiger Politiken. Insbesondere für Europa, das sich zahlreichen globalen Herausforderungen gegenüber sieht, ist eine professionelle und kontinuierliche Evaluierung unerlässlich, um effektiv und effizient zu agieren. Durch eine lernorientierte Haltung können die Erkenntnisse aus Evaluierungen besser in konkrete Verbesserungsmaßnahmen umgesetzt werden. Im Umfeld begrenzter Ressourcen und steigender

Anforderungen ist dies besonders wichtig, um Überflüssiges zu vermeiden und den größtmöglichen Nutzen aus Investitionen in zivile und militärische Fähigkeiten zu ziehen.

Die Verbreitung von Fehlinformationen wird durch soziale Medien beschleunigt. Algorithmen fördern oft Inhalte, die emotional aufladen oder polarisieren, unabhängig von deren Wahrheitsgehalt. Solche Gesellschaften sind häufig von Misstrauen, Unsicherheit und Instabilität geprägt. In einer Lügengesellschaft, in der Unwahrheiten, Fehlinformationen und Täuschungen vorherrschen, hat die Art und Weise, wie Informationen wahrgenommen, verarbeitet und genutzt werden, tiefgreifende Auswirkungen auf die Gesellschaft. Menschen in einer Lügengesellschaft entwickeln häufig eine generelle Skepsis gegenüber Informationen, da sie nicht wissen, was sie glauben können. Dies mündet in tiefem Zynismus gegenüber neuen Vorschlägen führen. Um aus diesem

Teufelskreis herauszukommen, sind Bildung,

Medienkompetenz und ein kritischer Umgang mit

Informationen unerlässlich. Nur durch eine gemeinsame

Anstrengung, die Wirklichkeit transparent zu

kommunizieren, kann der Weg aus der Lügengesellschaft

heraus gefunden werden.

Programme haben sich nach Prioriztäten zu richten.

Wenn es keine Freiheit mehr gibt, das heisst alles rigoros

ausgeschaltet ist, wird es auch kenen Platz mehr für

soziale oder medizinische Versorgungen geben. Eine

Friedensordnung ohne ihre Verteidgung ist nicht möglich.

Die Triage, ähnlich wie in der Medizin, einfach salopp zu

bestimmen, ob irgendein Staat oder eine

Volksgemeinschaft überhaupt existieren darf oder nicht,

ist, sollte verhindert werden. Wenn der Sicherheitsaspekt

keine Priorität erhält wird, ist alles andere wie soziale

Gerechtigkeit, Gesundheit und wirtschaftlicher Fortschritt

an den Rand gedrängt. Die langfristigen Folgen können verheerend sein.

Spielveränderungen sind in den internationalen Beziehungen theoretisch als auch praktisch möglich. Ähnlich wie im Sport bedarf es dazu der Intelligenz einer Autorität. Wenn politische Intelligenz, Autorität und Charisma fehlen, wird es schwierig. Das moderne Europa wird nicht mit einem Schlag entstehen. Ein länger andauernder Prozess ist vielleicht realistischer, doch die Chance ist geboten, unerwartet schnell zukunftsweisende Umbrüche vorzubereiten.

Zusammenfassend sind entscheidende Elemente für die Prosperität Europas der Abbau des Parteiapparat-Denkens, die Abschaffung des schrecklichen Nationalismus, die Betonung von Leistung und Bewertung sowie groß angelegte regionale Umstrukturierungen, immer unter der vorrangigen Berücksichtigung von

Freiheit, Sicherheit und Wohlstand. Effiziente Strategien dürfen insbesondere in der Verteidigung nichts ausschließen. Dabei geht es auch um die vorherrschende Sichtbarkeit von Qualität und Nachhaltigkeit. Ein Europa der lockeren Zusammenarbeit reicht nicht aus, um als Einheit agieren zu können. Und es gibt immer noch viel zu viele feindliche Gegenkräfte, die den Rahmen sprengen wollen. Wenn die Europäer ihre Bemühungen koordinieren und auf gemeinsame Ziele hinarbeiten, können sie eine stärkere und widerstandsfähigere Gemeinschaft aufbauen. Es bedarf einer gemeinsamen Anstrengung, bei der Mut und Engagement nicht nur von den Staats- und Regierungschefs, sondern auch von den Bürgern, die an die Grundsätze einer demokratischen EU glauben, im Vordergrund stehen. Durch die Zusammenarbeit können sie eine widerstandsfähige Gesellschaft schaffen, die dem Druck des Extremismus standhalten kann. Eine bewusst intelligente EU-Politik ist für breite Bevölkerungsschichten ein profitables

Investment in eine hoffnungsvolle Zukunft. Einerseits ist engstirniges Denken in der Weltpolitik im Mangel an Zusammenarbeit und Solidarität begründet, der die Lösung globaler Probleme wie Armut, Klimawandel und Konflikte erschwert. Darüber hinaus spitzt es sich auf Protektionismus und Isolationismus zu, was letztendlich das Wirtschaftswachstum und die Entwicklung für alle Beteiligten hemmt.

Im Kontext der internationalen Politik rückt die Frage nach dem gesellschaftlichen Wohlbefinden zunehmend in den Fokus. Diese Diskussion dreht sich um den Stellenwert und die Sinnhaftigkeit, die dem Wohlbefinden der Bevölkerung im Rahmen politischer Entscheidungsprozesse beigemessen wird. Gesellschaftliches Wohlbefinden umfasst verschiedene Dimensionen, darunter wirtschaftliche Sicherheit, soziale Gerechtigkeit, Gesundheit, Bildung und Umweltqualität. Es stellt eine Alternative oder zumindest eine Ergänzung zu traditionellen Indikatoren wie dem

Bruttoinlandsprodukt dar, die oft im Mittelpunkt der politischen Steuerung stehen. Während das BIP ein Maß für die wirtschaftliche Leistung eines Landes ist, ignoriert es Aspekte wie Einkommensungleichheit, Lebensqualität und ökologische Nachhaltigkeit.

Die Sinnhaftigkeit der Fokussierung auf gesellschaftliches Wohlbefinden liegt in einer nachhaltigeren und inklusiveren politischen Gestaltung. Wenn politische Entscheidungen darauf abzielen, das Wohlbefinden der gesamten Bevölkerung zu verbessern, werden Maßnahmen ergriffen, die langfristig soziale Stabilität und Wohlstand fördern, anstatt kurzfristige wirtschaftliche Gewinne zu maximieren. Dies ist insbesondere in einer globalisierten Welt, in der soziale Ungleichheiten und ökologische Herausforderungen länderübergreifend wirken, von großer Bedeutung.

Es ist schon auch wichtig, jene Auswirkungen politischen Handelns zu berücksichtigen, die nicht sofort erkennbar sind. Dies gilt insbesondere für die Vermeidung von Unheil oder negativen Konsequenzen. Oft haben scheinbar unbedeutende Entscheidungen oder Handlungen langfristige oder indirekte Folgen, die erst mit der Zeit sichtbar werden. Letztlich geht es darum, politische Aktivitäten nicht nur nach den offensichtlichen, sondern auch nach den verborgenen Konsequenzen zu beurteilen. Dies erfordert Weitsicht, kritisches Denken und die Bereitschaft, über den Tellerrand zu blicken. Nur so kann internationale Politik hoffen, Unheil umfassend zu vermeiden und verantwortungsvoll zu handeln.

ZUM AUTOR

J-G Matuszek

Universitäten
Innsbruck, Perugia, Salzburg.   .
Sprachwissenschaften. Dipl-Dolmetsch, Magister.
Politische Wissenschaften, Empirische System-Wissenschaften,
Internationale Beziehungen, Kommunikationswissenschaften,
Philosophie, Doktorat.
Postuniversitär an verschiedenen Instituten:
Marketing, Werbung-PR-CI, Management-Controlling, Innovations- u.
Development-Management. Lizenzierter Consultant.

Berufslaufbahn
AHS-Professor, Übersetzer u. Dolmetscher, Journalistik.
Manager bei Multinationalen Konzernen.
Management-Contracting in Mittelständischen Unternehmen.
Trading & Kompensationen. Consulting und Coaching in Marketing,
Internationales Management u. HR..
Vorstand und Verwaltungsrat mehrerer Unternehmen in Deutschland,
Schweiz, USA. Geschäftsführung im Bereich Zertifizierung von Firmen
und Organisationen. Stiftungsrat der Foundation „Globility-Circle",
Schweiz.

Gast-Dozent an diversen Universitäten und Business-Schulen.
Buchautor.

(Leistungssportler, Österr. Taekwondo-Verbands.Präsident, High-Tech-
Kooperationen für Leistungs-Diagnostik/Optimierung in Business und
Sport.

BÜCHER
des Autors

NEW VALUE ECONOMY	ISBN 9783981263206
MANAGEMENT DER NACHHALTIGKEIT	ISBN 9783658022891
SPORT FÜR MANAGER	ISBN 9783658036379
MANAGEMENT DER POLITIK - EUROPA	ISBN 9783990108529
EUROPÄISCH DENKEN	ISBN 9783738625592
EUROPÄISCH HANDELN	ISBN 9783750414501
MANAGEMENT VERSUS SPIRITUALITÄT?	SBN 9783854314501
RUF NACH DEM SINN	ISBN 9783748144199
MUT ZUM SINN	ISBN 9783750418943
KICKOFF ZUM SINN	ISBN 9783752690200
MANAGEMENT SET-UP	ISBN 9783751941884
DER MANAGER Roman	ISBN 9783752648911
REFLEXIONEN Lyrik	ISBN 9783752603866
DIE TAEKWONDO MATRIX	ISBN 9783754352571
THE TAEKWONDO MATRIX	ISBN 9783754395394
TAEKWONDO MATRIX - SPORT EFFIZIENZ	ISBN9783758307423
EVALUIEREN	ISBN 9783756228805
PSYCHE DER WELTGESCHICHTE	ISBN 9783757810108
POLITIK @ GLOBALE WELT . INTL	ISBN 9783758307942
POLITICS @ GLOBAL-WORLD . INTL	ISBN 9783759706041

© 2024 J-G Matuszek
Verlag: BoD • Books on Demand GmbH, In de
Tarpen 42, 22848 Norderstedt
Druck: Libri Plureos GmbH, Friedensallee 273,
22763 Hamburg
ISBN: 978-3-7597-0818-2